高职高专"十三五"规划教材

物流运输业务操作与管理

王阳军　芦　娟　主　编
袁卓玲　张　龙　副主编

化学工业出版社

·北京·

《物流运输业务操作与管理》结构新颖，知识全面，科学性、实用性和可读性较强，并设有知识链接、阅读资料、案例分析、实训项目和思考与练习等内容，以开拓读者的视野。本书内容注重吸收现代管理学科的研究成果，结合企业的实际，以企业的运输业务为主线，共设置了9个学习项目，包括走进运输、办理公路运输业务、办理铁路运输业务、办理水路运输业务、办理航空运输业务、办理多式联运业务、物流运输生产计划编制与运输信息系统认知、物流运输决策和物流运输商务业务办理。在每个项目后均安排了对应的实训项目和思考练习，便于学生理解和掌握所学内容，体现了较强的实践性。为方便教学，本书还配有电子课件。

本书可作为高等职业技术学院物流管理及其他相关专业的教学用书，也可作为中职、本科等相关专业人才培养参考用书，还可供物流行业从业人员学习参考和培训使用。

图书在版编目（CIP）数据

物流运输业务操作与管理／王阳军，芦娟主编. —北京：化学工业出版社，2018.10

高职高专"十三五"规划教材

ISBN 978-7-122-32766-6

Ⅰ.①物⋯　Ⅱ.①王⋯ ②芦⋯　Ⅲ.①物流-货物运输-高等职业教育-教材　Ⅳ.①F252

中国版本图书馆 CIP 数据核字（2018）第174542号

责任编辑：旷英姿　　　　　　　　　文字编辑：谢蓉蓉
责任校对：王素芹　　　　　　　　　装帧设计：王晓宇

出版发行：化学工业出版社（北京市东城区青年湖南街13号　邮政编码100011）
印　　装：中煤（北京）印务有限公司
787mm×1092mm　1/16　印张18¾　字数456千字　2018年10月北京第1版第1次印刷

购书咨询：010-64518888（传真：010-64519686）　售后服务：010-64518899
网　　址：http://www.cip.com.cn

凡购买本书，如有缺损质量问题，本社销售中心负责调换。

定　　价：43.00元　　　　　　　　　　　　　　　　　　　　版权所有　违者必究

Foreword 前言

随着我国市场经济的高速发展和贸易往来的日益频繁，我国现代物流业得到迅猛发展，物流运输的重要性也日益突出，物流运输在企业的生产经营和人们的生活中起到至关重要的作用。为满足高职院校的教学需要，特编写《物流运输业务操作与管理》一书。

本教材在编写思路上，以物流运输基本理论为指导，以运输或物流企业实际业务流程为主线，在岗位技能分析的基础上设置教学内容和实训环节。在内容的选择上，以内贸运输为主，删繁就简，以运输业务为出发点，以典型企业为核心，进行运输操作岗位分析后，本着"必需""够用""精干"的原则对授课知识进行筛选与整合，将"大而全"的内容体系变革为"小而精"。

本教材采用项目导向、任务驱动的教学形式，每个学习项目均设计了可执行的详细实训方案，有利于高职高专校内实训及工学结合的开展。

在教材的编写过程中，编者走访了众多的企业，了解了行业的特点和实际需求，并得到了顺丰速运、德邦物流有限公司、天地华宇物流有限公司、全洲现代医药物流有限公司、中外运湖南久凌储运有限公司、深圳世成国际货运代理有限公司等企业的支持，在此表示由衷的感谢。

本教材由湖南工程职业技术学院王阳军、芦娟任主编，湖南铁道职业技术学院袁卓玲、昆明工业职业技术学院张龙任副主编，东莞职业技术学院黄林及湖南外贸职业学院伍琳和钟惟钰参编。其中项目一由张龙和黄林共同编写完成，项目二、项目七、项目八由王阳军完成，项目三、项目五由袁卓玲完成，项目四、项目六由芦娟完成，项目九由伍琳和钟惟钰共同编写完成。

物流运输理论、方法与实践，当前还在发展和不断创新中，虽然我们为编写《物流运输业务操作与管理》一书付出了艰辛的努力，但由于编者自身水平所限，若有不妥之处，敬请各位专家和使用者批评指正，从而帮助我们不断完善教材的内容，做到与时俱进，保持其先进性与实用性。

编者
2018 年 5 月

CONTENTS 目录

01 项目一 走进运输
/001

- 任务1 了解运输 ·· 2
- 任务2 认识货物运输方式和运输系统 ······························ 11
- 任务3 认识运输市场及其竞争状态 ·································· 17
- 实训项目一 ·· 22

02 项目二 办理公路运输业务
/026

- 任务1 公路货物运输认知 ··· 27
- 任务2 公路零担货物运输业务办理与组织 ························· 40
- 任务3 公路整车货物运输业务办理与组织 ························· 51
- 任务4 公路特殊货物运输业务办理与组织 ························· 58
- 实训项目二 ·· 67

03 项目三 办理铁路运输业务
/071

- 任务1 铁路货物运输认知 ··· 72
- 任务2 铁路货物运输业务办理与组织 ······························ 79
- 实训项目三 ·· 96

项目四 办理内河水路运输业务 099

- 任务 1　内河货物运输认知 …… 100
- 任务 2　内河港口认知 …… 104
- 任务 3　内河船舶认知 …… 109
- 任务 4　内河货物运输业务办理与组织 …… 113
- 实训项目四 …… 128

项目五 办理航空运输业务 130

- 任务 1　航空货物运输认知 …… 131
- 任务 2　国内航空货物运输业务办理与组织 …… 140
- 实训项目五 …… 154

项目六 办理多式联运业务 159

- 任务 1　联合运输认知 …… 160
- 任务 2　集装箱认知 …… 164
- 任务 3　多式联运业务办理 …… 171
- 实训项目六 …… 185

项目七 物流运输生产计划编制与运输信息系统认知 188

- 任务 1　物流运输生产计划编制 …… 189
- 任务 2　物流运输信息系统认知 …… 200
- 实训项目七 …… 210

项目八 物流运输决策 /214

任务 1	物流运输优化	215
任务 2	物流运输方式选择	221
任务 3	物流运输路线与调度优化	225
任务 4	物流运输成本核算与控制	239
任务 5	物流运输绩效评价	249
任务 6	物流运输承运商选择与评价	255
实训项目八		265

项目九 物流运输商务业务办理 /268

任务 1	货物运输合同的订立、履行与编制	269
任务 2	货物运输保险业务认知与办理	277
任务 3	货物运输纠纷及解决	283
实训项目九		289

参考文献 ………… 292

项目一
走进运输

知识目标

1. 掌握运输的概念、运输与物流工作其他环节的关系;
2. 掌握五种运输方式的技术经济特征;
3. 熟悉各种运输方式的优缺点与适用范围;
4. 熟悉运输节点的作用和功能;
5. 熟悉运输线路的分类及我国公路路网的构成;
6. 掌握运输货物的种类及其内容;
7. 熟悉运输市场的分类及各种分类的用途。

能力目标

1. 准确说出运输的概念;
2. 陈述运输与物流工作其他环节的关系;
3. 说出各种运输方式的特点及适用范围;
4. 准确说出运输节点的作用和功能;
5. 准确说出道路运输货物种类;
6. 准确说出运输市场的类型。

任务1　了解运输

提到物流,人们首先想到的便是运输,运输是国民经济的基础和先行,是物流最基本的功能。现代物流的发展,逐渐使运输从占据物流的主导地位转变为物流行业不断发展的支撑因素。随着经济的不断发展,物流逐渐成为"第三个利润源泉",而运费在全部物流费用中占的比例最高,成为这一利润源泉的主要影响因素。因此,合理快速地发展运输业是加快我国现代物流业发展的重要突破口。

一、运输概述

1. 运输的含义

运输是人和物的载运及输送,本教材中专指"物"的载运及输送,它是在不同地域范围间,以改变"物"的空间位置为目的的活动,对"物"进行空间位移。

根据中华人民共和国国家标准《物流术语》(图 1-1)对运输的解释,运输是指:"用设备和工具,将物品从一地点向另一地点运送的物流活动。其中包括集货、分配、搬运、中转、装入、卸下、分散等一系列操作。"

图 1-1 物流术语

物流运输作为物流系统的一项功能来讲,包括生产领域的运输和流通领域的运输,如图 1-2 所示。生产领域的运输活动一般在生产企业内部进行,因此被称为场内运输。它是作为生产过程中的一个组成部分,是直接为物质产品的生产服务的,其中包括原材料、在制品、半成品和成品的运输。这种场内运输有时也被称为物料搬运。流通领域的运输活动,则是作为流通领域的一个环节,是生产过程中在流通领域的继续,其主要内容是对物质产品的运输,是以社会服务为目的,完成物品从生产领域向消费领域在空间位置上物理性转变的过程。

图 1-2 物流运输

知识链接

:::: 运输在我国的历史

运输在我国有着非常悠久的历史，从最开始人们利用自身的力量将狩猎的猎物搬回住地，到后来人们借助牛、马、骆驼等牲畜来搬运货物，再到后来发明了牛车、马车和舟、船等载运工具，这些运输工具带动了当时贸易的发展，促进了经济的繁荣。古代的一些与运输有关的历史名词和历史事件如驿站、驿道、镖局、马帮、漕帮、丝绸之路、郑和下西洋、京杭大运河等等都和运输活动有着非常密切的联系。

2. 运输的特点

（1）运输需求的派生性　若一种产品的需求，是另一种或几种产品的需求衍生出来的，这种需求就称为派生需求，衍生派生需求的需求则称为本源需求。

派生性是运输需求的一个重要特征。在多数情况下，人与货物在空间上的位移不是目的而是手段，是为实现生产和生活中的某种其他目的而必须完成的一种中间过程。人们乘坐汽车、火车、飞机等运输工具，是由于工作原因而需要参加会议、商务谈判，或外出旅游、探亲访友等；生产所用原材料的运输和产成品抵达销售地的运输等则是基于生产和消费的需要。这些都体现了运输是手段而不是目的。

（2）运输服务的公共性　运输服务的公共性是指运输服务在全社会范围内与公众有利害关系的特性。运输服务的公共性主要体现在以下两个方面：

① 保证为社会物质在生产和流通过程中提供运输服务。由于社会物质包括生产过程中的原材料、半成品、成品以及流通过程中的商品、生活必需品等，涉及企业的生产和人们的日常生活等各个方面，因而此类运输服务的需求十分广泛。

② 保证为人们在生产和生活过程中的出行需要提供运输服务。由于现代生活中人们不可能一直在同一地点学习、工作，因此出行是人们日常生活中必需的活动，此类运输服务的需求也十分广泛。

无论是物质的空间位移，还是人们的出行，都是全社会普遍存在的运输需求。因此，运输服务对整个社会的经济发展和人们生活水平的提高，均有广泛的影响。

（3）运输产品的无形性　运输业的劳动对象是货物或人，与一般生产过程中的劳动对象不同。货物或人进入运输过程没有经过物理的或化学的变化取得新的使用价值形态，即运输不增加劳动对象的数量，而且也不会改变劳动对象所固有的属性，而是仅仅改变劳动对象的空间位置，从而为消费做好准备。因此，运输对象只发生空间位置和时间位置的变化，而本身没有产生实质性的变化。运输生产是为社会提供效用而不是生产实物形态的产品，因此，运输生产服务属于服务性生产，其产品可称之为无形产品，具体表现为物和人在空间位置上的变化。

（4）运输生产和消费的不可分割性　运输生产必须在用户需要时及时进行，并且只能在生产的同时即时消费。运输业创造的使用价值依附于所运输产品的使用价值已有的固定形态，与运输过程同始同终。因此运输产品的生产过程与消费过程是不可分割、合二为一的，在空间和时间上是结合在一起的。如果运输需求不足，运输供给就应相应减少，否则就会造成浪费。

（5）运输产品的非储存性　工农业产品的生产和消费，可以在时间上和空间上表现为两种完全分离的行为，一个时间生产的产品可以在另一时间消费，某个城市生产的产品可以在另一个城市消费，淡季生产的产品可以在旺季销售。但是运输业的生产过程和消费过程不论在时间上还是空间上都是不可分离地结合在一起的，也就是说运输产品不可能被储存用来满足其他时间和空间发生的运输需求。运输产品的这一特征表明，运输产品既不能储存也不能调拨。只有在运输生产能力上做一些储备才能满足国民经济增长和人民生活改善对运输需求增加的需要。

（6）运输产品的同一性　工农业各生产部门产品种类繁多，并具有不同的效用。但对于运输业，各种运输方式的差别仅仅是使用不同的运输工具承载运输对象，具有不同的技术经济特征。在不同的运输线路上进行运输生产活动，而对社会具有相同的效用，各种运输方式生产的是同一种产品，即运输对象的位移，运输产品的数量有统一的客货运量（人、吨）和客货运周转量（人公里、吨公里）来描述。运输产品的同一性，使得各种运输方式之间可以相互补充、协调、代替，形成一个有效的综合运输系统。

3. 运输的功能

在物流体系中所有的动态功能中，运输功能是核心之一。通过考察运输的功能，可以深入理解运输在物流中的作用。运输主要有产品转移和短时储存两大功能。

（1）产品转移　运输首先实现了产品在空间上位移的功能。不论物品的形式如何，要实现其使用价值，都离不开运输。运输的主要功能是将产品从原来所处的地点转移到规定的地点，其主要目的是以最少的费用和合理的时间，保质保量地完成产品的运输任务。

（2）短时储存　运输的另一大功能是对物品在运输期间进行短时储存，也就是说将运输工具（车辆、船舶、飞机、管道）等作为临时的储存设施。如果转移中的物品需要储存，而在短时间内还需重新转移，装货和卸货的成本也许会超过储存在运输工具中的费用。或在仓储空间有限的情况下，可以通过采用迂回路径和间接路径运往目的地。尽管使用运输工具储存产品可能是昂贵的，但如果从总成本或完成任务的角度来看，考虑装卸成本、储存能力的限制等，使用运输工具储存货物有时往往是合理的，甚至是必要的。

4. 运输的地位和作用

（1）运输是社会物质生产的必要条件之一　运输是"第四个物质生产部门"，是生产过程的继续，如果没有运输，生产过程将不能最终完成。运输虽然不创造新的物质产品，不增加社会产品数量，也不赋予产品新的使用价值，但却是社会物质生产和再生产顺利进行的必要条件。一方面，在生产过程中运输是生产的直接组成部分，没有运输，生产内部的各环节就无法衔接；另一方面，运输连接着生产与消费，使生产、消费、再生产的循环过程得以顺利实现。

（2）运输可以实现资源的优化配置　运输可以创造"场所效用"，同种物品，由于所处的地域不同，消费者不同，其相对的使用价值也是有差别的。通过运输，将物品运到其"场所效用"最高的地区，可以最大限度地发挥物品的使用价值，实现资源的优化配置。如将南方地区出产的如榴莲、菠萝蜜和椰子等水果通过运输运到北方地区可以实现价格的大幅提升。

（3）运输是物流的"第三个利润源泉"的主要源泉　运输过程需要依靠能源和动力的消耗才能得以实现。由于运输活动每时每刻都在进行，且很多运输活动耗时长，运输距离远，如远洋运输和航空运输等，因此，运输所消耗能源和动力的绝对数量是非常巨大的。相应地，节约的潜力也非常大。可以通过技术革新、体制改进和运输合理化等方式提高运输的效率，降低运输的能源和动力消耗，从而降低运输费用。由于运输费用的降低空间巨大，而运输费用又占物流总费用的一半左右，如图1-3所示，可见，运输是物流的"第三个利润源泉"的主要源泉。

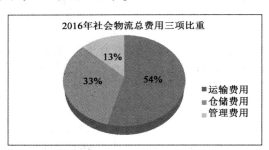

图1-3　2016年社会物流总费用各功能模块所占比重

（数据来源：中国物流与采购联合会）

5. 运输的三个原理

（1）规模经济原理　规模经济原理是指随着一次装运量的增大，使每单位重量的运输成本下降，如图1-4所示。这是因为转移一票货物的有关固定费用按整票货物的重量分摊时，一票货物越重，分摊到单位重量上的成本越低。货物运输的固定费用包括接受运输订单的行政管理费用、运输工具的折旧费用、开票以及辅助作业费用等。铁路运输和水路运输的运输工具装载量大，其规模经济相对于运输量小的汽车飞机等运输工具要好；整车运输由于利用了整个车辆的运输能力，因而单位重量货物的运输成本也会低于零担运输单位重量货物的运输成本。

（2）距离原理　指每单位距离的运输成本随距离的增加而减少，如图1-5所示。距离经济的合理性类似于规模经济，尤其体现在运输装卸费用上的分摊，距离越长，可使固定费用分摊后的值越小，导致每单位距离支付的总费用很少。如 1000 公里的一次装运成本要低于 500 公里的两次装运成本。

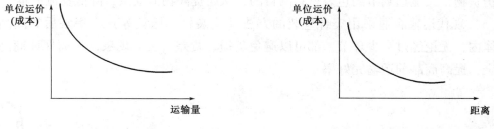

图 1-4　规模经济原理　　　　　　　　图 1-5　运输的距离原理

（3）速度原理　速度原理是指完成特定的运输所需的时间越短，其效用价值越高。首先运输时间缩短实际是单位时间内的运输量增加，与时间有关的固定费用分摊到单位运输量的费用减少，如管理人员的工资、固定工资的使用费、运输工具的租赁费等；其次，由于运输时间短，物品在运输工具中停滞的时间缩短，从而使到货提前期变短，有利于减少库存、降低储存费用。因此，快速运输是提高运输效用价值的有效途径。快速运输不仅是指提高运输工具的行驶速度，还包括其他辅助作业的速度及相互之间的衔接，如分拣、包装、装卸、搬运以及中途换乘等。快速的运输方式当然是影响快速运输的重要因素，但是运输速度快的运输方式一般运输成本较高，如铁路运输成本高于水路，航空运输成本最高。因此，通过选择高速度的运输方式来实现快速运输时，应权衡运输速度与成本之间的关系，在运输方式一定的情况下，应尽可能加快各环节的速度，并使各环节更好地衔接。

二、运输与物流系统其他职能的关系

1. 运输与包装的关系

运输与包装的关系是相互影响的。运输方式决定对货物的包装要求，包装有利于运输功能的实现，货物包装的方法、规格、材料等都不同程度地影响运输的效率。怎样解决现代商品包装运输系统中的问题呢？

运输包装设计的基本要求如下：

（1）包装结构牢固　货物在物流过程中，由于震动、冲击或碰撞、挤压及气候环境的影响，容易发生破坏、损坏。为了有效地保护货物的使用价值和形态稳定就需要选用合适的包装材料，即包装结构牢固扎实，包装体积和重量合理。

（2）包装适合货物性质　包装材料应与货物性质相适应，不会对货物的质量产生不良影响。包装造型，不论箱式、桶式都要考虑运输装卸、搬运、储存、保管的条件和操作的方便，不能过重或过大，以免影响物流效率。

（3）包装形状、规格、式样规范化　设计包装形状大小时应有统一尺寸，实行形状样式规范化，货物包装的规格、体积、外廓尺寸应该与运输车辆货箱内廓尺寸成对约倍数关系，从而充分利用运输工具的容积和载重量，提高运输的效率。

（4）包装制作简单化，有利于降低成本　包装制作不能过于复杂，要设计合理，既能保护货物，又能达到节约包装材料的目的，从而提高物流绩效，降低物流成本。

（5）现代运输企业采用集合包装的方法（集装箱、托盘等）　集装后的商品密封在箱体内，无论经过多少环节，都可以避免货损、货差、丢失现象，从而保证商品的运输安全，提高商品的运输完好率。

知识链接

包装过剩

包装过剩主要分以下几种：

① 包装强度设计过高，使包装的防护性能过剩；

② 包装材料选择不当，可以使用低档的包装材料却选择高档的，例如，可以使用纸板却采用镀锌、镀锡材料等；

③ 包装技术成本过高，包装成本的支出大大超过减少损失可能获得的效益。

包装过剩会造成资源的浪费，而且很多时候过重、过大的包装会适得其反，不但不会提高运输的效率，反而会降低运输的效率。根据日本的统计调查，目前发达国家包装过剩严重，约在20%以上。在网络经济时代，由于现代物流技术，尤其是集装技术的广泛采用，包装不足的问题已不是主要问题，未来的主要问题是包装过剩问题，主要的不利影响是占用了过多的物流成本。

2. 运输与装卸的关系

运输活动必然伴随有装卸活动。一般来说物流运输发生一次，往往伴随两次装卸活动，即物流运输前后的装卸作业。货物在运输前装车、装船等活动是完成运输的先决条件，此时，装卸质量的好坏，将对运输产生巨大的影响。装卸工作的组织得力、装卸活动开展顺利，可以使运输工作顺利进行。当货物通过运输到达目的地后，装卸为最终完成运输任务做补充劳动，使运输的目的最终完成。装卸还是各种运输方式的衔接手段。

运输与搬运的功能相似，两者的区别主要在于空间范围的大小和所使用工具的差异。运输可以是跨企业、跨城市、跨地区甚至是跨国界进行的，而搬运通常仅限于一个部门内部如车站内、港口内、仓库内和车间内等。运输所使用的工具种类较多，如汽车、火车（图1-6）、轮船（图1-7）、飞机等，而搬运所使用的工具种类越来越少，如搬运车等。运输活动必须在有效的装卸搬运支持下才能实现高效率的运作。

图 1-6　铁路运输装卸　　　　　　　图 1-7　水路运输装卸

知识链接

装卸活动对运输效率的影响

① 据统计，我国火车货运以 500 公里为分歧点，运距超过 500 公里，运输在途时间多于起止的装卸时间；运距低于 500 公里，装卸时间则超过实际运输时间。

② 美国与日本之间的远洋船运，一个往返需 25 天，其中运输时间 13 天，装卸时间 12 天。

③ 我国对生产物流的统计，机械工厂每生产 1 吨成品，需进行 252 吨次的装卸搬运，其成本为加工成本的 15.5%。

3. 运输与储存的关系

货物运输与储存被誉为物流的主要核心功能，分别承担了创造物流"空间效应"和"时间效应"的主要作用。货物的储存量直接决定于需求量，但运输也会给储存带来重大影响，如果运输组织的效率高，货物可以快速、准时到达，及时得到补充，则库存的数量可以相应减少；相反，如果运输组织的效率低，则要求库存量增加，以防止可能出现的物资供应中断。过去仓储和运输分属不同的部门，运输部门为了降低运输成本（T_p）、减少运输次数，可能一次性运输更多数量的货物，保持较高的库存，但仓储部门为了降低仓储成本（W_p），可能要求更低的库存，但是更多的运输次数，现在大部分企业已经将运输部和仓储部整合为物流部站在物流系统的角度进行决策（$L_p = T_p + W_p$），这样就更为科学合理了。

知识链接

物流系统中的"效益背反"现象

运输与其他物流活动之间存在"效益背反"。"效益背反"是物流领域中很普遍的现象，是这一领域中内部矛盾的反映和表现。"效益背反"是指物流中若干功能要素之间存在着损益的矛盾，即某一个功能要素的优化和利益发生的同时必然会存在另一个或另几个功能要素的利益损失，反之亦然。减少仓库数量、降低库存量，势必使库存补充变得频繁，必然增加运输次数；将铁路运输、水路运输改为航空运输，虽然运输费用增加，但运输速度却大幅提高，不仅减少各物流中心的库存还大量减少仓储费用；简化包装，则包装强度降低，装卸和运输过程中容易出现破损，虽然节约了包装费用却增加了运输中的货损货差率，间接增加了运输费用。

4. 运输与配送的关系

运输和配送的关系可以概括为表1-1所示。

表1-1 运输和配送的关系

内容	运输	配送
商物分离	运输是商物分离的产物	配送是商物合一的产物
管理重点	效率、效益优先	服务优先
运输性质	干线运输	支线运输、末段运输
货物类型	少品种、大批量	多品种、小批量
运输工具	大型货车、其他运输工具等	小型货车
附属功能	装卸、捆包	装卸、保管、包装、分拣、流通加工、订单处理等

5. 运输与信息的关系

在运输作业过程中，会产生各种各样的信息，如运输计划、配车与运输路线计划、配送和货物跟踪、车辆运作管理、成本管理与控制、运输信息的查询等，运输信息的高效传递、共享和挖掘分析对提升客户服务及自身经营决策都有着非常重要的作用。

6. 运输对环境的影响

传统大型货车主要是以柴油提供动力，运输过程中产生的废气和噪声对环境产生了不利的影响，另外一些大型货车在城市运输中给城市的交通带来了拥堵问题，所以目前国家鼓励企业采用清洁能源的运输车辆，同时鼓励将城市内的物流园外移至城市郊区靠近国道、省道、港口、车站和机场等地方，大型运输车辆通过干线将货物运输至物流园，然后再通过中小型货车完成城市配送。

任务 2　认识货物运输方式和运输系统

案例引入

小王在长沙一家物流公司工作,该公司主要经营货运业务,在一次的业务洽谈中,客户咨询以下情况该采用什么运输方式。

1. 把 2 箱急救药从长沙运到北京。
2. 把煤炭从山西运到秦皇岛。
3. 把小白菜从长沙县运到长沙市区。
4. 把一批钢材,从重庆运到长沙。

当前我国最基本的运输方式有五种,即公路运输、铁路运输、水路运输、航空运输和管道运输,如图 1-8 所示。运输方式的选择是物流系统决策中的一个重要环节,是物流合理化的重要内容。各种运输方式有其自身的优缺点,并受到多方面条件的限制。

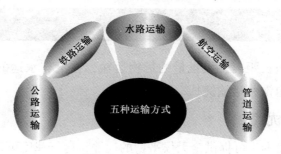

图 1-8　五种运输方式

具体来说,在选择运输方式时主要考虑运输物品的种类、运输量、运输距离、运输时间和运输费用等。五种运输方式的经济和服务特征比较如下。

一、公路运输

公路运输适合于近距离运输,能提供灵活多样的服务,多用于价高量小的货物门到门运输服务,是直达运输的主要手段,其一般的经济运输里程为 200 公里。

1. 公路运输的优点

(1) 运输速度快,一般可达 60~120 公里/时。
(2) 可靠性高,对货物损伤较少。
(3) 机动性高,可以选择不同的行车路线,灵活制订运营时间表,所以服务便利,能提供门到门服务，市场覆盖率高。

（4）投资少，效益高，运输企业只需购置运输车辆缴纳相关税费即可开展运输业务，所以固定成本低，投资周转速度快。

（5）操作驾驶人员易培训。

（6）适应性强，可作为其他运输方式的衔接手段。

2. 公路运输的缺点

（1）变动费用相对较高，公路的建设和维修费经常以税和收费的形式征收。

（2）运输能力较小，受载重量和容积的限制，一般大型公路运输货车运量可达10~30吨。

（3）能耗高，噪声污染和尾气污染相对其他运输方式严重得多。

（4）公路运输事故相对其他运输方式较多，安全性低。

3. 公路运输的适用范围

（1）近距离的独立运输作业。

（2）补充和衔接其他运输方式，当其他运输方式担负主要运输责任时，公路运输负责两端的货物短途运输的集散作业。

（3）完成其他运输方式到达不了的运输任务。

二、铁路运输

铁路运输主要承担长距离、大批量的货物运输，在没有水运的条件下，几乎所有的大批量货物的运输都由铁路运输完成。

1. 铁路运输的优点

（1）受气候限制较少，可提供全天候平稳的运输，运行速度可达100~180公里/时。

（2）严格按照班列时间表运输，具有定时性。

（3）中长距离货物运输费用低廉，可以实施大批量运输，我国铁路货运列车一节运量可达60吨左右，一列铁路货运列车可以编排几十节至上百节，运量可达2000~5000吨甚至更高。

（4）通用性能好，可适应各种不同货物的运输要求。

（5）能耗低，环境污染程度小。

2. 铁路运输的缺点

（1）铁路运输的固定成本很高，变动成本相对较低，使得近距离的运费较高。

（2）货车编组和转轨需要耗费时间，导致运输时间较长。

（3）机动性能差，只能在固定的线路上行使和在固定的站场停靠、装车卸车，不能采取门到门服务。

3. 铁路运输的适用范围

铁路运输适合大宗低值货物的中、长距离运输，较适合运输散装和罐装货物。同时也适用于大批量、时间性强、可靠性要求高的一般货物和特种货物运输。

三、水路运输

主要承担大批量、长距离的运输任务，在内河及沿海也常作为小型货运的方式，承担补充和衔接远洋干线运输的任务。

1. 水路运输的优点

（1）运能大，能够运输数量巨大的货物，一般运量可达几万至几十万吨。

（2）运输成本非常低，因其运量巨大平均分摊至每单位的货物运量运价就很低。

（3）平均运距长，国际贸易的货物 90% 都是通过远洋水路运输完成的，是发展国际贸易的强大支柱。

2. 水路运输的缺点

（1）受自然气候条件影响因素较大，会受到季节、气候和水位等因素的影响。

（2）航行风险大，安全性略差。

（3）运送速度慢，一般运输速度可达 20～40 节 [1 节 = 1 海里/小时 ≈ 1.852 千米（公里）/小时]

（4）装卸搬运成本较高，这是由于运能大导致装卸量大。

3. 水路运输的适用范围

（1）承担大批量货物特别是集装箱运输。

（2）承担原材料、半成品等散货运输。

（3）承担国际贸易运输，即远距离、运量大、不要求快速到达的货物的运输。

四、航空运输

航空运输方式快速及时，价格昂贵，但对于致力于全球市场的企业来说，当考虑库存和顾客服务问题时，空运也许是成本最为节约的运输模式。

1. 航空运输的优点

（1）高速直达，航线不受地形、地貌、山川、河流等障碍的限制，能到达地面运输难以到达的地区。

（2）安全性能高，随着科技的进步，飞机的安全性能增强，事故率低，保险费相应较低。

（3）时间效益好。

（4）包装要求低，因为空中航行的平稳性和自动着陆系统降低了货损的比率，所以可以降低包装要求。

(5) 破损少，货物在物流中震动、撞击等意外情况的可能性均小于其他运输方式。

2. 航空运输的缺点

(1) 运输费用偏高。

(2) 受气候条件的限制，在一定程度上影响了运输的准确性和正常性。

(3) 设施成本高，维护费用高，运输能耗高。

(4) 运输技术要求高，人员（飞行员、空勤人员）培训费用高。

3. 航空运输的适用范围

(1) 适用于价值高、运费承担能力强的货物运输，如贵重设备的零部件、高档产品等。

(2) 适用于紧急需要的物资的运输，如救灾抢险物资等。

(3) 其他运输方式不能运用时，可作为紧急服务的一种极为保险的运输方式。

五、管道运输

管道运输是靠物体在管道内顺着压力方向顺序移动实现的，与其他运输方式的区别在于管道设备是静止不动的，管道运输的对象主要是流体货物，包括原油、成品油、天然气和水煤浆等类型货物。

1. 管道运输的优点

(1) 连续性强、损耗少。

(2) 运量大、定向性强。

(3) 机械化程度高，运输费用低。

(4) 占用土地少，管理简单方便，有利于环境保护，能较好地满足运输工程的绿色环保要求。

(5) 由于采用密封设备，在运输过程中避免散失、丢失等，安全可靠。

(6) 基本不会受到气候等外部因素的影响。

2. 管道运输的缺点

(1) 运输对象受到限制，承运的货物比较单一。

(2) 灵活性差，不易随便扩展管道，路线往往完全固定，服务的地理区域有限。

(3) 设计量是个常量，所以与最高运输量之间协调的难度较大，在运量明显不足时，运输成本会显著增加。

(4) 仅提供单向服务且运速较慢。

3. 管道运输的适用范围

管道运输适用于担负单向、定点、量大的流体状货物运输。

在学习了以上五种运输方式的优缺点和适用范围后，再来完成引导案例中的任务，应具备的知识包括：各种运输方式及其优缺点和适用范围，以及一定的地理知识。

解决方案如表 1-2 所示。

表 1-2 解决方案

货物	起始地点	可选择的运输方式	最佳运输方式和理由
鲜花	长沙—北京	航空、铁路、公路	航空（速度快、保鲜）
急救药	长沙—北京	航空、铁路、公路	航空（速度快）
煤炭	山西—秦皇岛	铁路、公路	铁路（路程远、运量大）
小白菜	长沙县—长沙市区	公路、铁路	公路（路程短、装卸方便、灵活）
钢材	重庆—长沙	水路、铁路、公路	水运（运量大、成本低）

六、运输系统要素

（一）运输节点

运输节点是指运输网络中连接运输线路的结节之处。运输节点是指所有进行物资中转、集散和储运的节点，包括港口、空港、火车货运站、公路枢纽、大型公共仓库及现代物流（配送）中心、物流园区等。

1. 运输节点的作用

在物流网络中，运输节点对优化整个物流网络起着重要作用。运输节点除执行一般的运输职能外（承揽货物、货物中转、组织运输、运输工具维修保养），还具有指挥调度、信息处理等神经中枢的管理职能，是整个运输网络的灵魂所在，因而日益受到重视。因此，也有称之为物流据点或运输枢纽。

2. 运输节点的功能

（1）衔接功能　运输结点将各个运输线路联结成一个系统，使各个线路通过结点变得更为贯通而不是互不相干，这种作用称之为衔接作用。在物流未成系统化之前，不同线路的衔接有很大困难，例如轮船的大量输送线和短途汽车的小量输送线，两者输送形态、输送装备都不相同，再加上运量的巨大差异，所以往往只能在两者之间有长时间的中断后再逐渐实现转换，这就使两者不能贯通。运输结点利用各种技术的、管理的方法可以有效地起到衔接作用，将中断转化为通畅。

运输结点的衔接作用可以通过多种方法实现，主要有以下几种：

① 通过转换运输方式衔接不同运输手段；

② 通过加工，衔接干线物流及配送物流；

③ 通过储存衔接不同时间的供应物流和需求物流；

④ 通过集装箱、托盘等集装处理衔接整个"门到门"运输，使之成为一体。

（2）信息功能　运输结点是整个运输系统或与结点相接物流的信息传递、收集、处理、发送的集中地,这种信息功能在现代物流系统中起着非常重要的作用,也是复杂物流各单元能联结成有机整体的重要保证。

在现代物流系统中,每一个结点都是物流信息的一个点,若干个这种类型的信息点和物流系统的信息中心结合起来,便成了指挥、管理、调度整个物流系统的信息网络,这是一个物流系统建立的前提条件。

(3) 管理功能　运输系统的管理设施和指挥机构往往集中设置于运输结点之中,实际上,运输结点大都是集管理、指挥、调度、信息、衔接及货物处理为一体的物流综合设施,使整个运输系统的运转有序化和正常化。整个运输系统的效率和水平取决于运输结点的管理职能实现的情况。

3. 运输节点的种类及其特点

(1) 转运型节点　以接连不同运输方式为主要职能的结点;铁道运输线上的货站、编组站、车站,不同运输方式之间的转运站、终点站,水运线上的港口、码头,空运中的空港等都属于此类结点。一般而言,由于这种结点处于运输线上,又以转运为主,所以货物在这种结点上停滞的时间较短。

(2) 流通型节点　以组织物资在系统中运动为主要职能的结点,在社会系统中则是组织物资流通为主要职能的结点。现代物流中常提到的流通仓库、流通中心、配送中心就属于这类结点。

(3) 存储型节点　以存放货物为主要职能的结点,货物在这种结点上停滞的时间较长。在物流系统中,储备仓库、营业仓库、中转仓库、货栈等都是属于此种类型的结点。

(二) 运输线路

运输线路是供运输工具定向移动的通道,是交通运输的基础设施,也是构成运输系统的要素,根据运输方式的不同可将运输线路分为以下五种,如图 1-9 所示。

图 1-9　运输线路

(三) 货物

货物指一切因某种目的而必须移动其所在位置的运输目标。公路运输货物种类分普通货物、特种货物和轻泡货物。

(1) 货物在运输、装卸、保管中无特殊要求的,为普通货物。普通货物分为三等,可查阅运输货物分等表。

一等普通货物主要是砂、石、渣、土等;二等普通货物主要是日用百货;三等普通货物主要是蔬菜、农产品、水产品等。

（2）货物在运输、装卸、保管中需采取特殊措施的，为特种货物。特种货物分为四类，可查阅特种货物分等表，分为危险货物、贵重货物、超限货物、冷藏易腐货物和鲜活动植物货物。

（3）货物每立方米体积重量不足 333 千克的，为轻泡货物。其体积按货物（有包装的按货物包装）外廓最高、最长、最宽部位尺寸计算。

知识链接

运输货物代码

运输货物主要按其自然属性分类，兼顾国内、国际贸易运输各类报表和 EDI 报文信息传递及其货运业务管理需要，运输货物划分为 17 大类、122 中类、197 小类，组成三个层次。

货类代码采用四位数字码，其代码结构如图 1-10 所示。

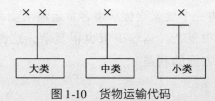

图 1-10　货物运输代码

例如：货物代码为 1163，其货类名称是玉米粉。

任务 3　认识运输市场及其竞争状态

一、运输市场的内涵

运输市场有狭义和广义之分。狭义的运输市场是指承运人提供载运工具和运输服务，来满足旅客或货物对运输需要的交易活动场所，以及进行运输能力买卖的场所，比如车站、港口等。广义的运输市场是指进行运输劳务交换所反映的各种经济关系和经济活动现象的总和。主要体现在以下几个方面：

（1）运输市场是运输产品供求关系的总和——强调买卖双方力量的对比。

（2）运输市场是在一定时空条件下对运输产品需求的总和——强调运输需求。

二、运输市场的构成

1. 物流中运输的参与者

运输交易与一般的商品交易不同,一般的商品交易只涉及买方和卖方,而运输交易往往受到四方的影响,分别是需求方、供给方、中介方和政府方。

(1) 需求方 包括各种经济成分的客货运输需求单位和个人。

(2) 供给方 包括提供客货运输服务的各种运输方式的运输业者,在我国有部属运输企业、地方国营运输企业、集体运输企业、外资运输企业、个体运输户等,有时供给方还包括运输业者的行业协会、公会或类似组织。

(3) 中介方 包括在运输需求和供给双方之间穿针引线,提供服务的各种客货代理企业、经纪人和信息服务公司等。

(4) 政府方 代表国家即一般公众利益对运输市场进行调控的工商、财政、税务、物价、金融、公安、监理、城建、标准、仲裁等机构和各级交通运输管理部门。在运输市场系统中,需求方、供给方、中介方三个要素直接从事客货运输活动,属于行为主体。

各方的参与使运输关系变得很复杂,运输决策也很复杂,这种复杂性要求运输管理需要考虑多方面的因素,顾及各方面的利益。

2. 运输服务的提供者

运输服务是由各种提供者共同提供的,主要包括单一方式经营人、专业承运人、联运经营人和非作业性质的中间商。

(1) 单一方式经营人 最基本的承运人经营是仅利用一种运输方式提供服务的单一方式经营人,这种集中程度使承运人高度专业化,有足够的能力和高效率。例如,航空公司就是单一方式的货运或客运承运人,只提供机场至机场的服务,托运人或旅客必须自己前往机场和离开机场。

(2) 专业承运人 由于小批量货物装运和交付在运输中存在很多问题,主要是公共承运人很难提供价格合理的小批量装运服务,而且服务质量较低。于是,提供专门化服务的专业承运人就趁机进入了小批量装运服务市场和包裹递送服务市场,如美国的 UPS 公司、联邦快递、DHIL 和我国的中国邮政 EMS 及一些快递公司。

(3) 联运经营人 联运经营人使用多种运输方式,利用各自的内在经济,在最低的成本条件下提供综合性服务,组成托运人眼中的"一站式"服务。对于每一种多式联运的组合,其目的都是要综合各种运输方式的优点,以实现最优化的绩效。现在人们越来越强烈地意识到多式联运将成为一种提供高效运输服务的重要手段。

(4) 中间商 运输服务的中间商通常不拥有或经营运输设备,只是提供经纪服务。其职能多少类似于营销渠道中的批发商。中间商的利润是向托运人收取的费率和向承运人购买的运输服务成本的差额。货运中间商可以使托运人和承运人有机结合起来,既方便了小型托运人的托运活动，同时也简化了承运人的作业行为，并且可以通过合理安排运输方式避免物流运输的浪费，运输服务中间商主要有货运代理人、经纪人以及托运人协会。

三、运输市场的特征

运输市场是整个市场体系中的重要市场，是运输生产者与需求者之间进行交换的场所和领域。正如任何市场都由生产与消费两方面所构成一样，运输市场也由供给和需求两方面所构成。运输市场具有第三产业服务性市场的特征。

1. 运输市场是一个典型的劳务市场

运输企业主要为社会提供没有实物形态的运输劳务。运输劳务不能存储也不调拨，其生产与消费具有同时性和同步性，所有权具有不可转移性。

2. 运输市场是劳动密集型市场

与工业相比，运输业技术构成相对较低，特别是公路运输业，运输业用人较多，每位就业人员占有的固定资产额较低，在企业劳动成果中，活劳动所占比重较大。

3. 运输市场的区域性较强

在市场的空间布局上存在着不同程度的自然垄断。运输市场具有一定的服务半径，超出了这个半径范围，企业的经济效益就会急剧下降。

4. 运输市场波动性较强

由于运输劳务没有实物形态，运输市场受各种因素影响后变动较大，因此波动性较强。运输市场每年、每季、每周甚至每天都在波动。例如，某些产品，如瓜果、蔬菜等在生产和销售上具有很强的季节性，由此导致了运输需求具有很强的时间波动性。旅客运输在时间上的波动性表现更为突出，上下班时间、节假日时间往往是旅客运输的高峰期。

5. 运输市场受到企事业单位自给自足运输力量的潜在威胁

许多企事业单位组建有自己的车队和船队，有的甚至还拥有自己的铁路线和机车车辆。这些运输力量平时主要为本企业的生产服务，但随时可能进入运输市场参与竞争，是一支不可忽视的运输力量。在汽车运输行业，社会企事业单位自备车辆占整个社会汽车拥有量的85%以上。

四、运输市场的竞争

有市场必然有市场竞争。市场竞争的态势和程度受到许多因素的影响，一般而言，市场上的买者和卖者数量越多，竞争越激烈；参与交易的产品或服务差异越小，竞争程度越高。

1. 运输市场竞争的类型

（1）完全竞争的运输市场　完全竞争的运输市场是指竞争充分而不受任何阻碍和干扰的一种市场结构。完全竞争的运输市场必须具备以下条件：

① 市场上有大量的运输企业。对于每个运输企业或运输需求者来说，其单个运输产品的提供量和购买量都只占很小的市场份额，其供应能力或购买能力对整个市场来说是微不足道的。这样，任何运输企业或运输需求者都无法左右市场价格，而只能接受运输市场的价格。在交换者众多的运输市场上，若某运输企业要价过高，顾客则可以从别的运输企业购买相同的运输产品。同样，如果某运输需求者压价过低，则很难购买到相应的运输产品。

② 各运输企业提供的产品具有同质性。这里的产品同质不仅指运输服务之间的质量、性能等无差别，还包括在服务条件等方面也是相同的。因为运输产品是相同的，哪一家运输企业提供的服务并不重要，运输需求者不会偏爱某一运输企业的运输产品，也不会为得到某一运输企业的运输产品而支付更高的价格。同样，对于运输企业来说，没有任何一家运输企业拥有价格优势，都只能以市场价格提供运输产品。

③ 其他运输企业可以无障碍地进入或退出行业。即所有的资源都可以在各行业之间自由流动。劳动者可以随时从一个岗位转移到另一个岗位，或从一个地区转移到另一个地区；资本可以自由地进入或撤出运输行业。运输资源的自由流动使得运输企业总是能够及时地转向获利的行业，及时退出亏损的行业。这样，效率较高的运输企业可以吸引大量的资源投入，缺乏效率的运输企业会被市场淘汰。资源的流动是促使市场实现均衡的重要条件。

（2）垄断竞争的运输市场　垄断竞争的运输市场是一种既垄断又竞争、既不是完全垄断也不是完全竞争的市场，是同类但不同质的市场。垄断竞争运输市场竞争较激烈，垄断程度较低，比较接近完全竞争运输市场，是实际存在较多的一种运输市场类型。垄断竞争运输市场具有以下特点：

① 市场上有为数众多的运输企业。市场上运输企业数目众多，每个运输企业都要在一定程度上接受市场价格，但每个运输企业又都可对市场施加一定程度的影响，不完全接受市场价格。另外，运输企业之间无法相互勾结来控制市场。对于运输需求者来说，情况也是类似的。

② 互不依存。市场上的每个运输企业和运输需求者都可以独立采取行动，运输企业之间、运输需求者之间互不依存。一个企业的决策对其他企业的影响很小，不易被察觉，企业在决策时可以不考虑其他企业的对抗行动。

③ 运输产品差别。在同样的价格下，如果运输需求者对某家运输企业的产品表现出特殊的偏好，该运输企业的产品就与同行业内其他运输企业的产品具有差别。垄断竞争运输市场上不同运输企业的产品互有差别，或者是质量差别，或者是功用差别，或者是非实质性差别（如品牌、广告等引起的印象差别），或者是服务条件差别（如地理位置、服务态度与方式的不同造成运输需求者愿意选择这家的运输产品，而不愿选择那家的运输产品）。运输产品差别是造成运输企业垄断的根源，但由于同行业产品之间的差别有

限，产品之间并不是完全不能相互替代，一定程度的可相互替代性又让运输企业之间相互竞争，因而相互替代是运输企业竞争的根源。

（3）寡头垄断的运输市场　寡头垄断就是少数运输企业控制整个市场，提供占运输市场最大最主要份额的运输服务。该市场的典型特征是各运输企业之间的行为相互影响，以至于运输企业的决策要考虑竞争对手的反应。根据运输产品特征，寡头垄断市场可以分为纯粹寡头垄断市场和差别寡头垄断市场两类。在纯粹寡头垄断市场中，各寡头企业提供无差别的运输产品；而在差别寡头垄断市场中，各运输企业提供有差别的运输产品。按运输企业的行动方式，寡头垄断市场分为有勾结行为的和独立行动的两种不同类型。

当今国际市场上，激烈的竞争足以使寡头垄断企业尽可能地努力进行研究和开发，尽可能提高效率，尽可能降低产品的价格，而不是像传统的经济学理论认为的垄断会破坏和降低有效的市场竞争，阻碍经济和技术的发展。寡头垄断的形成可以避免无序竞争，减少资源浪费。

（4）完全垄断的运输市场　完全垄断的运输市场是一种与完全竞争市场相对立的极端形式的市场类型。垄断一词出自于希腊语，意思是"一个销售者"，也就是说某一家企业控制了某种产品的全部市场供给。完全垄断的运输市场，即是指只有一个运输供给者的市场类型。完全垄断运输市场的假设条件有三个方面：① 整个市场的运输产品完全由一家运输企业提供，运输需求者众多；② 没有任何接近的替代品，运输需求者不可能购买到性能等方面相近的替代品；③ 进入限制使新的运输企业无法进入市场，从而完全排除了竞争。

上述的四种运输市场结构中，完全垄断型运输市场与完全竞争型运输市场一样是很少存在的，现实中大量存在的是寡头垄断型运输市场和垄断竞争型运输市场，特别是垄断竞争型运输市场。

2. 运输市场竞争的方式

运输企业作为运输产品的供给者，除了与其他运输企业开展的争取旅客与货源的竞争外，事实上也同样面临着与货主、旅客间如何争取以对自己有利的条件成交的竞争。就运输企业之间的竞争来说，运输市场竞争的方式主要有运输价格竞争、运输服务质量竞争、运输产品多样化竞争和替代品的竞争。

（1）运输价格竞争　运输价格是运输劳务价值的货币表现，降低运输价格以吸引客户是价格竞争的主要途径。要降低价格就要降低运输成本，要降低成本，就要不断提高劳动生产率，加强企业内部管理，提高经营管理水平。因此，价格竞争实质上是企业技术水平和经营管理水平在价格上的反映。企业技术水平和经营管理水平高于社会平均水平，企业产品或劳务的实际成本就低于社会平均水平，两者之间差额越大，就越能够在竞争性价格的选择中获得较大的回旋余地，也就越能够在激烈的价格竞争中击败对手，站稳脚跟。

（2）运输服务质量竞争　人们购买产品，首先考虑的是质量问题。同样，购买运输产品也要考虑质量的好坏。运输服务质量是运输企业声誉的重要体现，也是货主与旅客在进行购买决策时考虑的一个重要因素。运输市场上谁的服务质量高，谁能够为货主与旅客提供更方便的条件，谁就容易吸引更多的货主与旅客，占有更多的市场份额。

但是，运输服务质量的提高并不是无限制的。对于企业来说，运输质量的提高过程，意味着企业新的费用的发生过程。虽然在一定范围内，较小的费用代价可以换来较大的运输质量的提高，但如果超出这个范围，运输质量再提高一步，就要付出较大的代价。例如，客运企业要进一步提高旅客运输过程中的舒适度而更换高级车辆，就需要投入大量的资金，往往受到的阻力也更大些。

（3）运输产品多样化竞争　随着社会生产力水平的不断提高，社会分工协作关系的日益密切，人们对运输业的要求在不断提高，新的运输需求也在不断出现，如旅客运输的好适性要求，货物运输的方便性、快速性要求等。因此，怎样使运输服务多样化，推出新的运输服务项目，不断满足人们对运输的要求，是运输企业在市场竞争中立于不败之地的一个重要方面。有诸多优点的新运输服务项目的出现往往能更强地激发人们的需求，改变以往运输需求的习惯，引导企业及人们的运输产品购买行为，及时开拓新的运输服务项目，能使运输企业在市场竞争中处于有利地位，产品多样化竞争已成为运输市场竞争的重要方式之一，也是推动运输不断发展的不竭动力。

（4）替代品的竞争　对于运输企业来说，还存在来自替代品的竞争，即来自其他运输方式的竞争。例如，旅客从某地去往另一地，可以乘坐汽车，也可以乘坐火车，还可以乘坐飞机，这样，三种运输方式之间即形成了竞争。运输企业可以通过向社会提供不同的运输服务方式，根据市场的需要不断变换企业的运输对象、运输工具、运行路线、停靠站点、到发时间、运行组织方式等来满足货主与旅客不断变化的需求，与其他运输企业进行竞争。

实训项目一

一、训练目标

通过对以下案例背景资料分析，结合网络信息资料，进一步了解我国公路运输的发展现状、存在的问题及相应的解决策略。

中国公路货运市场研究报告

过去二十年中国经济的高速增长，极大促进了物流运输的发展。中国公路货运整体周转量已达到610百亿吨公里，重型卡车保有量超过500万辆，轻中型卡车保有量超过1400万辆，市场规模超过5万亿元人民币，已成为世界第一大的公路运输市场。但物流效率仍然不高，物流费用占GDP16%，同发达国家10%的水平相比差距很大。而其中又涉及道路、车辆、运力结构、管理水平等多维度问题，信息规模庞大又极度分散，一直以来难以进行准确的评估与分析。

某企业对长途运输的海量运行数据进行了挖掘与梳理，对公路货运物流的区域分布、路网情况、拥堵状态以及车队运行的效率等方面进行了系统的分析。希望通过分析，向车队、物流企业、货主企业与车辆制造企业等物流行业的参与者阐明公路运输行业的现状，揭示效率领先企业的关键成功之处，并启示潜在的物流效率提升领域。

1. 目前中国物流汽运市场总体格局呈现的特征

（1）以京津、长三角、珠三角和成渝为枢纽的运输网络已经成型 广东、山东、江苏、浙江、四川、河北等全国 GDP 排名靠前的省份也是运输最繁忙的区域。这些地区制造业较为发达，消费水平较高，同时道路建设状况也较为完善，催生了大量对于原材料和成品的运输需求。

（2）线路繁忙，但是平均速度普遍偏低 研究选取了国内最繁忙的 10 条线路，发现汽运平均运行时速在 50～65 公里/小时，相比发达国家 75～80 公里/小时的平均水平仍有差距，车辆性能及车况差距、公路拥堵程度、公路路况、收费流程等是导致中国汽运整体平均速度低于发达国家的关键因素。

（3）拥堵情况普遍存在并日趋严重，且具有较高的随机性 道路拥堵是制约运输时效与效率的关键因素之一。以进出上海的繁忙线路为例，超过 30% 的时间车辆是处在拥堵和阻塞状态的，并且对比 2017 年上半年与 2016 年，可以发现堵塞状况明显上升。

报告指出，中国的拥堵情况具有一定客观原因，如汽车保有量增长的速度超越了公路承载能力的提升。但在车队实际运行中，物流企业可以通过路由动态规划优化路径选择，规避拥堵，提高效率。动态路由规划从拥堵预判、路线调整和拥堵成因分析的角度大幅度降低了车队在拥堵方面的风险。

通过对车辆位置及行驶速度的分析，数据平台可以及时发现拥堵并对车队进行提前警告，并通过路径规划、实时语音交互等手段引导车队选择最优的行驶路线，从而大幅度提升运作效率。此外，对拥堵路段司机反馈的整合也能够协助交通管理部门对拥堵成因进行及时分析，加快对拥堵的处理速度。

报告发现，中国在路由实时监控设备的安装上还有很大的发展空间。在 2015 年，我国仅有 9% 的车队车辆完成了路由设备的安装，远低于欧美等发达国家 20% 的装载率。报告认为，随着中国向大型车队的整合，物流科技的完善和车队管理提供商的发展，动态路由规划将会日益普及，成为汽运行业的一剂强心针。

2. 汽运车队效益分析

报告还对中国市场汽运车队效益进行了分析，并得出了以下发现：

（1）车队规模的扩大有助于车辆行驶效率提升 研究表明，大型车队对车辆的利用率显著高于规模较小的车队。以顺丰、圆通、德邦、安能等快递快运企业为首的大型用车客户非常注重成本管理和效益提升，从而也从需求端提高了对大型车队的效率要求。

（2）提升服务水平，从需求端提升车辆利用率 车队可通过数字化管理提高服务质量，并有针对性地提供增值服务以拉动需求端，从而增加单车的行驶里程和运行时间。

（3）通过培养良好的驾驶习惯降低油耗 在物流汽运的成本组成中，燃油费是最重要的项目之一，其比例将近运营成本的 30% 左右。油耗的降低对于车队成本节降有重要影响，从之前的节油案例上看，最优秀的单车，可单月通过节油达到2.6万的成本节降。

（4）运用大数据提升运营水平，降低油耗 除了提升车队本身的管控水平外，大数据对车队油耗水平的改进也有着显著作用。车载系统可以探知转速、刹车、怠速、油感等一系列数据，对司机的驾驶行为实时监控，及时发现偷油等违规行为，并对不良的驾驶习惯予以纠正。

（5）安全行驶的重要性日益凸显 值得注意的是，随着车辆使用效率的提升，在行驶里程更长、空载时间更短的情况下，车况将损耗更快，疲劳驾驶和不规范驾驶的情况也会增加。报告综合EMS系统统计中的超速、急刹和空挡滑行次数对样本车辆的安全行驶状况进行评分，发现自2015年至2017年上半年，超速、急刹车等行为的发生概率均有升高的趋势。

（6）通过数据平台辅助驾驶行为，减少事故 路由管理中的路线服务可以及时检测出异常的车辆状况，通知车队进行预处理以提高单车安全系数。通过监控可以有效控制超速、急刹车等不良驾驶行为，还可对司机行为进行动态比对，及时发现疲劳驾驶、烟酒等风险因素，从而大幅度减少人为事故的发生概率。在欧美国家，通过数字化手段对车辆进行的监控和大数据分析已经相当普遍。以英国为例，官方研究显示，车载监控设备可以减少高达20%的事故发生率。

3. 提升竞争力的建议

基于报告的关键结论，提出了进一步提升物流与运输企业竞争力的以下4点建议：

（1）物流企业在进一步布局优化枢纽与运输网络时，应充分考虑各大区域的物流中心分布形态的实际情况及差异化。

（2）利用物联网、大数据等分析工具对路线进行动态规划，更合理地规避拥堵，提升物流时效与效益。

（3）扩大车队规模进行规模化运营是降低成本的关键之一。

（4）利用数字化手段实时监测车况并精确管理驾驶行为，是提升车队效益的另一关键。

二、训练内容

根据背景资料完成以下任务：

（1）结合案例并查阅相关资料分析描述我国目前公路运输的发展现状；

（2）结合案例并查阅相关资料说明我国公路运输当前发展存在的问题和发展策略及建议。

三、实施步骤

（1）以4~6人小组为单位进行操作，并确定组长为主要负责人；

（2）搜集资料，将每位成员的工作内容和工作要点填入下表，完成工作计划表；

序号	工作名称	工作内容	工作要点	责任人	完成日期

（3）组织展开讨论，确定所调查相关资料的准确性、合理性；

（4）整理资料，制作PPT并每组选派一名同学进行汇报。

四、检查评估

能力		自评（10%）	小组互评（30%）	教师评价（60%）	合计
专业能力（60分）	1. 调查结果的准确性（10分）				
	2. 现状分析的准确性（10分）				
	3. 问题描述的准确性（10分）				
	4. 策略分析的合理性（10分）				
	5. PPT制作与展示（20分）				
方法能力（40分）	1. 信息处理能力（10分）				
	2. 表达能力（10分）				
	3. 创新能力（10分）				
	4. 团体协作能力（10分）				
	综合评分				

思考与练习

1. 名词解释：运输、规模原理、距离原理、运输市场。
2. 简述运输与物流其他职能的关系。
3. 简述五种运输方式的优缺点。
4. 简述运输市场的特征及竞争类型。

项目二
办理公路运输业务

项目二 办理公路运输业务

知识目标

- 1. 了解公路货物运输优缺点;
- 2. 熟悉公路货物运输的形式及其分类;
- 3. 熟悉公路货物运输的设备与设施;
- 4. 掌握公路整车运输操作注意事项和作业流程;
- 5. 掌握公路零担运输注意事项和作业流程;
- 6. 掌握公路超限运输和危险品运输操作注意事项和作业流程。

能力目标

- 1. 能快速判断各公路货物运输各种设施设备;
- 2. 能区分公路运输的类型;
- 3. 会办理各种形式的公路运输业务;
- 4. 能准确计算公路运输费用;
- 5. 会缮制公路运输相关单据。

任务1 公路货物运输认知

一、公路运输的含义及作用

1. 公路运输的含义

公路运输也称道路运输,是指在公共道路(包括城市、城间、城乡间、乡间能行驶汽车的所有道路)上使用汽车或其他运输工具,从事旅客或货物运输及其相关业务活动的总称。

知识链接

::: 公路运输发展简况

公路运输是19世纪末随着现代汽车的诞生而产生的。初期主要承担短途运输业务。第一次世界大战结束后，基于汽车工业的发展和公路里程的增加，公路运输走向发展的阶段，不仅是短途运输的主力，并进入长途运输的领域。第二次世界大战结束后，公路运输发展迅速。欧洲许多国家和美国、日本等国已建成比较发达的公路网，汽车工业又提供了雄厚的物质基础，促使公路运输在运输业中跃至主导地位。发达国家公路运输完成的客货周转量占各种运输方式总周转量的90%左右。

2. 公路运输在运输中的地位和作用

公路运输是构成陆上运输的两种基本运输方式之一。是对外贸易运输和国内货物流程的主要方式之一，既是独立的运输体系，也是车站、港口和机场物资集散的重要手段。当前中国公路运输能力和水平都有了很大提高，公路交通在国民经济中的基础性地位和作用显著增强，对经济发展和社会进步的推动作用越来越大。

公路运输的作用主要表现在先行、纽带和促进上。

（1）公路运输的先行作用主要表现在它的超前性。"要想富，先修路"，这是人民群众发展农村商品经济的切身体验，无论基本建设、经济开发、产品生产，还是抗灾救险、战时支前，都有赖于公路运输的超前行动，否则，一切都将无法进行。

（2）公路运输同其他运输方式一起在社会生产、流通、消费领域中起着连接纽带作用，成为社会再生产过程的一个必不可少的重要环节，是社会生产结构的重要构件。公路运输又起着其他运输方式不能代替的纽带和桥梁作用，形成综合运输能力。

（3）公路运输的促进作用，主要表现在它的保障作用和推动作用上。公路运输以它特有的能量和方式，贯穿于工业、农业以及国民经济其他部门之间、地区之间、企业之间、城乡之间和各种运输方式之间，不断地输送着原料、燃料、半成品、工业品、农产品等，有力地保证了工、农业生产的正常运行和市场经济的稳定，促进了国民经济的发展。

二、公路运输的特点

1. 公路运输的优点

（1）机动灵活，适应性强。
（2）可实现"门到门"直达运输。

(3) 在中、短途运输中,运送速度较快。

(4) 原始投资少,资金周转快。

(5) 驾驶技术容易掌握。

2. 公路运输的缺点

(1) 运量较小,运输成本较高。

(2) 运行持续性差。

(3) 安全性较低,污染环境较大。

(4) 长途运输的成本较高。

三、公路货物运输的分类

公路货物运输按照不同的划分标准其划分结果也不一样,具体如表2-1所示。

表 2-1 公路运输分类

序号	划分标准	划分结果
1	按货物营运方式分	整车运输、零担运输、集装箱运输和包车运输
2	按运送距离	长途运输、中途运输和短途运输
3	按货物种类分	普通货物运输(三种)、特种货物运输(三种)、轻泡货物运输
4	按货物是否保险或保价	不保险(不保价)运输、保险运输和保价运输
5	按货物运送速度	普通运输、快件运输和特快运输
6	按运输的组织特征	集装化运输与联合运输

1. 整车运输、零担运输、集装箱运输和包车运输

(1) 整车运输 公路整车货物运输是需用整辆汽车载运一批托运货物的运输。《汽车货物运输规则》第8条规定,托运人一次托运货物计费重量3吨以上或不足3吨,但其性质、体积、形状需要一辆汽车运输的,为整批货物运输。承运货物一般较大宗,货源的构成、流量、流向、装卸地点比较稳定。

(2) 零担运输 公路零担货物运输,指的是托运人一次托运的货物不足3吨(不含3吨)的零担货物。按件托运的零担货物,单价体积一般不小于0.01立方米(单件重量超过10千克的除外),不大于1.5立方米;单件重量不超过200千克;货物长度、宽度、高度分别不超过3.5米、1.5米和1.3米。

(3) 公路集装箱运输 公路集装箱运输是集装箱运输的一个重要组成部分,它能将航空、铁路、海运有效地连接起来,实现门到门运输。同时,还能把小批量的零星货物,通过汽车运输加以集中和组织,转为集装箱运输。目前,在一些工业发达国家中,汽车运输不仅承担了铁路、海运、航空接送业务,而且承担了中、短途的内陆集装箱运输。

(4) 包车运输 运输企业根据托运人的要求,在一定时间内安排一定车辆承担货物的运输任务。车辆调度由托运人负责。包车运输的承托双方共同商定包车运输合同,主要内容有:运输量计算方法、运费收取标准、车辆行驶时间控制等。

2. 长途运输、中途运输和短途运输

国家规定公路运输距离 50 公里以内为短途运输，200 公里以内为中途运输，200 公里以上为长途运输。

3. 普通货物运输、特种货物运输、轻泡货物运输

（1）普通货物运输　在运输、装卸以及保管过程中没有特殊要求的，不必采用特殊方式或手段即可以运送的货物为普通货运。普通货物分为三等，可查阅运输货物分等表。

一等普通货物主要是砂、石、渣、土等；二等普通货物主要是日用百货；三等普通货物主要是蔬菜、农产品、水产品等。

（2）特种货物运输　在运输、装卸、保管中需采取特殊措施的货物为特种货物。特种货物分为超限货物、危险货物、贵重货物、鲜活货物四类。

（3）轻泡货物运输　每立方米体积重量不足 333 千克的货物为轻泡货物。其体积按货物（有包装的按货物包装）外廓最高、最长、最宽部位尺寸计算。

4. 保险运输和保价运输

（1）保险运输　针对运输过程中的商品而提供的一种货物险保障。开办这种货运险，是为了使运输中的货物在水路、铁路、公路和联合运输过程中，因遭受保险责任范围内的自然灾害或意外事故所造成的损失能够得到经济补偿，并加强货物运输的安全防损工作，以利于商品的生产和商品的流通。

（2）保价运输　指运输企业与托运人共同确定的以托运人声明货物价值为基础的一种特殊运输方式，保价就是托运人向承运人声明其托运货物的实际价值。凡按保价运输的货物，托运人除缴纳运输费用外，还要按照规定缴纳一定的保价费。

知识链接

保险运输与保价运输的区别

运输保险对危险所采取的对策只是善后处理，即对事故造成的损失进行被动的经济补偿，对危险的发生它不能采取有效的预防对策和抢救对策。这个特点使得运输保险承保不可抗力带来的损失成为优势。不可抗力所造成的损失往往是无法预见和无法预防的，具有很大的突然性和偶然性，事先很难采取有效的预防措施，发生后采取抢救措施的难度也很大。保险业可以通过建立保险基金有效地对不可抗力险造成的损失给予经济补偿，保证经济活动的正常进行。保价运输的赔偿范围只限于由于承运人责任造成保价标的的损失，对于不可抗力造成的损失，即使保价了承运人也不负赔偿责任。同时承运人对保价运输所承担的赔偿责任也可通过保险把这部分赔偿责任转移给保险人，不过这种险不属于货物

运输险而是承运人的责任险，不能把这种承运人的责任保险同货物运输保险混淆起来。如果托运人或旅客仅向保险公司投保了货物运输险而承运人未向保险公司投保承运人责任险，一旦在运输过程中货物发生损失就要视造成损失的原因，确定是谁的责任，是承运人的责任由承运人负赔偿责任；是保险公司的责任由保险公司负赔偿责任。有时承运人与保险人的责任难以划分或在一定的时间内难以划分，保险人在取得被保险人的代位行使权时可先行赔偿再根据实际情况向承运人进行追赔。

5. 普通运输、快件运输和特快运输

一般货物运输即普通速度运输或称慢运；快件货物运输的速度从货物受理当日15点钟起算，运距在300公里内的24小时运达，运距在1000公里内的48小时运达，运距在2000公里内的72小时运达；特快专运是指按托运人要求在约定时间内运达。

6. 集装化运输与联合运输

（1）集装化运输　是指使用集装用具或自货包装、捆扎等方法将散装、小件包装、不易使用装卸机械作业的货物按规定集装成特定的单元后运往到站的一种货物运输方式。

（2）联合运输　简称联运，是指使用两种或两种以上的运输方式，完成一项货物运输任务的综合运输方式。

四、公路运输的运营方式

1. 公共运输业

（1）定期定线　按照规定的时间在固定的运输线路和装卸地点开展运输的形式。

（2）定线不定期　起运时间视货物的规模而定，在固定的运输线路和装卸地点开展运输的形式。

（3）定区不定期　结合货物的规模、目的地在固定区域内开展运输的形式。

2. 契约运输业

也称合同运输，按照承托双方签订的运输契约（运输合同）运送货物。与之签订契约的一般都是一些大的工矿企业，常年运量较大而又较稳定。契约期限一般都比较长，短的有半年、一年，长的可达数年。按契约规定，托运人保证提供一定的货物运输量，承运人保证提供所需的运力。

3. 自营运输业

规模较大的企业自己拥有运输车队，对自营货物开展运输的形式。

4. 汽车货运代理

接受委托方的委托，从事有关货物运输、转运、仓储、装卸等事宜，一方面与货物托运人订立运输合同，同时又与运输企业签订合同。

五、公路运输设施与设备

公路运输设施与设备包括公路运输车辆、公路和货运站，具体如图2-1所示。

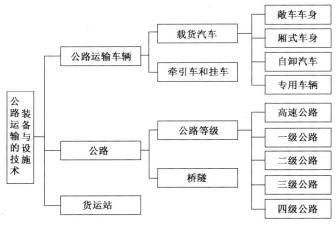

图2-1 公路运输系统

（一）公路运输设施——公路

1. 公路运输线路构成

公路运输线路是指连接城市、乡村，主要供汽车行驶的具备一定技术条件和设施的道路。公路是一种线型构造物，是汽车运输的基础设施，由路基、路面、桥梁、涵洞、隧道、防护工程、排水设施与设备以及山区特殊构造物等基本部分组成，此外还需设置交通标志、安全设施、服务设施及绿化栽植等，如图2-2所示。

2. 公路线路分类

我国公路按照技术等级来分可分为高速公路、一级公路、二级公路、三级公路和四级公路，如图2-3所示。

图2-2 公路构成要素　　　　　图2-3 按技术等级分类

知识链接

各技术等级公路通行能力

高速公路是全部控制出入、专供汽车在分隔的车道上高速行驶的公路。主要用于连接政治、经济、文化方面重要的城市和地区，是国家公路干线网中的骨架。四车道的高速公路一般年平均每昼夜汽车通过量 2.5 万辆以上。

一级公路为供汽车分向、分车道行驶，并部分控制出入、部分立体交叉的公路，主要连接重要政治、经济中心，通往重点工矿区，是国家的干线公路。四车道一级公路一般能适应按各种汽车折合成小客车的远景设计年限，年平均昼夜交通量为 15000~30000 辆。六车道一级公路一般能适应按各种汽车折合成小客车的远景设计年限，年平均昼夜交通量为 25000~55000 辆。

二级公路连接政治、经济中心或大工矿区等地的干线公路，或运输繁忙的城郊公路。一般能适应各种车辆行驶，二级公路一般能适应按各种车辆折合成中型载重汽车的远景设计年限，年平均昼夜交通量为 3000~7500 辆。

三级公路沟通县及县以上城镇的一般干线公路。通常能适应各种车辆行驶，三级公路一般能适应按各种车辆折合成中型载重汽车的远景设计年限，年平均昼夜交通量为 1000~4000 辆。

四级公路沟通县、乡、村等的支线公路。通常能适应各种车辆行驶，四级公路一般能适应按各种车辆折合成中型载重汽车的远景设计年限，年平均昼夜交通量为：双车道 1500 辆以下；单车道 200 辆以下。

不同等级的公路，路面路基质量、路面宽度、曲线半径、交通控制和行车速度都有较大的差距，对道路运输的运输质量、运输成本影响很大。

公路按行政等级可分为国道公路、省道公路、县道公路和乡道公路（简称为国、省、县、乡道）以及专用公路五个等级。一般把国道和省道称为干线，县道和乡道称为支线。

知识链接

行政等级道路

国道是指具有全国性政治、经济意义的主要干线公路，包括重要的国际公路，国防公路，连接首都与各省、自治区、直辖市首府的公路，连接各大经济中心、港站枢纽、商品生产基地和战略要地的公路。国道中跨省的高速公路由交通部批准的专门机构负责修建、养护和管理。

省道是指具有全省（自治区、直辖市）政治、经济意义，并由省（自治区、直辖市）公路主管部门负责修建、养护和管理的公路干线。

县道是指具有全县（县级市）政治、经济意义，连接县城和县内主要乡（镇）、主要商品生产和集散地的公路，以及不属于国道、省道的县际间公路。县道由县、市公路主管部门负责修建、养护和管理。

乡道是指主要为乡（镇）村经济、文化、行政服务的公路，以及不属于县道以上公路的乡与乡之间及乡与外部联络的公路。乡道由人民政府负责修建、养护和管理。

专用公路是指专供或主要供厂矿、林区、农场、油田、旅游区、军事要地等与外部联系的公路。专用公路由专用单位负责修建、养护和管理。也可委托当地公路部门修建、养护和管理。

3. 我国的公路网络

我国已经形成了贯通城乡、四通八达的公路交通网。规划中的国家高速公路网布局方案可以归纳为"7918"网，采用放射线和纵横网格相结合的形式，由7条北京放射线、9条纵向路线和18条横向路线组成，总规模约8.5万公里，其中主线6.8万公里，地区环线、联络线等其他路线约为1.7万公里。

知识链接

国家高速公路网规划

《国家高速公路网规划》于2004年经国务院审议通过，这是中国历史上第一个"终极"的高速公路骨架布局，同时也是中国公路网中最高层次的公路通道。

首都放射线7条：北京—上海、北京—台北、北京—港澳、北京—昆明、北京—拉萨、北京—乌鲁木齐、北京—哈尔滨。

南北纵向线9条：鹤岗—大连、沈阳—海口、长春—深圳、济南—广州、大庆—广州、二连浩特—广州、包头—茂名、兰州—海口、重庆—昆明。

东西横向线18条：绥芬河—满洲里、珲春—乌兰浩特、丹东—锡林浩特、荣成—乌海、青岛—银川、青岛—兰州、连云港—霍尔果斯、南京—洛阳、上海—西安、上海—成都、上海—重庆、杭州—瑞丽、上海—昆明、福州—银川、泉州—南宁、厦门—成都、汕头—昆明、广州—昆明。

此外，规划方案还包括：辽中环线、成渝环线、海南环线、珠三角环线、杭州湾环线共5条地区性环线，2段并行线和30余段联络线。要实现这个规划目标，预计需要30年的时间。

（二）公路运输工具——运输车辆

1. 货车按载重质量分类

（1）微型　总质量≤1.8吨；
（2）轻型　1.8吨＜总质量≤6吨；
（3）中型　6吨＜总质量≤14吨；
（4）重型　总质量≥14吨，如图2-4所示。

图2-4　按载重质量划分

知识链接

我国国家车型分类标准

根据《中华人民共和国机动车登记办法》规定，载货汽车可分为重型、中型、轻型、微型4个种类。其中，重型和中型载货汽车核发大型货车号牌（俗称黄牌，如图2-5所示）；轻型和微型载货汽车核发小型货车号牌（俗称蓝牌，如图2-5所示）。

黄牌(30吨重型货车)

图　2-5

黄牌(10吨中型货车)　　　　　　　　蓝牌(2吨轻型厢式货车)

图 2-5　车辆载重量分类

具体车型参数是：车长≥6 米，总质量≥14000 千克的载货汽车为重型载货汽车；车长≥6 米，总质量≥6000 千克且小于 14000 千克的载货汽车为中型载货汽车；车长小于 6 米，总质量小于 6000 千克的载货汽车为轻型载货汽车；车长≤3.5 米，载质量≤1800 千克的载货汽车为微型载货汽车。另外，外资企业的货车无分种类，全部核发外资汽车号牌（俗称黑牌）。

2. 货车按用途分类

（1）普通货车　一种是敞开式的（平板式），另一种是封闭式的（厢式）载货空间内载运货物的货车。

知识链接

物流行业常见普通货车车型及术语解析

在物流行业，根据不同的视角可以有很多分类方法。比较常见的有以下方法：根据车厢的形状，可以分为低栏车（平板车）、高栏车、厢式车等，如图 2-6 所示。

（1）低栏车　又叫作平板车，平板车根据板的形状又有纯平板和高低板两种，根据板的高低、宽窄又分为普通平板、超低平板、超宽平板，其中超低、超宽平板属于特种车辆。

低栏车的特点：三方向车栏可以打开，方便货物的装卸作业，故常用于一些采用叉车、吊机等作业的货物；采用雨布包盖货物，以防雨淋等对货物的损坏；一般采用绳索或专门工具（例如钢卷鞍座）等固定货物。

（2）高栏车　是介于低栏和厢式车之间的一种车型，它虽有相对低栏更加封闭的车厢，但仍需要雨布来防护。可分为半封闭高栏和全封闭高栏。

（3）厢式车 因为其自带全封闭式车厢，在防雨及货物固定等方面都有其自身优势，因此更适用于一些对货物风险防护要求比较高的产品，例如一些纸箱包装的货物、高科技产品等。

图2-6 根据车厢形状分类

（2）多用途货车 多用途货车是在其设计和结构上主要用于载运货物，但在驾驶员座椅后带有固定或折叠式座椅，可载运3个以上的乘客的货车。

（3）牵引车和挂车 牵引车就是车头和车厢之间是用工具牵引的一般的大型货车或半挂车，也就是该车车头可以脱离原来的车厢而牵引其他的车厢，而车厢也可以脱离原车头被其他的车头所牵引。前面有驱动能力的车头叫牵引车,后面没有牵引驱动能力的车叫挂车,挂车是被牵引车拖着走的。牵引车和挂车的连接方式有两种:第一种是挂车的前面一半搭在牵引车后段上面的牵引鞍座上,牵引车后面的桥承受挂车的一部分重量,这就是半挂;第二种是挂车的前端连在牵引车的后端,牵引车只提供向前的拉力,拖着挂车走,但不承受挂车的向下的重量,这就是全挂。如图2-7所示。

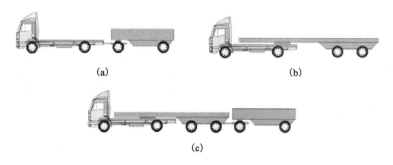

图2-7 全挂车(a)、半挂车(b)及牵引车(c)

知识链接

甩挂运输

甩挂运输也称为甩挂装卸,是指汽车列车按照预定的计划,在各装卸点甩下并挂上指定的挂车后,继续运行的一种组织方式。在相同的运输组织条件下,增加汽车的实际装载量和降低装载停歇时间均可以提高汽车运输生产率。

甩挂运输体现平行作业基本原理,它是利用汽车列车的行驶时间来完成甩下挂车的装卸作业,从而使原来整个汽车列车的装卸停歇时间缩短为主车的装卸作业时间和摘甩挂作业时间。因此,甩挂运输可加速车辆周转,提高运输效率。

甩挂运输适用于运距较短、装卸能力不足且装卸停歇时间占汽车列车运行时间的比重较大的情况。若运距大到一定程度,由于装卸停歇时间占汽车列车运行时间的比重很小,反而使得汽车列车的生产率不一定高于同等载货汽车的生产率,而且还增加了组织工作的复杂性。甩挂运输中牵引车车头和车厢是可以分离的,两者各自具有属于自己牌照。

(4)专用作业车 专用作业车是在其设计和技术特性上用于特殊工作的货车。例如:消防车、救险车、垃圾车、应急车、街道清洗车、扫雪车、清洁车等。

(5)专用货车 专用货车是在其设计和技术特性上用于运输特殊物品的货车。例如：罐式车、乘用车、运输车、集装箱运输车和冷藏车等。

（6）电动货运车 拥有小巧的车身，其主要用途是运载货物，此外该车也是一款环保型车，主要依靠电能作为动力来源。这款货运概念车除了电动机外，还配置有制动系统、悬挂和操作系统，该车采用了再生制动系统。所需动力来源是由金属-空气电池来提供的，其能量的补充可在任何一个中转站等地方完成。

3. 按燃料分类

货车按燃料分可分为汽油货车、柴油货车、其他燃料货车。

对于任何载货车辆，基本要求都是载货安全、经济、使用方便。在选择车辆的时候，最好选择有代表性的一个全天的运营情况作为基础，列明需要的特征。选择车辆时，应该考虑的因素包括：车辆的类型、车身的类型、驾驶舒适程度及辅助装卸设备的类型。

（三）货运站

公路运输货运站的主要功能包括货物的组织与承运、中转货物的保管、货物的交付、货物的装卸以及运输车辆的停放、维修等内容。简易的货运站点，则仅有供运输车辆停靠与货物装卸的场地。

六、公路运输的发展趋势

未来我国公路运输的发展趋势主要表现在以下几个方面。

1. 公路运输需求将继续保持快速增长

近30多年来，我国公路基础设施建设迅速发展，公路运输能力大大提高，在国民经济增长和人民生活水平提高方面发挥着越来越重要的作用。但与日益增长的运输需求相比，公路运输仍存在着有效供给不足的问题。随着我国经济的进一步发展，公路运输需求将继续保持快速增长。在公路货运中大宗货物、初级产品所占的份额呈下降趋势，对运输服务质量和服务水平的要求日益提高。

2. 智能运输系统是未来公路运输的发展方向

智能运输系统简称ITS，是将先进的信息技术、数据通信传输技术、电子控制技术及计算机处理技术等综合运用于整个地面运输管理体系，使人、车、路及环境密切配合、和谐统一，使汽车运行智能化，从而建立一种在大范围内，全方位发挥作用的实时、准确、高效的公路运输综合管理系统。

智能运输系统可提高公路交通安全水平、减少交通堵塞、提高公路网的通行能力，降低汽车运输对环境的污染，提高汽车运输生产率和经济效益。随着智能运输系统技术的发展，电子技术、信息技术、通信技术和系统工程等高科技在公路运输领域将得到广泛应用，物流运输信息管理、运输工具控制技术、运输安全技术等均将产生巨大的飞跃，从而大幅度提高公路网络的通行能力。

3. 公路运输将与现代物流日益融合

物流业作为一种新的经济运行方式，已成为国民经济的重要服务部门之一。由第三方物流企业组成的新的物流服务行业，是中国经济发展新的生产力。随着公路运输需求水平的逐步提高，公路货运中小批量、多品种、高价值的货物越来越多，在运输的时间性和服务质量方面的要求越来越高。因此，公路运输企业必须提高自身的物流服务水平，以满足日益提高的客户服务的要求。公路运输加速向现代物流的发展和融合，不仅是为了面对现有的国内市场的需求，同时更是为了应对经济全球化潮流和我国加入WTO后所带来的压力和挑战。在此背景下，近年来一些大型公路运输企业的物流意识迅速增加，一些嵌进的企业已开始从单纯的客货运公司发展成为能够提供多种物流服务的现代物流公司。

4. 公路货运将向快速、长途、重载发展

随着区域经济的发展以及公路基础设施和车辆的不断改进，中长距离公路运输需求增加，公路货运向快速、长途、重载方向发展。大吨位、重型专用运输车因高速安全、单位运输成本低而成为我国未来公路运输车辆的主力。专用车产品向重型化、专用功能强、技术含量高的方向发展。厢式运输车、罐式运输车、半挂汽车列车、集装箱专用运输车、大吨位柴油车及危险品、鲜活、冷藏等专用运输车辆将围绕提高运输效率、降低能耗、确保运输安全的目标发展。

任务2　公路零担货物运输业务办理与组织

一、零担货物运输的含义及特点

凡同一托运人一次托运货物的计费重量不足3吨者，称为零担货物。零担货物运输只是货物运输方式中相对独立的一个组成部分，由于其货物类型和运输组织形式的独特性，衍生出其独有的特点。一般而言，公路承运的零担货物具有数量小、批次多、包装不一、到站分散的特点，并且品种繁多，许多商品价格较高。另一方面，经营零担货运又需要库房、货棚、货场等基本设施以及与之配套的装卸、搬运、堆码机具和苫垫设备，所以，这些基本条件的限定使零担货物运输形成了自己独有的特点，概括说表现在如下方面：

① 货源的不确定性和来源的广泛性。零担货物运输的货物流量、货物数量、货物流向具有一定的不确定性，并且多为随机发生，难以通过运输合同方式将其纳入计划管理范围，货物的来源涉及社会的方方面面。

② 组织工作的复杂性。零担货物运输不仅货物来源、货物种类繁杂，而且面对如此

繁杂的货物和各式各样的运输要求必须采取相应的组织形式，才能满足人们对货运的需求，这样就使得零担货物运输货运环节多，作业工序细致，设备条件繁杂，对货物配载和装载要求较高。因此，作为零担货物作业的主要执行者——货运站，要完成零担货物质量的确认，货物的积配载等大量的业务组织工作。

③ 单位运输成本较高。为了适应零担货物运输的需求，货运站要配备一定的仓库、货栅、站台，以及相应的装卸、搬运、堆置的机具和专用厢式车辆，此外，相对于整车货物运输而言，零担货物周转环节多，更易于出现货损、货差，赔偿费用较高，因此，导致了零担货物运输成本较高。

正因为零担货物运输具有与整车货物运输不同的特点，使得零担货物运输具有自己的优越性，其主要表现在以下几方面：

① 适应于千家万户的需要。零担货物运输非常适合商品流通中具有品种繁多、小批量、多批次、价高贵重、时间紧迫、到站分散等特点的货物的运输，因此它能满足不同层次人民群众商品流通的要求，方便大众物资生产和流动的实际需要。

② 运输安全、迅速、方便。零担货物运输由于其细致的工作环节和业务范围，可承担一定行李、包裹的运输，零担班车一般都有固定的车厢，所装物不至于受到日晒雨淋，一方面成为客运工作的有力支持者，另一方面体现了安全、迅速、方便的优越性。

③ 零担货物运输机动灵活。零担货物运输都是定线、定期、定点运行，业务人员和托运单位对运输情况都比较清楚，便于沿途各站点组织货源，往返实载率高，经济效益显著。对于竞争性、时令性和急需的零星货物运输具有尤为重要的意义。

二、零担货物运输的发展趋势

贸易的繁荣和商品经济的发展，为零担货物运输业的发展提供了充足的货源，零担货物运输业要取得持续、良好的发展，必须依据零担货物运输运量小、批量多、流向分散、品种繁多的特点，建立零担货物运输网络、充分发挥零担货物运输网络化规模经营的优势，取得最大的企业效益与社会效益。零担货运网是指由零担货运站（点），零担货运班线组成的供零担货物流通的循环网络系统。根据我国情况，发展零担货运网络应根据地区经济发展状况、产业构成、公路网状况等确定零担货运站数量、分布状况、货运班线等，依托行政区域，建立相应的各层次零担货运网，进而形成全国范围内的零担货运网络。

1. 建立县内网络

建立县内网络是指以县城为中心，以乡（镇）村零担货运站为网点的网络，对区域内企业产品、日用消费品进行集结和疏散。

2. 建立城市（地区）网络

建立城市（地区）网络以中心城市为中心，以县内网络为基础，以市县、县城间交通干线为脉络形成市（地区）内的网络系统。它对于发挥中心城市的作用，加快流通速度具有一定作用。

3. 省（自治区）网络

省（自治区）网络以省（自治区）、直辖市或经济中心城市为中心，依托公路干道，形成省（自治区）内的完整循环系统。

4. 片区网络

片区网络是指跨越数省（市、自治区）以片区内的经济中心城市为连接点，以沟通城市间干线为脉络组成的网络。片区网络的建立为发展远距离的零担货物运输创造了必要条件。

5. 建立全国网络

建立全国网络指以大城市为中心，以干线为骨干形成的四通八达的全国范围内零担货物运输网。只有建立全国零担货运网络，才能最大限度方便货主，使零担货物在全国范围内流通，实现零担货物运输现代化。

三、零担货物运输业务基础工作

公路零担货运开办和发展必须具备一定的前提条件，这些前提条件一方面包括宏观经济社会发展的大环境，另一方面就是零担货运的微观物质条件。从运输企业开办和发展零担货运实际工作看，零担货运的基础工作主要是指其物质条件，运输企业要开办和发展零担运输就必须做好下述基础工作。

1. 建立零担货物仓库是开办零担货运业务的首要条件

由于零担货物具有品种繁多、小批量、多批次、价高贵重、时间紧迫、到站分散的特点，这就决定了多数零担货物不可能在业务受理后即行装车，也不可能在货物运达卸车后即行交付，它有一个"集零为整""化整为零"的过程，同时有些货物还需要中转，必须在货运站作短期堆存保管，所以，必须根据吞吐量的大小，建设一定面积的零担货物仓库。

2. 零担货运站是开办零担货运业务的中介

货运站是货源货流的直接组织者，它一方面起着为社会集结和疏散货物的作用，另一方面为运载工具包揽运输业务，是建立在运载工具和货物之间的纽带。

3. 班车开辟和建立零担货运网络是开办和发展零担货运的基础

零担货运网络是指由若干站点和运行线路组成的具有循回功能的运输系统。班线是零担货运网络的基本组成部分。班线的开辟应以适应货流需要，尽量减少中转环节为原则，并在货源货流调查基础上确定和制定车辆运行方案。

4. 零担货车配备是开办和发展零担货运的保证

零担货车是公路运输零担货物的工具，没有它，即使其他条件都已成熟也不能实现零担货物的运输。

5. 组织零担货物联运是增强零担货运活力的关键

联运是指通过两种以上不同运输方式或虽属同种运输方式但须经中转换装的接力运输。由于零担货物运距长短不一，不可能每点都到，各线都跑，因此必须与铁路、水路、航空搞好联运。这样才能满足托运人多方面需要。

四、零担货物货源组织

在完成好零担货物运输的基础工作以后，零担货物运输便进入货源组织阶段。零担货物货源组织工作，始于货源调查，终止于货物受理托运，其主要目的是寻找、落实货源，是为了寻找、落实货源所进行的一系列组织工作。

获得货源货流信息并进行有效处理，开展零担货运货源的市场实际调查，是零担货物运输经营管理的基础性工作。由于零担货物运输是货物运输的一个组成部分，其市场调查的内容、方式、方法基本相同，零担货运货源的调查，其实质就是通过有效的市场调查方法，获取货源货流的基本信息，并对获取的信息作进一步分析，用于指导零担货运的过程。

1. 货源与货流的概念

货源即货物的来源，货物的发生地；货流是指一定时间、一定区段内货物流动的情况，它包括货物的流量、流向、流时、流程四个要素。公路货物在一定时间、一定区段内流动的数量称为货物流量；公路货物流动的方向称为货物流向。货物流向分为顺向货流和反向货流。路段上货流量大的方向的货流称为顺向货流；路段上货流量小的方向的货流称为反向货流。零担货物运输的货源货流信息是指与零担货物的发生地、流量、流向、流时、流程及其变化有关的各种信息的总称。

2. 零担货运中货源货流信息的收集

获取零担货运的货源货流信息不仅是零担货运经营决策的重要依据，而且是提高零担货运应变能力的重要手段，零担货运货源货流信息的收集一般通过下述方法：

（1）开展零担货运的市场调查　零担货运的市场调查按调查方式可分为全面调查、典型调查和专题调查。全面调查是在一定时期内，对零担货运企业吸引区内的自然资源（土地、矿山、森林、土特产等）、人口、企事业、学校、机关等的基本概况，对工农业、农副产品产量、规格、供给流通，对工业生产所需原材料、燃料、辅助材料的品种、消耗量、自产量、流入量，对商品流通的数量、范围、时间，对交通运输网络布局、竞争对手的发展变化等，作全面综合的调查分析。典型调查是根据需要选择一些具有代表性的地区、单位或运输线路进行解剖，用"由此及彼"的推理方法，达到一般地了解同类事物的共同规律。专题调查为研究零担货运的某些特殊问题，如新辟零担货运线路，专门进行的市场调查。

（2）整理分析资料　整理分析零担货运企业近期托运资料、地区发出运量统计资料等，从中分析货源货流信息。

（3）实时信息的收集　实时信息的收集指在定点的货运站点在代办业务、取货送货等承运业务活动中，通过询问、交谈了解，获取货源货流信息。

五、零担货源组织方法

1. 实行合同送输

合同运输是公路运输企业行之有效的货源组织形式，它具有以下特点：
① 逐步稳定一定数量的货源；
② 有利于合理安排运输；
③ 有利于加强企业责任感，提高运输服务质量；
④ 有利于简化运输手续，减少费用支出；
⑤ 有利于改进产、运、销的关系，优化资源配置。

2. 设立零担货运代办站（点）

零担货物具有零星、分散、品种多、批量小、流向广的特点，零担货物运输企业可以自行设立货运站、点，或者也可以与其他社会部门或企业联合设立零担货运代办站（点），这样，既可以加大零担货运站点的密度，又可以有效利用社会资源，减少企业成本，弥补企业在发展中资金人力的不足。设立零担货运站的前提是广泛的市场调查，只有通过细致的调查分析，才能了解货源情况，有的放矢地建立起零担货运网络。

3. 委托社会相关企业代理零担货运业务

零担货运企业还可以委托货物联运公司、日杂百货打包公司、邮局等单位代理零担货运受理业务，利用社会的资源，即这些单位现有的设施和营销关系网络，取得相对稳定的货源。委托代理关系是现代市场经济出现的一种有效的经营管理模式，这一模式可以充分调动社会各方面的经济资源，将有利于零担货运的经济资源重新配置，这一方面可以扩大联运公司、日杂百货打包公司、邮局等单位的商品营业额，另一方面，方便了购物者，扩大了自己的零担货源，实现了企业效益和社会效益的双盈。

4. 聘请货运信息联络员，建立货源信息网络

在有较稳定的零担货源的物资单位聘请货运信息联络员，可以随时掌握货源信息，以零带整，组织整车货源。

5. 设立信息化的网络受理业务

可以利用现代信息技术如手机APP、电脑网站等方式创建数字化的零担货运受理平台，形成虚拟的零担货运业务网络，进行网上业务受理和接单工作。

六、零担货物运输的组织形式

零担货物运输的组织形式，可以分为固定式和非固定式两大类。

1. 固定式零担货物运输的组织

固定式零担货物运输的组织是指车辆运行采取定线路、定班期、定车辆、定时间的一种零担车,也叫"四定运输"。通常又称为汽车零担货运班车,简称零担班车。零担班车一般是以营运范围内零担货物流量、流向以及货主的实际要求为基础组织运行,零担货运班车一般可分为直达式零担班车、中转式零担班车和沿途式零担班车三种。

(1) 直达式零担班车 直达式零担班车是指在起运站将各个发货人托运的到同一站点,并且性质允许配载的零担货物,同车装运后直接送达目的地的一种货运班车,如图2-8 所示。

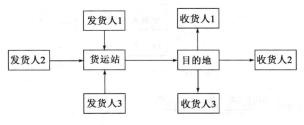

图 2-8 直达式零担班车

(2) 中转式零担班车 中转式零担班车是指在起运站将各个发货人托运的同一线路、不同到达站,但性质允许配装的各种零担货物,同车装运到规定中转站,卸货后复装,重新组成新的零担班车运往目的地的一种货运班车,如图2-9 所示。

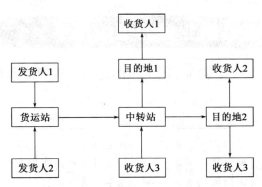

图 2-9 中转式零担班车

(3) 沿途式零担班车 沿途式零担班车是指在起运站将多个发货人托运的同一线路、不同到达站,但性质允许配装的各种零担货物,同车装货后,在沿途各计划停靠站卸下或装上零担货物再继续前进,直至最后终点站的一种货运班车,如图2-10 所示。

上述三种零担班车运行模式中,以直达式零担班车经济性最好,是零担班车的基本形式,它具有以下四个特点:

① 避免了不必要的换装作业,节省了中转费用,减轻了中转站的作业负担。

② 减少了货物的在途时间,提高了零担货物运送速度,有利于加速车辆周转和物资的调拨。

③ 减少了货物在中转站的作业,有利于运输安全和货物的完好,减少事故,保证运

输质量。

④ 货物在仓库内的集结时间少,充分发挥仓库货位的利用程度。

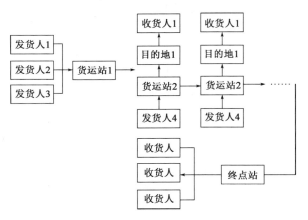

图 2-10 沿途式零担班车

2. 非固定式零担货物运输的组织

非固定式零担班车是指按照零担物流的具体情况,临时组织而成的一种零担车,通常在新辟零担货运线路或季节性零担货物线路上使用。非固定式零担车计划性差,运输过程效率较低,因此应加强对货源的调查并收集货运相关的信息,改非固定式零担车为固定式零担车,来提高企业的运输效率。

七、零担货物运输业务的组织程序

零担货物运输业务是根据零担货运工作的特点,按照流水作业构成的一种作业程序,见图 2-11。

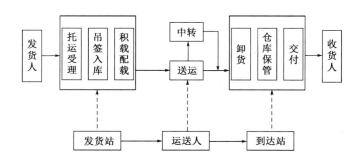

图 2-11 零担货运作业流程

1. 托运受理

托运受理是指零担货物承运人根据经营范围内的线路、站点、运距、中转车站、各车站的装卸能力、货物的性质及受理限制等业务规则和有关规定接受托运零担货物,办理托运手续。零担运输企业需向社会公布办理零担的线路、站点(包括联运、中转站点）、班期及里程运价；张贴托运须知、包装要求和限运规定。受理托运时，必须由托运人认真填写托运单（见表2-2），承运人审核无误后方可承运。

表2-2　零担货物托运单

托运日期：
起运站：　　　　　　　　　　　　目的地：
托运单位：　　　　　　　　　　　地　址：　　　　　　　　　　　电话：
收货单位（人）：　　　　　　　　地　址：　　　　　　　　　　　电话：

货物名称	包装	件数	实际重量	计算重量	托运人注意事项
					1. 托运单填写一式两份；
					2. 托运货物必须包装完好；
					3. 不得谎报货物名称，否则在运输途中的损失由托运人负责赔偿；
合计					4. 托运货物不得夹带易燃等危险物品。
收货人记载事项			起运站记载事项		

进货仓位：　　　　　　　　　仓库理货验收员：　　　　　　　发运日期
到站交货日：　　　　　　　　托运人（签章）：

在受理托运时，可根据零担货物数量、运距以及车站最大能力采用不同的受理制度。受理制度有随时受理制、预先审批制和日历承运制。

（1）随时受理制　随时受理制对托运日期无具体规定。在营业时间内发货人均可将货物送到托运站办理托运，为货主提供了很大的方便。但随时受理制不能事先组织货源，缺乏计划性，因此，货物在库时间长、设备利用率低。在实际工作中，随时受理制主要被作业量较小的货运站、急运货物货运站，以及始发量小、中转量大的中转货运站采用。

（2）预先审批制　预先审批制要求发货人事先向货运站提出申请，车站再根据各个发货方之间方向及站别的运量，结合站内设备和作业能力加以平衡，分别指定日期进货集结，组成零担。这种制度可提高货物运输的计划性，但是对货主有诸多不便。

（3）日历承运制　日历承运制是指货运站根据零担货物流量和流向规律，编写承运日期表，事先公布，发货人则按规定日期来站办理托运手续。采用日历承运制可以有计划、有组织地进行零担货物的运输，便于将去向和到站比较分散的零担货物合理集中，组织直达零担班车。这种制度可以均衡安排起运站每日承担零担货物的数量，合理使用货运设备，便于物资部门安排生产和物资调拨计划，提前做好货物托运准备工作。

2. 检货司磅

检货司磅与起票的作业就是零担货物受理人员在收到托运单后，审核托运单填写内容与货物实际情况是否相符，检查包装，过磅量方，扣、贴标签、标志（见表2-3），计算和收取运费并填写零担货物运输货票（见表2-4）。

表 2-3 零担标签

车次	
起点	
终点	
票号	
总件数	
发站	年　月　日
到站	年　月　日

公路汽车行李、包裹、零担标签

表 2-4 零担货物运输货票

起始站		中转站			到达站		公里		备注
托运人		详细地址							
收货人		详细地址							
货名	包装	件数	体积/立方米			实际重量	计费重量	每百千克运价	合计
			长	宽	高				
合计									托运人签章

车站：　　　　　填票人：　　　　　复核人：　　　　　经办人：

（1）核对运单　核对货物品名、件数、包装标志，是否与托运单相符。注意是否夹带限制运输货物或危险货物，做到逐件清点件数，防止发生差错，对长大、笨重的零担货物，要区别：终点站长大件不得超过零担班车车厢的长度和高度；中途站长大件不得超过零担车后门宽度和高度；笨重零担货物，不得超过发站和到站的自有或委托装卸能力。单件重量，一般在人力搬运装卸的条件下，以不超过 40 千克为宜，笨重零担货物应按起运、中转、到达站的起重装卸能力受理。

（2）检查货物包装　货物包装是货物在运输、装卸、仓储、中转过程中保护货物质量必须具备的物质条件。货物包装的优劣，直接关系到运输质量和货物自身的安全，这就必须按货物的特性和要求进行包装，要达到零担货运的关于货物包装的规定，如发现应包装的货物没有包装或应有内包装而只有外包装的，应请货主重新包装。对包装不良或无包装但不影响装卸及行车安全的，经车站同意可予受理，但应请货主在托运单中注明包装不良状况及损坏免责事项。对使用旧包装的应请货主清除旧标志、旧标签。检查货物包装采取下述步骤：

①看。包装是否符合相关规定要求，有无破损、异迹。笨重货物外包装上面是否用醒目标记标明重心点和机械装卸作业的起吊位置。

② 听。有无异声。
③ 闻。有无不正常的气味。
④ 摇。包装内的衬垫是否充实，货物在包装内是否晃动。

检查货物虽然是一些十分琐碎的工作，但却是较为重要的工作。如果在接收货物时检查疏忽，就会使原来已经残破短少或变质的货物进入运送过程，不仅加剧货物的损坏程度，不能保证承运期间的安全，而且会转化为运输部门的责任事故，影响企业信誉，造成不应有的损失。

（3）过磅（量方） 货物重量是正确装载、凭以核算运费和发生事故后正确处理赔偿费用的重要依据，因此应须随票过磅（量方），保证准确无误。零担货物起码计费质量为1千克，重量在1千克以上，尾数不足1千克的，四舍五入。

（4）开票收费 根据司磅人员和仓库保管人员签字的零担货物托运单上的货物重量和体积等信息向托运人核收运杂费。

3. 验收入库

从托运人处接收过来的货物一般不会立即起运，要存放在仓库进行短暂的存储，等达到一定的规模或到达规定的起运日期再装车运输。

验收入库必须做到以下几点：

（1）凡未办理托运手续的货物，一律不准进入仓库；
（2）认真核对运单、货物，坚持照单验收入库；
（3）货物必须按流向堆码在指定的货位上；
（4）一批货物不要堆放两处，库内要做到层次分明、留有通道、互不搭肩、标签向外、箭头向上；
（5）露天堆放的货物要注意下垫上盖。

4. 配载装车

零担货物由于本身具有的特性，应根据货物的性质、货物的流向和流量等进行合理的配载装车，提高车辆的利用率。

（1）零担货物配载的原则 零担货物的配载对于零担运输来说，是非常重要的一个环节，如果配载正确、合理，则可以减少配送过程的作业时间，增加配送的作业量，零担货物在配载的过程中，应该遵循以下原则：

① 中转先运、急件先运、先托先运、合同先运。
② 尽量采用直达运送方式，必须中转的货物，则应合理安排流向配载。
③ 充分利用车辆的载货量和容积。
④ 严格执行货物混装的限制规定，确保运输安全。
⑤ 加强预报中途各站的待运量，并尽可能使用同站装卸的货物在重量及体积上相适应。

（2）货物装车准备工作

① 按车辆装载量和货物的形状、性质进行合理配载，填制配装车和货物交接单。填单时应按货物先远后近、先重后轻、先大后小、先方后圆的顺序填写，以便按单顺次装车，对不同到达站的和中转的货物要分单填制。

② 将整理后的各种随货单证分别附于交接清单后面。

③ 按单核对货物堆放位置，做好装车标记。

完成上述工作后，可按交接清单的顺序和要求点件装车，装车时应注意将贵重物品放在防压、防撞的位置，保证运输安全；装车完毕后要复查货位，以免错装、漏装；驾驶员（或随车理货员）清点随车单证并签字确认，检查车辆关锁及遮盖捆扎情况。

5. 车辆运行

零担车必须按期发车，不得延误。如属有意或过失责任造成误班的，必须按规定对责任人给予处分。定期零担车应按规定路线行驶，凡规定停靠的中途站，车辆必须进站，并由中途站值班人员进行车路单签证。行车途中，驾驶员、随车理货员应经常检查车辆装载情况，如发现异常情况，应及时处理或报请就近车站协助办理。

6. 货物中转

对于需要中转的货物，需以中转零担班车或沿途零担班车的形式运到规定的中转站进行中转。中转作业主要是将来自各个方向仍要继续运输的零担货物卸车后重新集结待运，继续运至终点站。零担货物中转作业一般有以下三种基本方法。

（1）落地法　将到达车辆上的全部零担货物卸下入库，按方向或到达站在货位上重新集结，再重新配装。这种方法简便易行，车辆载货量利用较好，但装卸作业量大，作业速度慢，仓库和场地的占用面积大。

（2）坐车法　将到达车辆上运往同一到站且中转数量较多或卸车困难的那部分核心货物留在车上，将其余货物卸下后再加装同一到站的其他货物。在这种方法下，其核心货物不用卸车，减少了装卸作业量，加快了中转作业速度，节约了装卸劳力和货位，但对留在车上的核心货物的装载情况和数量不易检验和清点，在加装货物较多时也难免发生卸车和倒装等附加作业。

（3）过车法　当几辆零担车同时到站进行中转作业时，将车内的部分中转货物由一辆车直接换装到另一辆车。组织过车时，可以向空车上过，也可以向留有核心货物的重车上过，这种方法在完成卸车作业的同时即完成了装车作业，减少了零担货物的装卸作业量，提高了作业效率，加快了中转速度，但对到达车辆的时间衔接要求较高，容易遭受意外因素的干扰。

以上三种方法各自有其优缺点，应根据实际情况将三者结合在一起，发挥每种方法的优势，提高中转效率。零担货物中转站除了承担货物的保管工作外，还需进行一些与中转环节有关的理货、堆码、整理、装载等作业，因此中转站应配备一定的仓库、货棚和装卸工具等设施。零担货物的仓库或货棚应具有良好的通风、防潮、防火、采光、照明等条件，以保证货物的完好和适应各项作业的需要。

7. 到站卸货

班车到站后，仓库人员检查货物情况，如无异常，在交接单上签字并加盖业务章。如有异常情况发生，则应采取以下相应措施处理：

（1）有单无货，双方签注情况后，在交接单上注明，将原单返回。

（2）有货无单，确认货物到站后，由仓库人员签发收货清单，双方盖章，清单寄回起运站。

（3）货物到站错误，将货物原车运回起运站。

（4）货物短缺、破损、受潮、腐烂，应双方共同签字确认，填写事故清单。

8. 货物交付

零担货物交付可以是货主自己取货，也可能是承运人送货上门，不论何种形式，货物到站入库后，承运人要及时通知收货人。收货人凭有效证件和提货单领取货物，并做好交货记录，逾期提取的按有关规定办理。

任务 3　公路整车货物运输业务办理与组织

一、公路整车货物运输的含义及特点

1. 公路整车货物运输的含义

根据道路货物运输的规定，托运人一次托运货物的数量在 3 吨（含 3 吨）以上，货物性质、形状和体积能够用一辆车装载，同一到达地点的运输方式。或货物重量不足 3 吨但因其重量、性质、体积、形状的特殊性而需要以 1 辆或 1 辆以上货车装运的，均按整车条件运输。一次托运是指同一托运人、同一托运单、同时托运。

以下货物必须按整车运输：

（1）鲜活货物。

（2）需用专车运输的货物。

（3）不能与其他货物拼装运输的危险品。

（4）易于污染其他货物的不洁货物。

（5）不易于计数的散装货物。

2. 整车货物运输的特点

（1）一车一张货票、一个发货人。

（2）整车货物多点装卸，按全程合计最大载重量计重，最大载重量不足车辆额定载重量时，按车辆额定载重量计算。

（3）托运整车货物由托运人自理装车，未装足车辆标记载重量时，按车辆标记载重量核收运费。

（4）整车货物运输一般不需中间环节或中间环节很少，送达时间短、相应的货运集散成本较低。

二、公路整车货物运输业务与零担货物运输业务的主要区别

整车货物运输业务与零担货物运输业务相比，虽然主要是货物计费数量上的不同，然而作业过程却简单得多。在作业流程方面的主要区别是：

（1）在接收货物形式方面，整车货物运输是整车（批）货物接收；而零担货物运输是零星地接收。

（2）在是否直达运输方面，整车货物运输多数是直达运输，货物从发货地直接到收货地仓库，没有入库储存保管环节；而零担货物运输是接收每个客户的货物后，入库保管，等待一定时间货物凑足整车或到达一定时间后，才装车运送。

（3）在装车环节，整车货物运输是整车整装，而零担运输往往要有分拣、组配和拣选环节。

（4）在是否需要押运方面，整车货物运输的部分货物如活的动植物和贵重物品的运输等，需要押运；而零担货物运输一般不需要押运。

（5）在收付款方式方面，整车货物运输多数是预交部分运杂费（30%~70%），交付货物前结算清楚；多数零担运输是先交清运杂费后实施货物运输。

三、整车运输业务生产过程构成

整车货物运输业务生产过程是一个多环节、多工种的联合作业系统，是社会物流必不可少的、重要的服务过程。这一过程是公路货运运输业的劳动者运用运输车辆、装卸设备、承载器具、站场设置等，通过各种作业环节，将货物这一运输对象，从始发地运送到目的地的全过程。它由四个相互关联、相互作用的部分组成，即运输准备过程、基本运输过程、辅助运输过程和运输服务过程。

1. 运输准备过程

运输准备过程又称运输生产技术准备过程，是货物进行运输之前所做的各项技术性准备工作。包括车型选择、线路选择、装卸设备配置、运输过程的装卸工艺设计等都属于技术准备过程。

2. 基本运输过程

基本运输过程是运输生产过程的主体，是指直接组织货物，从起运地至到达地完成其空间位移的生产活动，包括起运站装货、车辆运行、终点站卸货和货物交接等作业过程。

3. 辅助运输过程

辅助运输过程是指为保证基本运输过程正常进行所必需的各种辅助性生产活动，辅助运输过程本身不直接构成货物位移的运输活动，它主要包括车辆、装卸设备、承载器具、专用设施的维护保护与修理作业，以及各种商务事故、行车事故的预防与处理工作，营业收入结算工作等。

4. 运输服务过程

运输服务过程是指服务于基本运输过程和辅助运输过程中的各种服务工作和活动。例如，各种行车材料、配件的供应，代办货物储存、包装、保险业务，均属于运输服务过程。

构成整车货物运输生产过程的各个组成部分的划分是相对的。它们之间的关系既表现了一定的相对独立性，又表现了相互关联性。同时，通过运输准备过程、辅助运输过程、运输服务过程活动，可以使基本运输过程能够与物流过程的各个功能环节有机地协调起来，使得运输生产过程的服务质量得以提高。

四、公路整车货物运输业务的一般作业流程

整车货物运输业务过程（简称货运过程）是指货物从受理托运开始，到交付收货人为止的生产活动。货运过程一般包括货物装运前的准备工作、装车、运送、卸车、保管和交付等环节。货物只有在完成了上述各项作业后，才能实现其空间的位移，车站则是开始并结束货物运输的营业场所。整车货物运输作业工作可分为发送、途中和到达三个阶段的工作，内容包括：货物的托运与承运，货物装卸、起票、发车，货物运送与到达交付、运杂费结算，商务事故处理等。

（一）整车货物运输的发送站务工作

货物在始发站的各项货运作业统称为发送站务工作，发送站务工作主要由受理托运、组织装车和核算制票三部分组成。

1. 受理托运

受理托运必须做好货物包装，确定重量和办理单据等项作业。

（1）货物包装　为了保证货物在运输过程中的完好和便于装载，发货人在托运货物之前，应按"国家标准"（代号 GB）以及有关规定对货物进行包装。凡在"标准"内没被列入的货物，发货人应根据托运货物的质量、性质、运距、道路、气候等条件，按照运输工作的需要做好包装工作。货运站对发货人托运的货物，应认真检查其包装质量，发现货物包装不合要求时，应建议并督促发货人将其货物按有关规定改变包装，然后再行承运。

凡在搬运、装卸、运送或保管过程中，需要加以特别注意的货物，托运方除必须改

善包装外，还应在每件货物包装物外表明显处，贴上货物运输指示标志。

（2）货物质量　货物的质量不仅是企业统计运输工作量和核算货物运费的依据，与车辆车载质量的充分利用，保证行车安全和货物完好也有关，货物质量分为实际质量和计费质量，货物质量的确定必须准确。货物有实重货物与轻浮货物之分。凡每立方米质量不足333千克的货物为轻浮货物；否则为实重货物，公路货物运输经营者承运有标准质量的整车实重货物，一般由发货人提出质量或件数，经车站认可后承运。货物质量应包括其包装质量在内。

（3）办理单据　发货人托运货物时，应在起运地货运站办理托运手续，并填写货物托运单（或称运单）作为书面申请，如表2-5所示。

表2-5　整车货物托运单

托运单

托运单号：
填发日期：
订单号：

发货单位：＿＿＿＿＿＿＿＿＿＿　　　收货单位：＿＿＿＿＿＿＿＿＿＿
发货单位地址：＿＿＿＿＿＿＿＿　　　收货单位地址：＿＿＿＿＿＿＿＿
发货单位联系方式：＿＿＿＿＿＿　　　收货单位联系方式：＿＿＿＿＿＿
发货单位联系人：＿＿＿＿＿＿＿　　　收货单位联系人：＿＿＿＿＿＿＿
发货地址：＿＿＿＿＿＿＿＿＿＿＿　　收货地址：＿＿＿＿＿＿＿＿＿＿＿

货物名称	货物数量	实发数量	包装	规格	总体积/立方米	总重量/千克	实收数量
							完好： 货损： 短少：

发货人签名：　　　　　　承运人签名：　　　　　　签收人签名：
发货日期：　　　　　　　承运人电话：　　　　　　签收人证件类别/号码：
　　　　　　　　　　　　　　　　　　　　　　　　　签收日期：
　　　　　　　　　　　　　　　　　　　　　　　　　收货签章：

备注：

注：1. 本表是托运人委托承运人进行货物运输的有效凭证，以及货物到达目的地后的签收和费用结算凭证。
　　2. 托运人、承运人和收货人必须如实填写，并对所填内容负责。

托运单填写注意事项如下：

① 内容准确完整，字迹清楚，不得涂改。如有涂改，应由托运人在涂改处盖章证明；

② 托运人、收货人的姓名、地址应填写全称，起运地、到达地应详细说明所属行政区；

③ 货物名称、包装、件数、体积、重量应填写齐全。

2. 组织装车

货物装车前必须对车辆进行技术检查和货运检查，以确保其运输安全和货物完好。装车时要注意码放货物，努力改进装载技术，在严格执行货物装载规定的前提下，充分利用车辆的车载质量和容积。货物装车完毕后，应严格检查货物的装载情况是否符合规定的技术条件。

3. 核算制票

发货人办理货物托运时，应按规定向车站交纳运杂费，并领取承运凭证货票，如表2-6 所示。货票是一种财务性质的票据，是根据货物托运单填记的。在发站它是向发货人核收运费的收费依据；在到站它是与收货人办理货物交付的凭证之一。此外，货票也是企业统计完成货运量、核算营运收入及计算有关货运工作指标的原始凭证。始发站在货物托运单和货票上加盖承运日期之时起即算承运，承运标志着企业对发货人托运的货物开始承担运送义务和责任。

表 2-6 货票

××省汽车运输货票　　甲 No: 000001
自编号：

托运人：			车属单位：					牌照号：	
装货地点			发货人		地址			电话	
卸货地点			收货人		地址			电话	
运单或货签号码		计费里程	付款人		地址			电话	
货物名称	包装形式	件数	实际重量/吨	计费运输量		吨公里运价			运费金额	其他收费		运费小计
				吨	吨公里	货物等级	道路等级	运价率		计费项目	金额	
										装卸费		
运杂费合计金额（大写）							¥					
备注						收费人签收盖章						

开票单位（盖章）：　　　开票人：　　　承运驾驶员：

　　　　　　　　　　　　　　　　　　　　　年　月　日

说明：

知识链接

公路货物运输费用的计算

公路货物运输运价的计算要依据具体情况而定，主要依据载重量、运输里程来计算。

运费的计算一般要经过以下几个步骤。

1. 确定计费重量

（1）实际重量 一般货物均按毛重计算，整批货物以吨计，吨以下计至100千克，尾数不足100千克的，四舍五入。零担货物起码计费质量为1千克，重量在1千克以上，尾数不足1千克的，四舍五入。

（2）体积重量 整车运输轻泡货物的长、宽、高，以不超过有关道路交通安全规定为限度，按车辆标记吨位计算质量。零担运输轻泡货物以货物包装最长、最宽、最高部位尺寸计算体积，按每立方米折合333千克计算重量。

2. 确定货物等级

查阅《汽车运价规则》，确定货物等级和相应的加成率或减成率。货物按其性质分为普通货物和特种货物两种。普通货物分为三等，特种货物分为长大笨重货物、大型物件、危险货物、贵重货物、鲜活货物五类。

3. 确定计费里程

汽车货物计费里程以公里为单位，按装货地点至卸货地点的实际营运里程计算，不足1公里的四舍五入。

4. 运费计算

根据以下公式计算运费：

（1）整批货物运费计算

整批货物运费 = 吨次费 × 计费重量 + 整批货物运价 × 计费重量 × 计费里程 + 货物运输其他费用

（2）零担货物运费计算

零担货物运费 = 计费重量 × 计费里程 × 零担货物运价 + 货物运输的其他费用

（3）计时包车运费计算

包车运费 = 包车运价 × 包用车辆吨位 × 计费时间 + 货物运输其他费用

（4）集装箱运费计算

重（空）集装箱运费 = 箱次费 × 计费箱数 + 重（空）箱运价 × 计算箱数 × 计费里程 + 货物运输的其他费用

例1：红星批发市场王海峰托运一批日用百货，重4538千克，承运人公布的一级普货费率为1.2元/吨公里，吨次费为16元/吨，该批货物运输距离为360公里，日用百货为普货二级，计价加成15%，途中通行收费145元，计算货主应支付运费多少？

（1）写出基本计算公式；
（2）计算步骤及结果。

参考答案：
（1）写出基本计算公式
整批货物运费 = 吨次费 ×计费重量 + 整批货物运价 ×计费重量 ×计费里程 + 货物运输其他费用
（2）计算步骤及结果
① 日用百货重4538千克，超过3吨按整车办理，计费重量为4.5吨；
② 运价 =1.2 × （1 + 15%） =1.38 （元/吨公里）
③ 运费 =16 ×4.5 +1.38 ×4.5 ×360 +145 =2452.6≈2453 （元）

例2：某商人托运两箱毛绒玩具，每箱规格为1.0米 ×0.8米 ×0.8米，毛重210.3千克，该货物运费率为0.0025元/千克·公里，运输距离120公里，货主要支付多少运费？

（1）写出计算公式；
（2）写出计算步骤及结果

参考答案：
体积折合成重量 = 0.64立方米 ×333千克/立方米 ×2 = 426.2千克 > 实际重量 = 420.6千克
零担货物运费 = 计费重量 ×计费里程 ×零担货物运价 + 货物运输其他费用
因此此批货物的运费为：426千克 ×120公里 ×0.0025元/千克·公里 = 127.8元

（二）整车货物运输的途中站务工作

货物在运送途中发生的各项货运作业，统称为途中站务工作。途中站务工作主要包括途中货物交接、途中货物整理或换装等内容。

1. 途中货物交接

为了保证货物运输的安全与完好，便于划清企业内部的运输责任，货物在运输途中如发生装卸、换装、保管等作业，驾驶员之间，驾驶员与站务人员之间，应认真办理交接检查手续。一般情况下交接双方可按货车现状及货物装载状态进行交接，必要时可按货物件数和质量交接，如接收方发现有异状，由交出方编制记录备案。

2. 途中货物整理或换装

货物在运输途中如发现有装载偏重、超重，货物撒漏，车辆技术状况不良而影响运行安全，货物装载状态有异状，加固材料折断或损坏，货车篷布遮盖不严或捆绑不牢等情况出现，且有可能危及行车安全和货物安好时，应采取及时措施，对货物加以及时处理或换装，必要时调换车辆，同时登记备案。为了方便货主，整车货物还可允许中途拼装或分卸作业，考虑到车辆周转的及时性，对整车拼装或分卸应加以严密组织。

（三）整车货物运输的到达站站务工作

货物在到达站发生的各项货运作业统称为到达站站务工作、到达站站务工作主要包括货运票据的交接，货物卸车、保管和交付等内容。车辆装运货物抵达卸车地点后，收货人或车站货运员应组织卸车。卸车时，对卸下货物的品名、件数、包装和货物状态等应做必要的检查。整车货物一般直接卸在收货人仓库或货场内，并由收货人自理。收货人确认卸下货物无误并在货票上签收后，货物交付即完毕。货物在到达地向收货人办完交付手续后，才算完成该批货物的全部运输过程。

任务 4　公路特殊货物运输业务办理与组织

特殊货物又称为特种货物，一般是指具有长大、笨重、危险、易腐等特点，对运输、保管、装卸等作业有特殊要求的物品。特殊货物运输除必须符合货物运输一般规定外，还必须遵守国家有关特种货物运输的专门要求。下面对特殊货物的运输进行详细介绍。

一、超限货物运输

（一）超限货物运输的含义及类型

1. 超限货物运输的含义

超限货物运输是公路运输中的特定概念，指使用非常规的超重型汽车、列车（车组）载运外形尺寸和重量超过常规车辆装载规定的大型物件的公路运输，如图 2-12 所示。

大型物件指符合下列条件之一的货物：

（1）货物外形尺寸。长度在 14 米以上或宽度在 3.5 米以上或高度在 3 米以上的货物。

（2）重量在 20 吨以上的单体货物或不可解体的成组（捆）货物。

图 2-12　公路超限货物运输

注：1284 吨的裂解反应器，该设备长 94.3 米，宽 9.1 米，高 9.6 米。

2. 公路超限货物类型

根据我国公路运输主管部门先行规定，公路超限货物按其外形尺寸和重量分成四级，如表 2-7 所示。

表 2-7　公路超限货物等级划分

大件货物级别	重量/吨	长度/米	宽度/米	高度/米
一	40～100	14～20	3.5～4	3～3.5
二	100～180	20～25	4～4.5	3.5～4
三	180～300	25～40	4.5～5.5	4～5
四	300 以上	40 以上	5.5 以上	5 以上

（二）超限货运的特殊性及重要性

1. 超限货物运输的特殊性

超限货物的特殊性主要体现在对运载工具的特殊要求，对运输道路条件和状况的特殊要求和对运输安全的保证，万无一失。与普通公路货运相比较，超限货运具有以下特殊性：

（1）对运载工具的特殊要求　大件货物要用超重型挂车做载体，用超重型牵引车牵引和顶推。而这种超重型车组是非常规的特种车组，车组装上大件货物后，其重量和外形尺寸大大超过普通列车和国际集装箱汽车列车。因此超重型挂车和牵引车都是高强度钢材和大负荷轮胎制成，价格昂贵。而且要求驾驶平稳，安全可靠。

（2）对运输道路的特殊要求　运载大件货物的超重型车组要求通行的道路有足够的宽度和净空、良好的道路线形。桥涵要有足够的承载能力，有时还要分段封闭交通，让超重型车组单独通过。这些要求在一般道路上往往难以满足，必须实地进行查勘，运输前采取必要的工程措施，运输中采取一定的组织技术措施，超重型车组才能顺利通行，这就涉及公路管理、公路交通、电信电力、园林绿化部门等。

（3）大件货物运输必须确保安全，万无一失　大型设备都是涉及国家经济建设的关键设备，重中之重，稍有闪失，后果不堪设想。为此要有严密的质量保证体系，任何一个环节都要有专职人员检查，按规定要求严格执行，未经检查合格，不得运行。所以安全质量第一的要求，既是大件货物运输的指导思想，也是大件货物运输的行动指南。

2. 发展超限货物运输的重要意义

当今世界，各国科学技术发展趋势的一个表现就是工业品逐步向小型化、轻型化、微型化发展，而工业设备则逐步向大型化、重型化、超重型化方向发展。电力、化工、石油、冶金等建材设备的单套机组或单套设备的容量、生产能力越来越大，这些设备的长度与高度也远超出一般公路的通行界线。许多工业发达国家都采取相应的措施，把一些大型物件先分成几个整体，然后再运到指定的地方进行定位组合。

随着我国工业现代化进程的加快，大型货物的运输占有比较重要的地位。据不完全统计，我国部分大型物件运输企业承运的大型物件将近80%达三级以上，如长度达83.7米（天津，乙烯蒸馏塔），宽度达12.3米（秦皇岛，取煤机门架），高度达12.3米（宝山，苯加氢模块），重量达600吨（镇海，加氢裂化反应器）。这些与国民经济关系重大的大型设备安全运输，对支援农业、发展轻工业和冶金工业都有十分重要的意义。

（三）超限货物运输业务工作组织

超限货物运输业务的组织作业程序如图2-13所示。

图2-13 超限货物运输作业程序

1. 办理托运

由大型物件托运人向已取得大型物件运输经营资格的运输业户或其代理人办理托运，托运人必须在托运单上如是填写大型物件的名称、规格、件数、重量、起运日期、收发货人详细地址及运输过程中的注意事项，凡未按上述要求办理或运单填写不明确，由此发生运输事故的，由托运人承担全部责任。

2. 理货

理货是大件运输企业对货物的几何形状、重量和中心位置事先进行了解，取得可靠数据和图纸资料的工作过程。通过理货工作分析，可为确定超限货物级别及运输形式、查验道路以及制订运输方案提供依据。

理货工作的主要内容如下：
(1) 调查大型物件的几何形状和重量。
(2) 调查大型物件的重心位置和质量分布情况。
(3) 查明货物承载位置及装卸方式。
(4) 查看特殊大型物件的有关技术经济资料。
(5) 形成书面形式的理货报告。

3. 验道

验道工作的主要内容如下：
(1) 查验运输沿线全部道路的路面、路基、纵向坡度、横向坡度及弯道超高处的横坡坡度、道路的竖曲线半径、通道宽度及弯道半径。
(2) 查验沿线桥梁涵洞、高空障碍。
(3) 查明货物承载卸货现场、倒载转运现场，了解沿线地理环境及气候情况。根据上述查验结果预测作业时间、编制运行路线图，完成验道报告。

4. 制订运输方案

在充分研究、分析理货报告和验道报告的基础上，制订安全可靠、可行的运输方案。其主要内容如下：
(1) 配备牵引车、挂车组及附件。
(2) 配备动力机组及压载块，确定限定最高车速，制订运行技术措施。
(3) 配备辅助车辆，制订货物装卸与捆扎加固方案，制订和演算运输技术方案，完成运输方案书面文件。

5. 签订运输合同

根据托运方填写的委托运输文件及承运方进行理货分析、验道、制订运输方案的结果，承托双方签订书面形式的运输合同，其主要内容如下：
(1) 明确托运与承运甲乙方、大型物件数据及运输车辆数据。运输起点、运距与运输时间。
(2) 明确合同生效时间、承托双方责任、有关法律手续及运费结算方式、付款方式。

6. 线路运输工作组织

线路运输工作组织包括临时性的大件运输工作领导小组负责实施运输方案、执行运输合同和对外联系。

7. 运输统计与结算

运输统计指完成公路大型物件运输工作各项技术经济指标统计，运输结算即完成运输工作后按运输合同有关规定结算运费及相关费用。

二、危险货物运输

（一）危险货物的概念与分类

危险货物是一个范围很广的称谓，具体来说，危险货物是指在运输、装卸、储存和保管过程中，容易造成人身伤亡和财产损毁的、需要特别防护的，具有爆炸、易燃、毒害、腐蚀、放射性等性质的货物。

根据汽车运输的特点，在我国交通运输部颁发的行业标准中，将道路运输危险货物分为九类：爆炸品、压缩气体和液化气体、易燃液体、易燃固体、自燃物品和遇湿易燃物品、氧化剂和有机过氧化物、毒害品和感染性物品、放射性物品、腐蚀品和其他危险物品。这些危险货物由于性质活泼或不稳定，容易受外界条件的影响，如果在运输、装卸、储存作业中，受到光、热、撞击、摩擦等，就极易发生爆炸、燃烧、中毒、腐蚀、放射线辐射等严重事故，造成人员伤亡、财产损失和环境破坏。

（二）危险货物运输业务组织

危险货物运输，要经过受理托运，仓储保管，货物装卸、运送、交付等环节，这些环节分别由不同岗位人员操作完成。其中，受理托运、货物运送及交接保管工作环节尤其应加强管理，其规范要点如下。

1. 受理托运

危险货物托运人应当委托具有道路危险货物运输资质的企业承运。危险货物托运人应当对托运的危险货物种类、数量和承运人等相关信息予以记录，记录的保存期限不得少于1年。危险货物托运人应当严格按照国家有关规定妥善包装并在外包装设置标志，并向承运人说明危险货物的品名、数量、危害、应急措施等情况。需要添加抑制剂或者稳定剂的，托运人应当按照规定添加，并告知承运人相关注意事项。承运人受理托运前必须对货物名称、性能、防范方法、形态、包装、单件重量等情况进行详细了解并注明。检验货物的包装、规格和标志是否符合国家规定要求。新产品应检查随附的《技术鉴定书》是否有效，按规定需要的"准运证件"是否齐全。做好装卸现场、环境要符合安全运输条件的运输前准备工作。到达车站、码头的爆炸品、剧毒品、一级氧化剂、放射性物品，在受理前应赴现场检查包装等情况，对不符合安全运输要求的，应请托运人改善后再受理。

2. 交接保管

承运单位及驾驶、装卸人员自货物交付承运起至运达止应负保管责任。在交接过程中，装货时，发现包装不良或不符安全要求应拒绝装运，或改善后再运；卸货时，发生货损货差，收货人不得拒收，并应及时采取安全措施，以避免扩大损失，同时在运输单证上批注清楚。驾驶员、装卸工返回后，应及时汇报，及时处理。因故不能及时卸货，在待卸期间行车人员应负责对所运危险货物的看护，同时应及时与托运人取得联系，恰当处理。由于危险货物具有损害性，必须保证点收点交签证手续完善。

3. 货物运送

在货物运送过程中，要仔细审核托运单内容，发现问题要及时弄清情况后再安排运行作业。在安排车班、车次时必须按照货物性质和托运人的要求进行，如无法按要求安排作业，应及时与托运人联系进行协商处理。道路危险货物运输企业或者单位应当采取必要措施，防止危险货物脱落、扬散、丢失以及燃烧、爆炸、泄漏等。驾驶人员应当随车携带《道路运输证》。驾驶人员或者押运人员应当按照《汽车运输危险货物规则》（JT 617—2004）的要求，随车携带《道路运输危险货物安全卡》。驾驶人员和押运人员在运输危险货物时，严格遵守有关部门关于危险货物运输线路、时间、速度方面的有关规定，并遵守有关部门关于剧毒、爆炸危险品道路运输车辆在重大节假日通行高速公路的相关规定。同时要注意天气预报，掌握雨雪和气温的变化。遇有大批量烈性易燃、易爆、剧毒和放射性物资时，须做重点安排，必要时召开专门会议，制订运输方案。尤其在跨省运输中，更应该安排专人带队，指导装卸和运行，确保安全生产。

知识链接

道路危险货物运输管理规定

《道路危险货物运输管理规定》经2012年12月31日中华人民共和国交通运输部第10次部务会议通过，2013年1月23日中华人民共和国交通运输部令2013年第2号公布。该《规定》分总则，道路危险货物运输许可，专用车辆、设备管理，道路危险货物运输，监督检查，法律责任，附则7章71条，自2013年7月1日起施行。原交通部2005年发布的《道路危险货物运输管理规定》（交通部令2005年第9号）及交通运输部2010年发布的《关于修改〈道路危险货物运输管理规定〉的决定》（交通运输部令2010年第5号）予以废止。

规定中明确申请从事道路危险货物运输经营，应当具备下列条件：

1. 有符合下列要求的专用车辆及设备

（1）自有专用车辆（挂车除外）5辆以上；运输剧毒化学品、爆炸品的，自有专用车辆（挂车除外）10辆以上。

（2）专用车辆的技术要求应当符合《道路运输车辆技术管理规定》有关规定。

（3）配备有效的通信工具。

（4）专用车辆应当安装具有行驶记录功能的卫星定位装置。

（5）运输剧毒化学品、爆炸品、易致爆危险化学品的，应当配备罐式、厢式专用车辆或者压力容器等专用容器。

（6）罐式专用车辆的罐体应当经质量检验部门检验合格，且罐体载货后总质量与专用车辆核定载质量相匹配。运输爆炸品、强腐蚀性危险货物的罐式专用车辆的罐体容积不得超过 20 立方米，运输剧毒化学品的罐式专用车辆的罐体容积不得超过 10 立方米，但符合国家有关标准的罐式集装箱除外。

（7）运输剧毒化学品、爆炸品、强腐蚀性危险货物的非罐式专用车辆，核定载重量不得超过 10 吨，但符合国家有关标准的集装箱运输专用车辆除外。

（8）配备与运输的危险货物性质相适应的安全防护、环境保护和消防设施设备。

2. 有符合下列要求的停车场地

（1）自有或者租借期限为 3 年以上，且与经营范围、规模相适应的停车场地，停车场地应当位于企业注册地市级行政区域内。

（2）运输剧毒化学品、爆炸品专用车辆以及罐式专用车辆，数量为 20 辆（含）以下的，停车场地面积不低于车辆正投影面积的 1.5 倍；数量为 20 辆以上的，超过部分，每辆车的停车场地面积不低于车辆正投影面积。运输其他危险货物的，专用车辆数量为 10 辆（含）以下的，停车场地面积不低于车辆正投影面积的 1.5 倍；数量为 10 辆以上的，超过部分，每辆车的停车场地面积不低于车辆正投影面积。

（3）停车场地应当封闭并设立明显标志，不得妨碍居民生活和威胁公共安全。

3. 有符合下列要求的从业人员和安全管理人员

（1）专用车辆的驾驶人员取得相应机动车驾驶证，年龄不超过 60 周岁。

（2）从事道路危险货物运输的驾驶人员、装卸管理人员、押运人员应当经所在地设区的市级人民政府交通运输主管部门考试合格，并取得相应的从业资格证；从事剧毒化学品、爆炸品道路运输的驾驶人员、装卸管理人员、押运人员，应当经考试合格，取得注明为"剧毒化学品运输"或者"爆炸品运输"类别的从业资格证。

（3）企业应当配备专职安全管理人员。

4. 有健全的安全生产管理制度

（1）企业主要负责人、安全管理部门负责人、专职安全管理人员安全生产责任制度。

（2）从业人员安全生产责任制度。

（3）安全生产监督检查制度。

（4）安全生产教育培训制度。

（5）从业人员、专用车辆、设备及停车场地安全管理制度。

（6）应急救援预案制度。

（7）安全生产作业规程。

（8）安全生产考核与奖惩制度。

（9）安全事故报告、统计与处理制度。

三、鲜活易腐货物运输

（一）鲜活易腐货物的含义特点及分类

1. 鲜活易腐货物的含义

鲜活易腐货物是指在运输过程中，需要采取一定保鲜活措施，以防止死亡和腐烂变质，并须在规定期限内抵达目的地的货物。

2. 鲜活易腐货物的特点

（1）季节性强，运量波动大　水果蔬菜的上市季节、沿海渔场的鱼汛期，运量会随着季节的变化而变化。鲜活货物大部分是季节性生产的农、林、牧、副、渔产品，例如水果集中在每年第三、第四季度，水产品集中在春秋汛期，南菜北运集中在冬、春两季。目前人们还不能有效地控制自然气候环境，主动地把握收成丰歉，造成鲜活货物运量时多时少，运输计划难于掌握，产地集中、销地分散，给运输组织工作带来一定难度。

（2）运送时间要求紧迫　容易变质，必须以最快的速度和最短的时间把产品送达目的地。鲜活货物大多数是有生命的物质，受客观环境影响很大，对外界温度、湿度、卫生条件、喂食和生活环境都有一定的要求。冷了会冻坏，热了会腐烂，干燥会干缩，碰伤及卫生条件不好易被微生物污染而发生变质。活口在运输过程中还要饮水、喂食，活物要换水，蜜蜂要放蜂，不少动物热天还要冲凉。同时要考虑押运人的安全和餐茶供应等。加之我国地域辽阔，南北方温差悬殊（最大平均温差高达47摄氏度），鲜活货物运距长达2000~3000公里，需采用的运输组织方法各有不同，这就要求我们必须十分注意搞好运输服务工作，提高组织管理水平。例如对鲜活货物运输坚持"五优先"原则，开设快运列车或鲜活货物直达列车，各级调度部门加强对鲜活货物车辆的调度指挥，防止运输途中积压等，切实做到快速、优质运输。

（3）某些鲜活易腐品需配备专门的运载设施　如家畜、蜜蜂、花木秧苗的运输，需配备专用车辆和设备，沿途专门的照料。

西方发达国家针对冷链物流的特点，在运输过程中全部采用冷藏车或者冷藏箱，并配以 EDI 系统等先进的信息技术，采用铁路、公路、水路等多式联运，建立了包括生产、加工、储藏、运输、销售等在内的新鲜物流的冷冻冷藏链，使新鲜物品的冷冻冷藏运输率及运输质量完好率都得到极大的提高。

现在，英、美、日等发达国家易腐食品物流过程的冷藏率已达96%。以蔬菜为例，为了保证质量和降低损耗，非常重视蔬菜采摘后处理的各个环节。一般程序为：采收和田间包装—预冷—清洗与杀菌—打蜡或薄膜包装—分级包装。所有蔬菜包装材料均印有蔬菜名称、等级、净重、农家姓名、地址、电话等，以保证信誉。蔬菜始终处于低温条件，形成一条完整的冷链，即田间采后预冷—冷库—冷藏车运输—批发站冷库—自选商场冷柜—消费者冰箱。由于处理及时得当，蔬菜在加工运输环节中的损耗率仅为1%~2%。

3. 鲜活易腐货物的分类

鲜活易腐货物主要分为两大类。

（1）易腐货物　肉、鱼、水果、蔬菜、冰、鲜活植物等，按其热状态又分为冷冻货物和冷却货物；

（2）活动物　禽、畜、兽、蜜蜂、活鱼、鱼苗等。

对于易腐货物，通常可采用冷藏方法来保持其原有的色、味、香和营养成分等品质，并且保存的时间长，保存的数量多。

鲜活易腐货物运输中，除了少数部分确因途中照料或车辆不适造成死亡外，其中大多数都是因为发生腐烂所致。

（二）货物的冷藏办法

鲜活易腐货物常采用冷藏方法。用冷藏方法来保存鲜活易腐货物，还要注意温度、湿度、通风、卫生四个条件的关系，而且必须保持连续冷藏。冷藏货物大致可分为冷冻货物和低温货物两种，冷冻货物是指须在冻结状态下进行运输的货物。低温货物是指须在还未冻结或表面有一层薄薄的冻结层的状态下进行运输的货物。冷藏货物在运输过程中为了防止货物变质需要保持恒定的温度，该温度称为运输温度。运输温度的高低需依据具体的货物种类而定。即便是同一货物，由于运输时间、冻结状态和货物成熟程度的不同，对运输温度的要求也不尽相同。常见的冷冻货物和低温货物的运输温度分别见表2-8和表2-9。

表2-8　冷冻货物的运输温度

货物名称	运输温度/摄氏度	货物名称	运输温度/摄氏度
鱼	-17.8~-15.0	虾	-17.8~-15.0
肉	-15.0~-13.3	黄油	-12.2~-11.1
蛋	-15.0~-13.3	浓缩果汁	-20

表2-9　低温货物的运输温度

货物名称	运输温度/摄氏度	货物名称	运输温度/摄氏度
肉	-1~-5	葡萄	6.0~8.0
腊肠	-1~-5	菠萝	0~11.0
带壳鸡蛋	-1.7~15.0	橘子	2.0~10.0
苹果	-1.1~16.0	柚子	8.0~15.0
白兰瓜	-1.1~2.2	红葱	-1.0~15.0
梨	0~5.0	土豆	3.3~15.0

（三）鲜活易腐货物的运输业务组织

良好的运输组织工作，对保证鲜活易腐货物的运送质量十分重要。对于鲜活易腐货物的运输应坚持"四优先"的原则，即优先安排运输计划、优先进货装车、优先取送、优先挂运。

运输企业应按鲜活易腐货物的运送规律，事先做好货源摸底和核实工作，妥善安排好运力，提前做好各方面的准备，保证及时运输。

承运鲜活易腐货物时，在始发站应有车站货运员对托运货物的质量和状态进行认真的检查。要求质量新鲜、包装符合要求、热状态符合规定。对已有腐烂变质现象的货物，托运前应加以适当处理。对不符合规定质量的鲜活易腐货物不予以承运。托运需冷藏保温的货物，托运人应提出货物的冷藏温度和在一定时间内的保持温度要求。运输过程中温度、湿度对鲜活货物的质量有很大影响。如运送的易腐货物的车辆内不能保持一定的温度、湿度要求，货物质量就不能保证。例如冻肉运输要求加冰冷藏车车内温度在 -6 摄氏度以下，湿度在 95%~100%；蔬菜运输时要求加冰冷藏车车内温度 3~8 摄氏度，湿度 80%~95%。

不同热状态的易腐货物不得按一批托运。一批托运的整车易腐货物，一般限运同一品名。但不同品名的易腐货物，如在冷藏车内保持或要求的温度上限（或下限）差别不超过 3 摄氏度时，允许拼装在同一冷藏车内按一批托运。此时发货人应在货物运单"发货人已载事项"栏内写明："车内保持温度按品名的规定办理。"

发货人托运鲜活货物，应提供最长运输期限及途中管理、照料事宜的说明书。货物允许的最低运输期限应大于汽车运输能够达到的期限，否则不予承运。承运人应根据发货人的要求和承运方的实际情况，及时地安排适宜车辆进行装运。发货人托运需检疫的禽、畜产品和鲜活植物时，应按规定提出检疫证明书，并在货物运单内注明其号码。检疫证明书退回发货人或随同运单代递到终点站，交收货人。

实训项目二

一、训练目标

通过对运输或物流企业的调查，进一步了解公路货物运输的业务内容及业务流程。

二、训练内容

调查某一运输或物流企业了解以下内容：
（1）运输或物流企业的组织架构（都设置了哪些部门，各部门的工作职责和内容）；
（2）运输或物流企业的运输班线；
（3）运输或物流企业的运输费率及运输费用计算方式；

（4）运输或物流企业运输作业流程；

（5）运输或物流企业运输事故及纠纷处理方式或方法。

三、实施步骤

（1）设计调查表格或调查提纲，借助于实地调研、网络、电话或者传真等手段同某一运输或物流企业联系，调查其推出的有关货物运输的业务内容、业务流程等；

（2）以 4~6 人小组为单位进行操作，并确定组长为主要负责人；

（3）搜集资料，将各个环节操作流程、内容和工作要点填入下表，完成工作计划表；

序号	工作名称	工作内容	工作要点	责任人	完成日期

（4）组织展开讨论，确定所调查内容的准确性；

（5）整理资料，撰写调研报告并制作 PPT 进行汇报。

四、检查评估

根据各小组实训项目完成的质量情况，分别进行小组自评、小组互评和教师评价，并填入下表。

能 力		自评（10%）	小组互评（30%）	教师评价（60%）	合计
专业能力（60分）	1. 调查结果的准确性（10分）				
	2. 业务内容的准确性（10分）				
	3. 业务流程的准确性（10分）				
	4. 调查表格或调查提纲设计的合理性（10分）				
	5. 总结报告的撰写或 PPT 制作（20分）				
方法能力（40分）	1. 信息处理能力（10分）				
	2. 表达能力（10分）				
	3. 创新能力（10分）				
	4. 团体协作能力（10分）				
	综合评分				

思考与练习

1. 名词解释：零担运输、整车运输、超限货物运输。
2. 简述公路货物运输的分类。
3. 简述公路零担货物运输组织作业程序及作业内容。
4. 简述公路超限货物运输组织作业流程及作业内容。
5. 简述危险品货物的类型。
6. 运单缮制：根据背景信息完成托运单的填写。

2016年8月12日，发货人雀友商贸公司业务员张×找到北贸快运物流有限公司托运一批货物从长沙高桥大市场运往永州万家丽超市。货物为500箱雀巢咖啡（160毫升，罐装），单件重量为15千克；货物价值12000元，保价费率1‰，采用保价运输，长沙到永州500公里。货物运输费率为0.4元/吨公里，双方约定于2016年8月15日装运并在2016年8月16日运达，所有货物现储存于长沙高桥大市场新储仓库。请根据以上资料填写下面的托运单证。（注：带*部分必填）

北贸快运物流有限公司货物运单

承运日期：　年　月　日　　　　运到期限：　　　　　合同编号：

装货地点:					
卸货地点:				领取货物期限:	
车牌号		运输证号			
*货物名称及规格	*件数	*单件重量/千克	*计费重量/吨	*计费里程/公里	*运输费率	*运费金额
合计						
*保价费率		*保价费/元		*运杂费合计/元	

其他约定：

签订合同前请仔细阅读背面合同条款；本合同自签订之日起生效

托运人（签章）：	承运人（签章）：	收货人（签章）：
地址：	地址：	地址：
邮编：	邮编：	邮编：
电话：	电话：	电话：
传真：	传真：	传真：
签订时间：	签订时间：	签订时间：
签订地点：	签订地点：	签订地点：

7. 运输费用计算：东湖建材批发市场托运一批瓷砖，重4538千克，承运人公布的一级普货费率为1.2元/吨公里，吨次费为16元/吨，该批货物运输距离为360公里，瓷砖为普货三级，计价加成30%，途中通行收费145元/吨，计算货主应支付运费多少。（整批吨以下计至100千克，零担起码计费重量为1千克，零担轻泡货物按每立方米折合333千克）

（1）写出基本计算公式；

（2）计算步骤及结果。

项目三
办理铁路运输业务

知识目标

- 1. 掌握铁路运输的主要业务类型;
- 2. 熟悉铁路运输机车与车辆类型;
- 3. 了解全国铁路网布局;
- 4. 熟悉铁路运输作业程序和运输费用计算。

能力目标

- 1. 准确说出铁路运输的概念和业务类型;
- 2. 会办理铁路运输业务;
- 3. 能合理计算铁路运输费用。

任务1　铁路货物运输认知

一、铁路运输的含义及作用

1. 铁路运输的含义

铁路运输是指运用铁路机车在铁轨上行驶,完成对旅客或货物运输及其相关业务活动的总称。铁路货物运输是现代运输的主要方式之一,也是构成陆上货物运输的两个基本运输的方式之一。中国幅员辽阔、内陆深广、人口众多,资源分布及工业布局不平衡,铁路运输在各种运输方式中的比较优势突出,在经济社会发展中具有特殊重要的地位和作用。

2. 铁路在全国综合运输网络中起着担纲作用

有关资料显示,目前,中国大量长途大宗货物运输和中长途旅客运输主要由铁路承担,铁路每年完成的旅客周转量占全社会旅客周转量的 1/3 以上,完成货物周转量占全社会货物周转量的 55%。铁路是国家重要的交通基础设施,也是资源型和环境友好型的运输方式之一,加快铁路发展已经成为社会各方面的共识。它不仅是国民经济发展的大动脉,而且兼具安全、经济、便民、实惠、全天候运输等特点。这些特点,决定了它是大众化的交通工具,也决定了其在我国综合交通体系中的骨干地位。有关统计数据也不难看出,中国大量的长距离物资运输主要由铁路来承担。目前,铁路承担了全社会85%的木材、85%的原油、60%的煤炭、80%的钢铁及冶炼物资的运输任务,保证了国民经济平稳运行和人民群众生产生活需要。

一方面,我国资源分布不平衡与产业分布不对称,决定了铁路在能源、原材料运输中的作用是其他运输方式不可代替的。我国的能源与原材料运输是由西向东、由北向南的大宗的、长距离货物流,陆路运距一般都达 800~1000 公里以上,甚至 2000 公里以上,至沿海港口的运距一般也都在 500~700 公里以上。铁路最显著的特点是载运质量大、运行成本低、能源消耗少,即在大宗、大流量的中长以上距离的货物运输方面具有绝对优势,是最适合我国经济地理特征的区域骨干运输方式。

另一方面,铁路在节约土地、节约能源、保护环境等方面具有明显优势。在土地占用方面,完成单位运输量所占用的土地面积,铁路仅为公路的 1/10 左右;在能源利用方面,我国铁路用交通行业不足 1/6 的能源消耗,完成了全社会 1/2 的工作量;在保护环境方面,铁路在各种运输方式中的排放是最少的,尤其电气化铁路被公认为是清洁、环保型交通工具。近年来,铁路系统认真落实节能减排措施,并取得明显成效。

二、铁路货物运输业务类型

铁路运输由于受气候和自然条件影响较小,且运输能力及单车装载量大,在运输的经常性和低成本性方面占据了优势,再加上有多种类型的车辆,使它几乎能承运任何商品,几乎可以不受重量和容积的限制,而这些都是公路和航空运输方式所不能比拟的。

铁路货物运输种类即铁路货物运输方式,按中国铁路技术条件,现行的铁路货物运输种类分为整车、零担、集装箱三种。整车适于运输大宗货物,零担适于运输小批量的零星货物,集装箱适于运输精密、贵重、易损的货物。

(1) 整车运输 一批货物的重量、体积、性质或形状需要一辆或一辆以上铁路货车装运(用集装箱装运除外)即为整车运输。

(2) 零担运输 一批货物的重量、体积、形状和性质不需要单独使用一辆货车装运则可按零担方式办理运输。

(3) 集装箱运输 集装箱运输是以集装箱为载体,将货物集合组装成集装单元,便于运用大型装卸机械进行装卸、搬运的一种"门到门"的运输方式。

三、铁路运输设施与设备

铁路运输设施与设备包括铁路机车、铁路车辆、铁路线路和铁路货运站,具体如图3-1所示。

1. 铁路机车

铁路机车,亦称作火车头、机关车、机车头,是铁路中专门提供动力的车辆。有些铁路会使用自带动力的车辆行走；但这些除了有动力外，还兼有载重的铁路车辆一般只算作动车组或"动车"，而不算是机车。目前我国蒸汽机车已停产，大功率电力、内燃机车发展迅速。

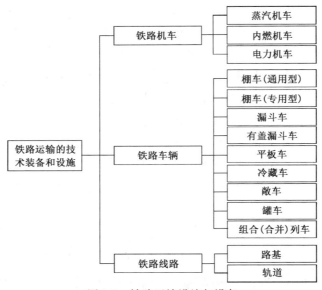

图 3-1　铁路运输设施与设备

2. 铁路车辆

铁路车辆是运送旅客和货物的工具。铁路车辆按照用途分为铁路客车、铁路货车两大类。由于不同的目的、用途及运用条件，使车辆形成了许多类型，但其构造基本相同，大体均由六部分构成：车体、车体架、走行部、车钩缓冲装置、制动装置、车辆内部设备。这里重点介绍铁路货车车辆类型。如图 3-2 所示。

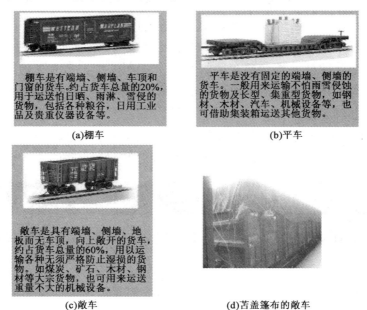

(e) 保温车

(f) 罐车

(g) 运兽车

图 3-2　铁路车辆

铁路货车则类型较多，随所装货物种类的不同而具有不同的车体，又可分为通用货车和专用货车。如敞车（C）、棚车（P）、平车（N）等称为通用货车；只适用于装一种或少数几种性质相近货物的，如罐车（G）、冷藏车（B）、矿石车（K）、水泥车（U）、活鱼车（H）、特种车（T）、长大货物车（D）等称为专用货车。具体如图 3-2 所示。

通用货车使用效率较高，但载重力的利用率随货物而异，对不同装卸设备的适应性也不相同。专用货车空载率较高，但可满足特定货物装载和运输的需要，因而载重力空载率较高，但可满足特定货物装载和运输的需要，因而载重力和容积的利用率高，在结构上可以和选定的装卸设备配套，从而缩短货物装卸作业时间，加速车辆周转。

知识链接

车辆标记

在铁路机车和车辆的某一固定位置上，用符号表示产权、型号、车号、基本性能、配属以及在使用中所应注意的事项等叫作机车车辆标记，如图 3-3 所示。一般车辆上会有以下标记：

（1）路徽　铁路企业的标志，涂画在机车车辆上时表示其产权所属。各国铁路不论其为国营企业还是私营企业，都有自己的路徽。拥有机车车辆的非铁路企业也各有自己的标记。中华人民共和国的铁路路徽上部是人字，表示人民，下面是钢轨截面图形，代表铁路。整个图形具有机车的形象，又表达了人民铁路的含义。

（2）车号、基本和辅助型号　由机车车辆型号及其出厂号码组成，通常标在机车车辆两侧明显处。型号包括基本型号和辅助型号，表示机车车辆的类型。中国铁路国产机车的基本型号用汉字表示，如"前进""东风""韶山"等。

（3）配属标记　表示机车车辆配属关系的标记。中国铁路规定所有机车、客车和部分货车分别配属给各铁路局及其所属机务段或车辆段负责管理、使用和维修，并在车上涂刷所配属的铁路局段的简称，如"京局京段"表示北京铁路局北京机务段（或北京车辆段）。

（4）自重　车辆自身的重量，通过称重确定。

（5）载重　车辆允许的最大装载重量。客车的载重量中除旅客及其携带行李外，还包括整备品和乘务人员的重量。

（6）容积　货车、行李车和邮政车可供装载的最大容量，以立方米计。货车通常还标明内长×内宽×内高尺寸，以米为单位。

（7）车辆全长及换长　客货车辆均以其两端车钩连接线（钩舌内侧面）间的距离为其全长，以米为单位。车辆换长是车辆的换算长度，又称计长，是以旧型30吨棚车和敞车的平均长度11米除车辆全长所得的商，只保留一位小数。

（8）特殊标记

图3-3　车辆标记

3. 铁路线路

线路是列车运行的基础，承受列车重量，并且引导列车的行走方向。线路是由路基、桥隧建筑物和轨道三部分的一个整体的线性工程结构。路基的作用主要是承受轨道、机车车辆及其载荷的压力；桥隧使铁路能够跨越河谷（桥梁、水下隧道）、穿过山岭（隧道）等障碍物；轨道的作用是直接承受车轮压力和冲击力将其传给路基，并引导车轮的运行方向。轨道又由钢轨、轨枕、道岔、道床、连接零件和防爬设备组成。我国的铁路线路轨道的轨距是1435毫米。

> **知识链接**
>
> ::: 全国主要铁路干线
>
> 中国国家铁路干线的基本组成路段分别是：京哈铁路、京通铁路、京包铁路、京沪铁路、京九铁路、京广铁路、焦柳铁路、包兰铁路、兰新铁路、青藏铁路、陇海铁路、成昆铁路、宝成铁路、沪昆铁路、沿江铁路和沿海铁路（以上铁路线整合了平行重复的客货共线和客运专线）。
>
> 根据国家发改委发布的《中长期铁路规划》文件，中国大陆规划了由八条纵干线和八条横干线组成的高速铁路网，简称八横八纵铁路网。

4. 铁路货运站

铁路货运站是铁路办理客货运输的基地，是铁路系统的基层生产单位。车站按技术作业的不同可以分为编组站、区段站、中间站。按业务性质又可分为货运站、客运站、客货运站。

（1）中间站　中间站是为提高铁路区段通过能力，保证行车安全，以及为沿线城乡人民生活和工农业生产服务的，它主要办理列车的到发、会让和越行以及客货运业务。

（2）区域站　区段站的主要任务是为临接的铁路区段供应机车或更改机车乘务组，并无改编中转货物列车办理规定的技术作业。

（3）编组站　编组站是铁路网上办理货物列车解体、编组作业，并为此设有比较完善的调车设备的车站。编组站的主要任务是根据列车编组计划的要求，大量办理各种货物列车的解体和编组作业，并按运行图规定的时刻正点接发车。

（4）客运站　客运站是铁路旅客运输的基本生产单位。它的主要任务是安全、迅速、有秩序地组织旅客上下车，便利旅客办理一切旅行手续，为旅客提供舒适的候车条件，以及保证铁路与市内交通有良好的衔接等，使旅客得以迅速地集散。

（5）货运站　货运站是主要办理货物承运、交付、装卸作业以及货物列车到发、车辆取送等作业的车站。有的还办理货物的换装、车辆的清扫刷洗和保温列车的加冰等作业。

铁路运输的计划性很强，为了提高线路的通过能力，组织安全运输和铁路各部门的协调生产，生产过程实行集中统一指挥。由国家铁路局统一编制列车运行图和编组计划。

铁路列车运行图是列车运行时刻表的图解表示格式。列车运行范围规定了各次客货列车占用区间的次序，规定了列车由每个车站出发、通过和到达的时刻，规定了列车在区间的运行时间以及列车在站的停站时间标准等，从而也就同时规定了铁路技术设备如线路、站场、机车车辆等的运用。铁路凡与列车运行有关的部门均应按铁路列车运行图来安排部门的工作，铁路列车运行图是铁路运输工作的综合性计划。

铁路运输是以列车为基础运输旅客和货物的。由于旅客能自己上下车和换乘，旅客列车的车辆可以固定联结在一起，不必拆散改编。因而旅客列车的组成问题较易解决。而铁路货物运输，在数以千计的车站上如何将每天装出的几万辆重车组成列车运往目的站，到目的站后如何解体列车进行货物的装卸作业，卸空后的空车如何调配等问题的解决则是相当复杂的，这些问题是通过编组计划解决的。货物列车编组计划是全路车站编解作业的合理分工和车流合理组织的办法，它确定了各个车站的作业任务和相互关系，是编制铁路列车运行图的基础资料。

铁路旅客列车按列车时刻表运行，沿线各站进行配合。旅客按车次时间购票，经进站上车、运行和下车出站等环节即可完成运输过程。

铁路货物运输较旅客运输复杂。一般由货主向铁路车站申报运输计划，由车站汇总上报，经运力运量平衡下达月度货运计划（月度货运计划是根据铁路列车运行图和货物列车编组计划编制出来的）。被批准运输的货物的货主将货物送往车站装车，然后经编组站编成列车运往目的地，运输过程即告完成。

四、铁路货运技术

当前铁路货运技术有两个方向，分别为重载技术和快捷技术。

1. 重载技术

铁路货运重载技术的特征是机车车辆轴重大、车身重量轻、载重量多、列车编组数量多。当前，我国既有线运行的铁路货车近6成是21吨轴重的60吨级通用货车，4成是23吨轴重的70吨级通用货车和25吨轴重的专用货车。目前已经发展到27吨轴重80吨级重型货车，而且编组数量可达上百节，这意味着一列货车可装载货物的重量达上万吨。重载技术的发展给我国铁路货物运输创造更大的发展空间和发展潜力，特别适合于我国当前的基本国情长距离、大批量的运输特征，也契合当前我国"一带一路"中欧班列的发展需求。

2. 快捷技术

铁路货运快捷技术的特征是车辆运行速度快、列车编组数量少。随着经济社会的快速发展，经济迅速占据主导地位，批量化、附加值高、时效性强等为特征的货物运输需求旺盛，世界各国铁路货物运输呈现物流化发展趋势，基于货运市场的需求，快捷货运已经成为铁路运输的主要发展方向之一。

任务 2 铁路货物运输业务办理与组织

一、铁路货运工作的法规依据

铁路货运工作既具有市场特性，又具有技术特征，须遵循与市场经济相关的法律法规及与交通运输有关的技术规范、管理规定，如表 3-1 所示。

表 3-1 铁路货运工作的法规依据

	主要法律、法规、规章依据
铁路货物运输合同的法律、法规依据	《中华人民共和国合同法》
	《中华人民共和国铁路法》
	《铁路货物运输合同实施细则》
《铁路货物运输规程》及其引申规章	《铁路货物运输规程》
	《铁路货物运价规则》
	《铁路危险货物运输管理暂行规定》
	《铁路鲜活货物运输规则》
	《铁路超限超重货物运输规则》
	《铁路货物装载加固规则》
	《铁路货物运输计划编制管理暂行办法》
	《货运日常工作组织办法》
	《快运货物运输办法》
	《铁路集装箱运输规则》
	《铁路货物保价运输办法》
	《铁路货物运输杂费管理办法》
	《铁路货车延期占用费核收暂行办法》
铁路内部货运管理规则与办法	《铁路货物运输管理规则》
	《铁路货物损失处理规则》
	《铁路货检查管理规则》
	《铁路集装箱运输管理规则》
	《铁路货物保价运输管理办法》
	《货车篷布管理规则》
	《铁路超限超重货物运输作业管理规定》
	《铁路超限超重货物运输电报管理规定》
	《铁路集装箱运输管理暂行规定》
	《铁路双层集装箱运输管理办法》
货运工作标准	《铁路货物运输服务质量标准》TB/T 2968—1999
	《铁路车站货运作业》TB/T 2116

续表

	主要法律、法规、规章依据
货运工作标准	《铁路车站货运作业　第1部分：通用作业》TB/T 2116.1—2005 《铁路车站货运作业　第2部分：整车货物作业》TB/T 2116.2—2005 《铁路车站货运作业　第4部分：专用线作业》TB/T 2116.4—2005 《铁路车站货运作业　第5部分：货运检查作业》TB/T 2116.5—2005 《铁路货物装载加固技术要求》TB/T 3304—2000 《铁路货运事故处理作业》TB/T 3114—2005
国际联运规章	《国际铁路货物联运协定》《国际铁路货物联运协定统一过境运价规程》《国际铁路货物联运协定办事细则》《国际铁路货物联运办法》《国际集装箱运输管理暂行办法》等
军运规章	《铁路军事运输管理办法》《铁路军事运输现场工作规则》《军用危险货物贴运输管理规则》《铁路军事运输计费付费办法》等

二、铁路货物运输种类

知识链接

铁路货物分类

目前，我国铁路运输的货物，共分为 26 个品类，即煤、石油、焦炭、金属矿石、钢铁及有色金属、非金属矿石、磷矿石、矿物性建材、水泥、木材、粮食、棉花、化肥及农药、盐、化工品、金属制品、工业机械、电子电气机械、农业机具、鲜活货物、农副产品、饮食烟草制品、纺织皮毛制品、纸及文教用品、医药品、其他货物，详见《铁路货物运输品名分类与代码表》。

根据货物的外部形态，分为成件货物（箱、袋、捆、桶、筐、罐）、大件货物（金属制品、机械、汽车、水泥制品）、散堆装货物（块、粉、粒状）和集装箱货物等按照货物对运输条件要求的不同，可为按普通条件运输的货物和按特殊条件运输的货物。其中按特殊条件运输的货物包括阔大货物、危险货物和鲜活货物。

铁路运送的货物，尽管种类繁多，但根据托运货物的数量性质、形状等条件并结合所使用的货车，将铁路货物运输的种类划分为整车、零担和集装箱三种。

按铁路与其他行业的联合运输方式，又可分为国铁与地铁间运输、国际铁路货物联运、铁路与水路货物联运、铁路与公路货物联运、铁路军事运输等。

1. 铁路整车货物运输业务

一批货物的重量、体积或形状需要以一辆以上货车运输的，应按整车托运。我国大多数的货物运输是按整车运输方式托运的。

一般下列货物应选择铁路整车运输办理：

① 需要冷藏、保温或加温运输的货物；

② 规定按整车办理的危险货物；

③ 易于污染其他货物的污秽品（例如未经过消毒处理或未使用密封不漏包装的牲骨、湿毛皮、粪便、炭黑等）；

④ 蜜蜂；

⑤ 不易计算件数的货物；

⑥ 未装容器的活动物（铁路局规定在管内可按零担运输的除外）；

⑦ 重量超过 2 吨，体积超过 3 立方米或长度超过 9 米的货物（经发站确认不致影响到站装卸车作业的除外）；

⑧ 煤炭、原木、腐殖酸；

⑨ 准、米轨间直通运输的货物。

知识链接

"一批货物" 办理的条件

铁路运输货物以批为单位。"一批" 是铁路承运货物和计算运输费用的一个单位，是指使用一张货物运单和一份货票，按照同一运输条件运送的货物。

按一批托运的货物，托运人、收货人、发站、到站、装卸地点必须相同（整车分卸的货物除外）。

整车货物以一车为一批。跨装、爬装及使用游车的货物，以每一车组为一批（如图 3-4 所示）。零担货物或使用集装箱运输的货物，以每张货物运单为一批。使用集装箱运输的货物，每批必须是同一箱型，至少一箱，最多不得超过铁路一辆货车所能装运的箱数。

由于货物性质各不相同，其运输条件也不一样。为保证货物安全运输，规定下列货物不得按一批托运：

① 易腐货物与非易腐货物；

② 危险货物与非危险货物（另有规定者除外）；

③ 根据货物的性质不能混装运输的货物；

④ 按保价运输的货物与不按保价运输的货物；

⑤ 投保运输险货物与未投保运输险货物；

⑥ 运输条件不同的货物。

上述不能按一批托运的货物，在特殊情况下，经铁路局承认也可按一批托运。

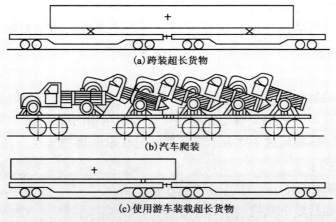

图 3-4　跨装、爬装及使用游车的货物

2. 铁路零担货物运输业务

零担货物是指一批货物的重量、体积、形状和性质不需要单独使用一辆铁路货车装运的货物。

按零担托运的货物，一件体积最小不得小于 0.02 立方米（一件重量在 10 千克以上的除外），每批不得超过 300 件。零担货物一般为重量较小的成件包装货物，多为怕湿货物、贵重物品、日常用品等，一般使用棚车运输。

零担货物整装快运按因地制宜、合理分工、集零为整、及时挂运、快速送达原则组织。

零担货物组织方式分为整零车和沿零车。直达整零车即所装的货物不经过中转站中转，可以直接运送货物到站。沿零车是指在指定区段内运行，装运该区段内各站发到的零担货物。

跨局零担货物采用一站直达整零（同车所装零担货物全部为同一到站）方式装运，铁路局管内零担货物运输组织方式由铁路局自定。

3. 铁路集装箱运输业务

（1）集装箱定义　集装箱是指具备下列条件的运输设备：

① 具有足够的强度，在有效使用期内可以反复使用；

② 适于一种或多种运输方式运送货物，途中无需倒装；
③ 设有供快速装卸的装置，便于从一种运输方式转到另一种运输方式；
④ 便于箱内货物装满和卸空；
⑤ 内容积不小于 1 立方米。

(2) 集装箱的分类　铁路运输的集装箱种类可以根据按尺寸、箱主、所装货物种类和箱体结构、是否符合标准等进行分类。

① 按长度分为 20 英尺（1 英尺 = 0.3048 米）箱、40 英尺箱、45 英尺箱以及经总公司运输局批准运输的其他长度的集装箱。

② 按箱主分为铁路箱和自备箱，其中铁路箱是承运人提供的集装箱，自备箱是托运人自有或租用的集装箱。

③ 按所装货物种类和箱体结构分为普通货物箱和特种货物箱。普通货物箱包括通用箱和专用箱，专用箱包括封闭式通风箱、敞顶箱、台架箱和平台箱等；特种货物箱包括保温箱、罐式箱、干散货箱和按货物种类命名的集装箱等。

④ 按是否符合国家标准分为标准箱和非标箱。

集装箱应符合国家标准，按规定涂打标记和标志，具有集装箱检验单位徽记、国际集装箱安全公约（CSC）安全合格牌照、国际铁路联盟标记，标有定期检验日期或连续检验计划标记。

(3) 铁路集装箱运输业务办理注意事项　铁路集装箱运输，以货物运单作为运输合同。托运人托运集装箱应按批提出运单。每批必须是标记总重相同的同一箱型。铁路箱和自备箱不得按一批办理。集装箱装运多种品名的货物不能在运单内逐一填记时，托运人应按箱提出物品清单。集装箱内单件货物重量超过 100 千克时，应在运单"托运人记载事项"栏内分别注明实际重量。

托运人应使用状态良好的集装箱。使用铁路箱时，车站应提供状态良好的集装箱。托运人在使用前必须检查箱体状况，发现箱体状况不良时及时提出，由车站予以更换。

集装箱所装货物应符合所用箱型适箱货物要求，不得腐蚀、损坏箱体。性质互抵的货物不得混装于同一集装箱内。铁路通用集装箱不得装运易污染箱体的货物。

托运人可自行装箱，也可委托承运人装箱。装箱时应码放稳固，装载均衡，不超载、不集重、不偏重、不偏载、不撞砸箱体，采取防止货物移动、滚动或开门时倒塌的措施，保证箱内货物和集装箱运输安全。

集装箱施封由托运人负责。通用集装箱重箱必须施封；施封时确认左右箱门锁舌和把手入座后，在右侧箱门把手锁件施封孔处施封一枚，用 10 号镀锌铁线将箱门把手锁件拧固并剪断余尾。其他类型集装箱根据实际情况采取适合的施封方法。托运的空集装箱可不施封，托运人须关紧箱门并用 10 号镀锌铁线拧固。

知识链接

铁路整车运输、零担运输、集装箱运输的区别如表3-2所示。

表3-2 铁路整车运输、零担运输、集装箱运输的区别

区别	整车运输	零担运输	集装箱运输
在数量上	无限制	一批不足30吨，一件小于0.02立方米，每批不超300件	每箱不超集装箱最大载重量
在货物品类及其性质上	无限制	除八类	除三类
在货物运送的单位上	每车（每车组）为一批	每张运单为一批	每张运单为一批
在货物运费的核收上	按整车标重及整车运价	按货物重量及适用的零担运价	按整车标重及适用的整车运价

三、铁路货物运输合同

1. 铁路运输合同的含义

铁路货物运输合同是铁路承运人将货物从起运地点以铁路运输的方式，运输到约定地点，托运人或者收货人支付运输费用的合同。按《铁路货物运输合同实施细则》的规定，托运人利用铁路运输货物，应与承运人签订货物运输合同。铁路运输部门可以与企业、农村经济组织、国家机关、事业单位、社会团体等法人之间签订货物运输合同，也可以与个体经营户、个人签订货物运输合同。

（1）整车大宗货物　可按年度、半年度或季度签订合同，也可签订更长的运输合同；如整车按月度签订运输合同，可直接使用铁路货物运输服务订单（表3-3）。按年度、半年度、季度或月度签订的货物运输合同，经双方在合同上签认后，合同即告成立。托运人在交运货物时，还应向承运人按批提出货物运单，作为运输合同的组成部分。

（2）零担、集装箱　以货物运单作为运输合同（表3-4），以承运人在托运人提出的货物运单上加盖车站日期戳后，合同即告成立。

表 3-3　铁路货物运输服务订单（整车）

_____年_____月份

提表时间： 年 月 日	发　站	名称		略号	
要求运输时间： 日至 日	发货单位盖章	省/部名称_____代号_____			
受理号码：		发货单位名称_____代号_____			
		地址_____电话_____			

顺号	到局：			收货单位		货物		车种代号	车数	特征代号	换装港	终到港	报价/（元/吨）/（元/车）	备注
	到站	到站电报略号	专用线名称	省/部		品名								
				名称	代号	名称	代码	吨数						

供托运人自愿选择的服务项目（由托运人填写，需要的项目打√）	说明或其他要求事项	承运人签章
□1. 发送综合服务　　□5. 清运、消纳垃圾		
□2. 到达综合服务　　□6. 代购、代加工装载加固材料		年　月　日
□3. 仓储保管　　　　□7. 代对货物进行包装	□保价运输	
□4. 篷布服务　　　　□8. 代办一关三检手续		

说明：1. 涉及承运人与托运人、收货人的责任和权利，按《铁路货物运输规程》办理。
　　　2. 实施货物运输，托运人还应递交货物运单、承运人应按报价核收费用，装卸等需发生后确定的费用，应先列出项目，金额按实际发生核收。
　　　3. 用户发现超出国家发改委、铁道部、省级物价部门公告的铁路货运价格及收费项目、标准收费的行为和强制服务、强行收费的行为，有权举报。
举报电话：　　　　　　　　　　物价部门　　　　　　　　　　　铁路部门

表 3-4　铁路货物运输服务订单（零担、集装箱、班列）

××铁路局　　　　　　　　　　　　　　　　　编号：

托运人 地　址 电　话　　　　邮编	收货人 地　址 电　话　　　　邮编

发站	到站（局）	车种/车数	箱型/箱数
装货地点		卸货地点	

货物品名	品名代码	货物价值	件数	货物重量	体积

要求发站装车日期 月 日前或班列车次 日期 月 日	付款方式

供托运人/收货人自愿选择的服务项目（由托运人/收货人填写，需要的项目打√）
□1. 发送综合服务　　□5. 清运、消纳垃圾
□2. 到达综合服务　　□6. 代购、代加工装载加固材料
□3. 仓储保管　　　　□7. 代对货物进行包装
□4. 篷布服务　　　　□8. 代办一关三检手续

说明或其他要求事项	□保价运输

托运人报价：　　　　　　　　　元，具体项目、金额列后：

序号	项目名称	单位	数量	收费标准	金额/元	序号	项目名称	单位	数量	收费标准	金额/元

续表

序号	项目名称	单位	数量	收费标准	金额/元	序号	项目名称	单位	数量	收费标准	金额/元

托运人/收货人签章　　　　年　月　日	承运人签章　　　　年　月　日	车站指定装车日期及货位

说明：1. 涉及承运人与托运人、收货人的责任和权利，按《铁路货物运输规程》办理。
　　　2. 实施货物运输，托运人还应递交货物运单、承运人应按报价核收费用，装卸等需发生后确定的费用，应先列出项目，金额按实际发生核收。
　　　3. 用户发现超出国家发改委、铁道部、省级物价部门公告的铁路货运价格及收费项目、标准收费的行为和强制服务、强行收费的行为，有权举报。

举报电话：　　　　　　　　　　　　物价部门　　　　　　　　　　　　铁路部门

2. 铁路货物运输合同的内容

按年度、半年度、季度或月度签订的货物运输合同，应载明下列基本内容：

（1）托运人和收货人的名称。

（2）承运人的名称。

（3）托运货物的名称、数量、重量。

（4）托运货物的包装要求。

（5）起运地点。

（6）到达地点。

（7）运输方式。

（8）托运人的义务。

（9）承运人的义务。

（10）违约责任。

（11）双方约定的其他事项。

3. 铁路货物运输合同各方的权利和义务

（1）托运人的权利和义务

① 权利。有权要求铁路运输企业按照合同约定的期限和到站将货物完整无损地运达约定地点，交给收货人；由于铁路运输企业的责任造成货损、货差或逾期运到时，有权要求承运人支付违约金、赔偿金。

② 义务。按照货物运输合同约定的时间和要求向铁路运输企业交付托运的货物；按规定向铁路运输企业支付运费杂费，按国家规定包装标准或行业包装标准的要求包装货物；合同约定自行装货时，按照作业规程按时完成装卸作业；如实填报货物运单和物品清单。

（2）承运人的权利和义务

① 权利。有权依照合同规定，向托运人收取运费、杂费；有权对所承运货物的品名、重量、数量进行检查；由于托运人或收货人的责任，给铁路运输企业造成财产损失的，有权要求托运人或收货人赔偿；有权对逾期无法交付的货物按规定处理。

② 义务。将承运的货物按照合同规定的期限完整、无损地运至到站；因承运人责任造成货损、货差时，有义务承担赔偿责任。

(3) 收货人的权利和义务

① 权利。依据托运人交付的领货凭证或能够证明其收货人身份的证明文件，有权领取货物领取货物时，发现运单与实际不符合，有权查询；发现货物短少、损坏的，有权要求赔偿。

② 义务。按照约定期及时领取货物，逾期领取的，有义务向铁路运输企业交付保管费；有义务支付托运人未付或少付的运费和其他费用。

四、铁路货物运输程序

1. 货运作业流程

通过货运电子商务系统、95306电话、货运营业场所受理服务电话、货运营业场所及客服人员上门受理的货物运输业务，货物接取、送达、车站作业等全程服务内容见货运作业流程图（图3-5）。

2. 货物运单

货物运单是托运人与承运人之间，为运输货物而签订的一种运输合同。它是确定托运人、承运人、收货人之间在运输过程中的权利、义务和责任的原始依据。货物运单既是托运人向承运人托运货物的申请书，也是承运人承运货物和核收运费、填写货票以及编制记录和备查的依据。

货物运单如表3-5所示，由两页组成，一页为货物运单，一页为领货凭证。领货凭证的背面分别印有"托运人须知"和"收货人领货须知"。

托运人须知：

① 托运人持本货物运单向铁路托运货物，证明并确认和愿意遵守铁路货物运输的有关规定。

② 货物运单所记载的货物名称、重量与货物的实际完全相符，托运人对其真实性负责。

③ 货物的内容、品质和价值是托运人提供的，承运人在接收和承运货物时并未全部核对。

④ 托运人应及时将领货凭证寄交收货人，凭以联系到站领取货物。

收货人领货须知：

① 托运人应及时将领货凭证寄交收货人，收货人接到领货凭证后，及时向到站联系领取货物。

② 收货人领取货物已超过免费仓储期限时，应按规定支付货物仓储费。

③ 收货人到站领取货物，如遇货物未到时，应要求到站在本证背面加盖车站日期戳证明货物未到。

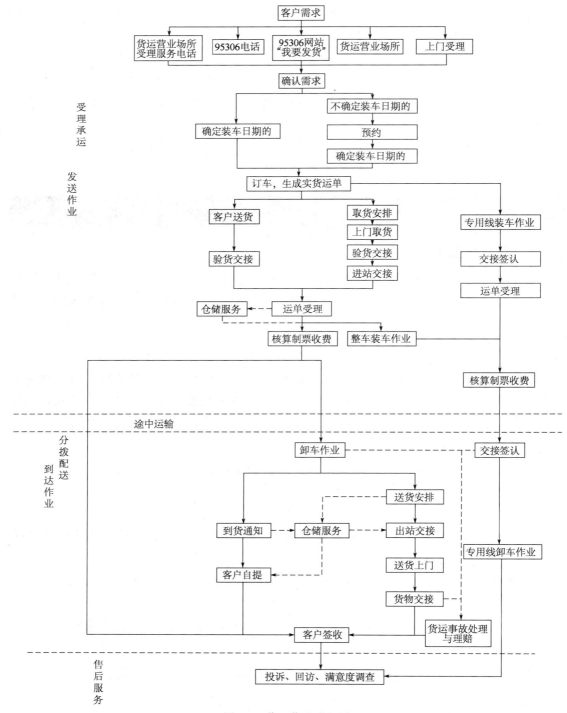

图 3-5 货运作业流程图

货物运单应载明下列内容：

① 托运人、收货人名称及其详细地址；

② 发站、到站及到站的主管铁路局；

③ 货物名称；

④ 货物包装、标志；
⑤ 件数和重量（包括货物包装重量）；
⑥ 承运日期；
⑦ 运到期限；
⑧ 运输费用；
⑨ 货车类型和车号；
⑩ 施封货车和集装箱的施封号码；
⑪ 双方商定的其他事项。

表 3-5　货物运单（式样）

货物约定于　年　月　日交接　　　　　　××铁路局
货位　　　　　　　　　　　　　　　　　　货物运单
　　　　　　　　　　　　　　　　托运人→发站→到站→收货人

号码　　　　　　　　　　　　　　　　　　　　承运人/托运人装车
　　　　　　　　　　　　　　　　　　　　　　承运人/托运人施封

运到期限　日　　　　　　　运单号：　　　　货票号：

发站		专用线名称		专用线代码		车种车号	
到站（局）		专用线名称		专用线代码			
托运人	名称					货车标重	
	地址			邮编			
	经办人姓名		经办人电话	E-mail		货车施封号码	
收货人	名称						
	地址			邮编		货车篷布号码	
	经办人姓名		经办人电话	E-mail			
选择服务	□门到门运输　□上门装车　□上门卸车				取货地址		
	□门到站运输　□上门装车				取货联系人		电话
	□站到门运输　□装载加固材料　□上门卸车				送货地址		
	□站到站运输　□装载加固材料				送货联系人		电话
	□保价运输						
	□仓储						
货物名称	件数	包装	集装箱箱型	集装箱箱号	集装箱施封号	货物价格	托运人填报重量/千克	承运人确定重量/千克
合计								
托运人记载事项					承运人记载事项			
托运人盖章或签字　年　月　日		发站承运日期戳　年　月　日		承运货运员签章　年　月　日		到站交付日期戳　年　月　日		交付货运员签章　年　月　日

注：本章不作为收款凭证，托运人签约须知和收货人领货须知见领货凭证背面，托运人自备运单的认为已确知签约须知内容。

3. 货票

货票是铁路运输货物的凭证,是一种具有财务性质的票据。它是清算运输费用、确定货物运到期限、统计铁路所完成的工作量和计算货运工作指标的依据,如表3-6所示。

货票一式四联,甲联为发站存查联;乙联为报告联,由发站每日按顺序订好,定期上报发局;丙联为承运证,交托运人凭以报销;丁联为运输凭证,随货物递交到站存查。

货票应根据货运单记载的内容填写,填写错误时按作废处理。车站在货物运单和货票上加盖车站日期戳并收清费用后,即将领货凭证和货票丙联一并交给托运人。

表3-6 货票(式样)

号码: ××铁路局 A000000
货 票

运单号码 丁联 运输凭证:发站→到站存查

发站		专用线名称(代码)			车种车号					货车标重	
到站(局)		专用线名称(代码)			装车	费别	金额	费别	金额		
经由			施封或篷布号码								
运价里程					运到期限						
托运人	名称			经办人		电话					
	地址					邮编					
	取货地址		里程	联系人		电话					
收货人	名称			经办人		电话					
	地址					邮编					
	送货地址		里程	联系人		电话					
服务内容								费用合计			
货物名称	品名代码	件数	包装	保价金额	托运人填报重量/千克	承运人确定重量/千克	计费重量	运价号	运价率	集装箱箱型	集装箱箱号	集装箱施封号
合计												
记事												
卸货时间			月 日 时								
催领通知方法					收费人盖章或签字领货人身份证件号码		到站交付日期戳 经办人章		发站承运日期戳 经办人章		
催领通知时间			月 日 时								
到站收费票据号码											

整车货物运单流转流程如图 3-6 所示，货票流转流程如图 3-7 所示。

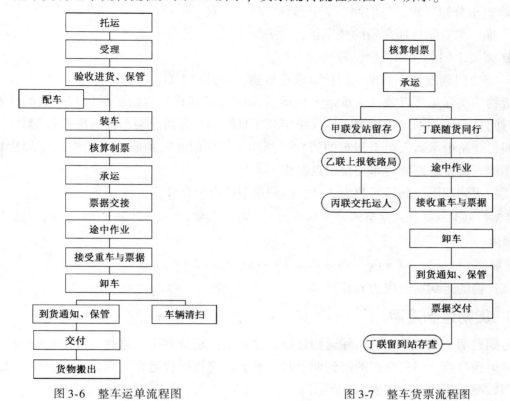

图 3-6　整车运单流程图　　　　　　图 3-7　整车货票流程图

4. 货物运到期限

（1）货物运到期限的概念　货物运到期限是铁路将货物由发站运至到站的最长时间限制，是根据铁路现有技术设备条件和运输工作组织水平确定的，也是铁路承运部分货物的根据。

货物运到期限是铁路运输合同的重要内容，是对铁路运输企业的要求和约束，也是对托运人或收货人合法权益的保护。铁路应当尽量缩短货物的运到期限，对因铁路责任超过货物运到期限的要负违约责任。

（2）货物运到期限的计算　铁路运输货物应在规定运到的期限内运至到站。货物运到期限（T）由货物发送期间（$T_发$）、运输期间（$T_运$）和特殊作业时间（$T_特$）三部分组成。

$$T = T_发 + T_运 + T_特$$

货物运到期限按下列规定计算：

① 货物发送期间为 1 日。

② 货物运输期间：每 250 运价公里或其未满为 1 日；按快运办理的整车货物每 500 运价公里或其未满为 1 日。

③ 特殊作业时间：

a. 运价里程超过 250 公里的零担货物另加 2 日；运价里程超过 1000 公里的零担货

物，则另加 3 日。

b. 整车分卸货物，每增加一个分卸站，另加 1 日。

c. 准、米轨间直通运输的整车货物，另加 1 日。

d. 需要上门装、卸货物，各另加 1 日。

e. 需要门到发站、到站到门接取送达货物，各另加 1 日。

货物的实际运到日数，从承运人承运货物的次日起算。货物实际运到日数的计算：起算时间从承运人承运货物的次日（指定装车日期的，为指定装车日的次日）起算。终止时间，到站由承运人组织卸车的货物，到卸车完毕时止；由收货人组织卸车的货物，到货车调到卸车地点或货车交接地点时止。

货物运到期限，起码天数为 3 日。运到期限按自然日计算。

例 3-1 刘某从株洲北站至邯郸南站托运一批零担货物，运价里程 1184 公里，试计算运到期限。

解： $T = T_发 + T_运 + T_特 = 1 + 1184/250 + 2 = 8$ （日）

该货物的运到期限应为 8 日。

5. 货物运到逾期

运到逾期，是指货物的实际运到日数超过规定的运到期限，这是一种违约行为。货物实际运到日数，超过规定的运到期限时，承运人应按所收运费的百分比，向收货人支付下列数额的违约金，如表 3-7 所示。

表 3-7 运到逾期违约金支付比例（一）

运到期限 \ 逾期总日数 违约金	1 日	2 日	3 日	4 日	5 日	6 日以上
3 日	15%	20%				
4 日	10%	15%	20%			
5 日	10%	15%	20%			
6 日	10%	15%	15%	20%		
7 日	10%	10%	15%	20%		
8 日	10%	10%	15%	15%	20%	
9 日	10%	10%	15%	15%	20%	
10 日	5%	10%	10%	15%	15%	20%

货物运到期限在 11 日以上，发生运到逾期时，按表 3-8 规定计算违约金。

表 3-8 运到逾期违约金支付比例（二）

逾期总日数占运到期限天数	违约金占运费的比例/%
不超过 1/10 时	5
超过 1/10，但不超 3/10 时	10
超过 3/10，但不超 5/10 时	15
超过 5/10 时	20

快运货物运到逾期，除依照《快运货物运输办法》规定退还快运费外，货物运输期间，按每 250 运价公里或其未满为 1 日，计算运到期限仍超过时，并应依照本条规定，向收货人支付违约金。

属于以下情况时，承运人可以不支付违约金。超限货物、限速运行的货物、免费运输的货物以及货物全部灭失，承运人不支付违约金。从承运人发出领货通知的次日起（不能实行领货通知或会同收货人卸车的货物为卸车的次日起），如收货人于 2 日内未将货物领出，即失去要求承运人支付违约金的权利。

例 3-2 长沙东站 7 月 11 日，承运一批整车货物到郑州北站，7 月 18 日郑州北站卸车完毕，运价里程 906 公里。

问：货物是否逾期？如果逾期应向收货人支付多少逾期违约金？

解：$T = T_发 + T_运 + T_特 = 1 + 906/250 + 0 = 5$（日）

实际运输时间 $T_实 = 7$ 日（从 12 日起至 18 日止）

运到逾期时间 $T_逾 = T_实 - T = 7 - 5 = 2$（日）

查表 3-8 可知，运到期限 5 日，逾期总日数 2 日，应支付运费 15% 的违约金。

五、铁路货物运输费用

（一）《铁路货物运价规则》

1. 适用范围

《铁路货物运价规则》（简称《价规》）是根据铁路法的规定，为正确体现国家的运价政策，确定国家铁路及合资、地方铁路及与国家铁路办理直通运输的有关货物运输费用计算方法而制定的规则，是计算国家货物运输费用的依据，承运人和托运人、收货人必须遵守本项规则的规定。

国家铁路营业线的货物运输，除军事运输（后付）、水陆联运、国际铁路联运过境运输及其他铁路总公司另有规定的货物运输费用外，都按《价规》计算货物运输费用，其以外的货物运输费用，按铁路总公司的有关规定计算核收。

铁路货物运输费用由铁路运输企业使用货票和运费杂费收据核收。

2. 基本内容

《价规》规定了在各种不同情况下计算货物运输费用的基本条件，各种货物运费、杂费和代收款的计算方法及国际铁路联运货物国内段的运输费用的计算方法。

3.《价规》附件

《价规》包含有四个附件。

① 附件一为《铁路货物运输品名分类与代码表》（简称《分类表》），它是用来判定货物的类别代码和确定运价号的工具，由代码、货物品类、运价号（整车、零担）、说

明与备注五项组成。

② 附件二为"铁路货物运价率表"（简称"运价率表"），是用来查找不同运价号的货物的运价率。

③ 附件三为《铁路货物运输品名检查表》（简称《检查表》），它由品名、拼音码、代码、运价号（整车、零担）四项组成。

④ 附件四为《货物运价里程表》（简称《里程表》），包括使用说明、全国铁路管辖线路分界示意图、货物运价里程接算站示意图、零担办理站站名表、集装箱办理站站名表、线名索引表、站名索引表、营业里程表、铁路和水路货物联运换装站至交接点里程表、国际联运国境站至国境线里程表及附录。

4. 《价规》附录

附录一为铁路电气化附加费核收办法。

附录二为新路新价均摊运费核收办法。（目前费率暂为零）

附录三为铁路建设基金计算核收办法。

附录四为超重货物分级表。

（二）计算货物运输费用的程序

1. 运费计算程序

（1）根据货物运单上填写的货物名称查找铁路货物运输品名分类与代码表、铁路货物运输品名检查表，确定适用的运价号。

（2）整车、零担货物按货物适用的运价号，集装箱货物根据箱型、冷藏车货物根据车种分别在"铁路货物运价率表"中查出适用的运价率（即基价1和基价2，以下同）。

（3）按《货物运价里程表》计算出发站至到站的运价里程。

（4）货物适用的基价1加基价2与货物的运价里程相乘之积后，再与计费重量（集装箱为箱数）相乘，计算出运费。计算程序如图3-8所示。

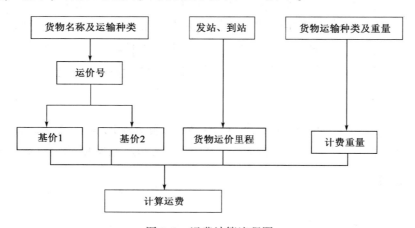

图3-8　运费计算流程图

(5) 杂费按《价规》的规定计算。

2. 运费计算公式

按现行《价规》，不同运输种类的货物计费公式如下：
铁路货物运输费用 = 运费 + 杂费 + 建设基金 + 新路新价均摊费 + 电气化附加费
其中运费计算公式：

$$整车货物运费 = （基价1 + 基价2 \times 运价里程）\times 计费重量$$
$$零担货物运费 = （基价1 + 基价2 \times 运价里程）\times 计费重量/10$$
$$集装箱货物运费 = （基价1 + 基价2 \times 运价里程）\times 箱数$$

例 3-3 一般整车运费计算（不足标重）

某托运人从安阳托运一台机床，重 26 吨，使用 60 吨货车一辆装运至徐州北，试计算其运费。

解： 查里程表可知安阳至徐州北的运价里程为 526 公里，查品名分类表可知机器运价号为 6 号，查运价率表可知 6 号的基价 1 为 24.2 元/吨，基价 2 为 0.129 元/(吨·公里)，计费重量不足标重按标重，确定为 60 吨。

$$运费 = （24.2 + 0.129 \times 526）\times 60 = 5523.245523.20（元）$$

例 3-4 一般整车运费计算（超过标重）

某托运人从格尔木站托运一批盐，重 58.6 吨，使用标重 58 吨的 P64 货车一辆装运至兰州西站，试计算其运费。

解： 查里程表可知格尔木至兰州西的运价里程为 1065 公里，查品名分类表可知盐的运价号为 2 号，查运价率表可知 2 号的基价 1 为 9.10 元/吨，基价 2 为 0.080 元/(吨·公里)，计费重量超过标重按实重，吨以下四舍五入，确定为 59 吨。

$$运费 = （9.10 + 0.080 \times 1065）\times 59 = 5563.70（元）$$

例 3-5 零担货物运费计算

某托运人从西安西站发往兰州北站一批货物，挂图 6 件，总重 358 千克、总体积 0.94 立方米。试计算其运费。

解： 查里程表可知西安西站至兰州北站的运价里程为 722 公里，查品名分类表可知挂图运价号为 22 号，查运价率表可知 22 号的基价 1 为 0.263 元/10 千克，基价 2 为 0.0014 元/10 千克公里，该批货物体积折合重量为 500 × 0.94 = 470 千克 [折合重量（千克）= 500 千克/立方米 × 体积（立方米）]，大于实际重量 358 千克，因此计费重量记为 "尺 470 千克"。

$$运费 = （0.263 + 0.0014 \times 722）\times 470/10 \approx 59.90（元）$$

例 3-6 集装箱货物运费计算

长沙东站发西安西站一批教学仪器，使用 2 个 20 英尺集装箱装运。试计算其运费。

解： 查里程表可知长沙东站至西安西站的运价里程为 1405 公里，查运价率表可知 20 英尺集装箱的基价 1 为 449.00 元/箱，基价 2 为 1.98 元/(箱·公里)。

$$运费 = （449.0 + 1.98 \times 1405）\times 2 \approx 6461.80（元）$$

实训项目三

一、训练目标

通过以下案例,进一步了解铁路货物运输的作业流程、运费计算及单据缮制等内容。

铁路种子货物运输

新疆天山种子站2012年12月15日和乌鲁木齐车站签订了一份运输合同,运输号码为00129。新疆天山种子站将120吨黄豆交给乌鲁木齐火车站运往郑州北站,收货人为河南省沈丘县种子公司。乌鲁木齐车站2011年12月15日承运,配给天山种子站2辆60吨的棚车,车种车号为P3041493和P3041494;编织袋包装计2400件,每件50千克。装车后发站施封两枚,封号为00977和00978,由乌鲁木齐车站负责装车和施封,天山种子站当即支付全部运杂费用,货票第12号。该批货物到站后卸货作业分三个车站分卸。

二、训练内容

模拟上述各公司的相关职员共同完成此次铁路货物运输的全过程。其中:
(1)托运人1人,A;
(2)承运人2人,1人核对运单,B,1人检查货物包装,C;
(3)验货过磅及堆码1人,D;
(4)运输中交接检查组1人,E;
(5)收货人1人,F。

三、实施步骤

(1)以4~6人小组为单位进行操作,并确定组长为主要负责人。

(2)搜集和完善相关资料,通过上网查阅相关资料,分析我国铁路运输的特点,列出适宜铁路运输的货物(至少列出5种),类比公路运输,分析铁路运输的流程及明确每个人的职责;将每位成员的工作内容和工作要点填入下表,完成工作计划表。

序号	工作名称	工作内容	工作要点	责任人	完成日期

（3）通过上网查阅资料，了解乌鲁木齐车站至郑州北站的距离并计算本次运输的运费。

（4）计算货物的运到期限。

（5）通过查阅相关资料制作和填写铁路运单和货票。

托运人				承运人						
发站		到站（局）		车种车号			货车标重			
到站所属省（市）				施封号码						
托运人	名称			经由			铁路货车篷布号			
	住址		电话							
收货人	名称			运价里程			集装箱号码			
	住址		电话							
货物名称	件数	包装	货物价格	托运人确定重量/千克	承运人确定重量/千克	计费重量	运价类型	运价号	运价率	现付
										费别	金额
合计										
托运人记载事项			保险：	承运人记载事项						

（6）整理资料，进行模拟演示。

四、检查评估

根据各小组实训项目完成质量情况，分别进行小组自评、小组互评和教师评价，并填入下表。

能 力		自评（10%）	小组互评（30%）	教师评价（60%）	合计
专业能力（60分）	1. 调查结果的准确性（10分）				
	2. 职责分工的合理性（10分）				
	3. 运输费用计算的准确性（10分）				
	4. 运单填制的准确性（10分）				
	5. 流程模拟的准确性（20分）				
方法能力（40分）	1. 信息处理能力（10分）				
	2. 表达能力（10分）				
	3. 创新能力（10分）				
	4. 团体协作能力（10分）				
	综合评分				

思考与练习

1. 简述铁路货物运输分类。
2. 简述铁路货物运输组织作业程序及内容。
3. 简述铁路整车货物作业过程中运单的流转过程。
4. 简述铁路整车货物作业过程中货票的流转过程。
5. 下列货物应按何种运输方式办理，并简要说明理由。

（1）活牛（1头，重50千克/件）；

（2）冻肉（2箱，25千克/件）；

（3）硝化甘油炸药（1箱，50千克/件）；

（4）炭黑（5麻袋，50千克/件）；

（5）水泵（1箱，11千克/件，0.23米×0.18米×0.4米）；

（6）服装（265箱，35千克/件，0.85米×0.65米×0.4米）；

（7）蜜蜂（70箱，30千克/件）；

（8）门吊桁架（1件，500千克/件，长32米）；

（9）小毛竹（1捆，20千克/件）；

（10）机床（1箱，3000千克/件）。

附表

铁路货物运价率表

办理类别	运价号	基价1		基价2	
		单位	标准	单位	标准
整车	1	元/吨	8.50	元/吨公里	0.071
	2	元/吨	9.10	元/吨公里	0.080
	3	元/吨	11.80	元/吨公里	0.084
	4	元/吨	15.50	元/吨公里	0.089
	5	元/吨	17.30	元/吨公里	0.096
	6	元/吨	24.20	元/吨公里	0.129
	7			元/轴公里	0.483
	机械冷藏车	元/吨	18.70	元/吨公里	0.131
零担	21	元/10千克	0.188	元/10千克公里	0.0010
	22	元/10千克	0.263	元/10千克公里	0.0014
集装箱	20英尺箱	元/箱	449.00	元/箱公里	1.98
	40英尺箱	元/箱	610.00	元/箱公里	2.70

项目四
办理内河水路运输业务

知识目标

- 1. 掌握水路货物运输基本概念及类别、特征；
- 2. 了解我国主要的内河运输航道；
- 3. 熟悉港口的结构、分类及我国主要的港口；
- 4. 掌握内河货物运输操作注意事项和作业流程；

能力目标

- 1. 能区分水路运输的类型；
- 2. 能为货物运输找到合适的航线及港口；
- 3. 会组织内河货物的运输；
- 4. 会签订水路货物运输的合同、会缮制水路运输相关单据；
- 5. 能准确计算水路运输费用。

任务1 内河货物运输认知

一、水路运输的含义及分类

（一）水路运输含义

水路货物运输是指国内沿海港口、沿海与内河港口，以及内河港口之间由承运人收取运费，负责将托运人托运的货物经水路由一港运至另一港的行为。水路货物运输按船舶航行区域，可划分为内河运输和海洋运输，这是水路运输的基本运输形式。

（二）水路运输分类

1. 海洋运输

海洋运输又称"国际海洋货物运输"，是国际物流中最主要的运输方式。它是指使用船舶通过海上航道在不同国家和地区的港口之间运送货物的一种方式，在国际货物运输中使用最广泛。目前，国际贸易总运量中的 2/3 以上、中国进出口货运总量的约 90% 都是利用海洋运输。海洋运输对世界的改变是巨大的。海洋运输具有以下特点：

（1）使用天然航道　海洋运输借助天然航道进行，不受道路、轨道的限制，通过能力更强。随着政治、经贸环境以及自然条件的变化，可随时调整和改变航线完成运输任务。

（2）载运量大　随着国际航运业的发展，现代化的造船技术日益精湛，船舶日趋大型化。超巨型邮轮已达 60 多万吨，第五代集装箱船的载箱能力已超过 5000TEU。

（3）运费低廉　海上运输航道为天然形成，港口设施一般为政府所建，经营海运业务的公司可以大量节省用于基础设施的投资。船舶运载量大、使用时间长、运输里程远，单位运输成本较低，为低值大宗货物的运输提供了有利条件。

（4）运输的国际性　海洋运输一般都是一种国际贸易，它的生产过程涉及不同的国家地区的个人和组织，海洋运输既受到国际法和国际管理的约束，也受到各国政治、法律的约束和影响。

（5）速度慢、风险大　海洋运输是各种运输工具里速度最慢的运输方式。由于海洋运输是在海上，受自然条件的影响比较大：比如台风，可以把运输船卷入海底，风险比较大；另外，如海盗的侵袭，风险也不小。

2. 内河运输

内河运输是指使用船舶通过国内江、湖、河、川等天然或人工水道，运送货物和旅客的一种运输方式。它是水上运输的一个组成部分，是内陆腹地和沿海地区的纽带，也是边疆地区与邻国边境河流的连接线，在现代化的运输中起着重要的辅助作用。

与铁路、公路相比，内河运输存在着速度慢，时效性不强的缺点，同时又存在着投资少、运力大、成本低、能耗低的优势。运送没有时效性要求的大宗货物和集装箱货物，尤其是需求量稳定、连续性要求高、价格不高、运输费用占整个售价较大比例的大宗货物，内河航运具有明显的优势。

二、内河航道

1. 航道的定义

船舶及排筏可以通达的水面范围都是通航水域，则沿海、江河、湖泊、水库、渠道和运河内可供船舶、排筏在不同水位期通航的水域即为航道。

2. 航道的种类

我国海岸线较长，内陆江河、湖泊、运河众多，航道所流经地域的地址、水量补给等因素差异很大，航道分类方法众多，本节仅介绍一些常用的航道分类方法。

（1）按形成原因分

① 天然航道。是指自然形成的江、河、湖、海等水域中的航道，包括水网地区在原

有较小通道上拓宽加深的那一部分航道，如广东的东平水道、小榄水道等。

② 人工航道。是指在陆上人工开发的航道，包括人工开辟或开凿的运河和其他通航渠道，如平原地区开挖的运河，山区、丘陵地区开凿的沟通水系的越岭运河，可供船舶航行的排、灌渠道或其他输水渠道等。

（2）按使用性质分

① 专用航道。指由军事、水利、电力、林业、水产等部门以及其他企、事业单位自行建设、使用的航道。

② 公用航道。由国家各级政府部门建设和维护、供社会使用的航道。

（3）按管理归属分

① 国家航道。国家航道由以下四部分组成：

a. 构成国家航道网、可以通航500吨级以上船舶的内河干线航道；

b. 跨省、自治区、直辖市，可以常年通航300吨级以上（含300吨级）船舶的内河干线航道；

c. 沿海干线航道和主要海港航道；

d. 国家指定的重要航道。

② 地方航道。是指国家航道和专用航道以外的航道。

（4）按所处地域分

① 内河航道。是河流、湖泊、水库内的航道以及运河和通航渠道的总称。其中天然的内河航道又可分为山区航道、平原航道、潮汐河口航道和湖区航道等。而湖区航道又可进一步分为湖泊航道、河湖两相航道和滨湖航道。

② 沿海航道。沿海航道原则上是指位于海岸线附近，具有一定边界可供海船航行的航道。

（5）按通航条件分

① 依通航时间长短可分为：常年通航航道，即可供船舶全年通航的航道，又可称为常年航道；季节通航航道，即只能在一定季节（如非封冻季节）或水位期（如中洪水期或中枯水期）内通航的航道，又可称为季节性航道。

② 依通航限制条件可分为：单行航道，即在同一时间内，只能供船舶沿一个方向行驶，不得追越或在行进中会让的航道，又可称为单线航道；双行航道，即在同一时间内，允许船舶对驶、并行或追越的航道，又可称为双线航道或双向航道；限制性航道，即由于水面狭窄、断面系数小等原因，对船舶航行有明显的限制作用的航道，包括运河、通航渠道、狭窄的设闸航道、水网地区的狭窄航道，以及具有上述特征的滩险航道等。

③ 依通航船舶类别可分为：内河船航道，是指只能供内河船舶或船队通航的内河航道；海船进江航道，是指内河航道中可供进江海船航行的航道，其航线一般通过增设专门的标志辅以必要的"海船进江航行指南"之类的文件加以明确；主航道，是指供多数尺度较大的标准船舶或船队航行的航道；副航道，是指为分流部分尺度较小的船舶或船

队而另行增辟的航道；缓流航道，是指为使上行船舶能利用缓流航行而开辟的航道，这种航道一般都靠近凸岸边滩；短捷航道，是指分汊河道上开辟的较主航道航程短的航道，这种航道一般都位于可在中洪水期通航的支汊内。

除上述分类方法外，航道还可按所处特殊部位分别定名，如桥区航道、港区航道、坝区航道、内河进港航道、海港进港航道等。

三、我国主要内河航线

我国的内河航运发达，全国内河航运以长江、珠江、黑龙江与松花江、淮河和京杭大运河为主，构成全国内河航运的干线网，覆盖我国1/3以上的国土。我国主要的内河航线如下所述。

1. 长江航线

长江航线是我国最长、最重要的内河航线，素有"黄金水道"之称，干、支流通航水道700多条。目前，长江每年完成的货运量占全国内河航运总量的60%。

2. 珠江航线

珠江航线为我国华南水运大动脉，干、支流总长3万多公里。万吨轮船可从河口到达广州，千吨轮船可从河口到达广西梧州。随着西南地区经济的快速发展，珠江航线将会发挥更大的作用。

3. 黑龙江与松花江航线

黑龙江水系是我国东北地区的最大水系，干流是中国和俄罗斯的界河，干流在我国境内3400公里，通航里程2000多公里，每年封冻5~6个月，是季节性通航河流。松花江是黑龙江的最大支流，全长2000公里，航运价值大于黑龙江，年运量较大，是我国东北地区的主要水运航线。

4. 淮河航线

淮河干流全长1000多公里，通航里程超过500公里，连同支流的通航里程约2000公里，是江苏和安徽北部的运输要道。

5. 京杭大运河

它北起北京通州区，途经天津、河北、山东、江苏，至浙江杭州，全长1800公里，沟通海河、黄河、淮河、长江和钱塘江五大水系，是世界上最长的人工运河。经过京杭大运河，北上的主要是日用工业品，南下的主要是煤炭。目前，京杭大运河航运主要集中在黄河以南河段。

四、内河航道等级

内河航道等级，是按照河流所能通行船只大小所做的等级分类。根据《内河通航标准》（GB 50139—2014），分为7个等级。

① 一级航道：可通航3000吨；

② 二级航道：可通航2000吨；

③ 三级航道：可通航1000吨，三级航道尺度的最低标准为水深3.2米、底宽45米。根据《内河通航标准》（GB 50139—2014），新建的桥梁采用一跨过河，桥梁净空高度不小于7米；

④ 四级航道：可通航500吨，四级航道尺度的最低标准为水深2.5米、底宽40米；

⑤ 五级航道：可通航300吨；

⑥ 六级航道：可通航100吨；

⑦ 七级航道：可通航50吨。

任务2　内河港口认知

一、基本概念

1. 港口

是指具有船舶进出、停泊、靠泊，旅客上下，货物装卸、驳运、储存等功能，具有相应的码头设施，由一定范围的水域和陆域组成的区域。港口可以由一个或者多个港区组成。

2. 港口通过能力和吞吐量

港口通过能力广义上是指在一定时期内和一定的工作条件下，港口所具有的办理旅客到发、货物装卸以及为船舶提供技术服务能力的总和。狭义上是指港口在一定时期内，以现有设备能为船舶装卸货物的最大数量，即最大吞吐量，以一年多少吨表示。港口通过能力的大小受港口各项设备的数量和技术状况、船舶类型、货物品种与包装形式，以及所配备的装卸劳动力、所采用的装卸工艺和组织管理水平等因素影响。设计港口吞吐能力时，要根据相应时期的运输量（或其他业务量）及其季节波动，并且考虑营运工作的机动性。港口吞吐能力应大于港口货物吞吐量（或其他业务量），以保有一定的后备能力。

3. 港口腹地

港口腹地是指港口货物吞吐和旅客集散所及的地区范围。

港口腹地的划分有助于了解腹地内的资源状况和经济潜力，是确定港口合理分工、进行港口布局和规划的基本依据。主要有以下三种。

（1）直接腹地（单纯腹地）　指一港独有的腹地，该区域内所需水运的货物都经由本港。

（2）间接腹地　指货物中转联运的腹地，即甲地运往丙地的物资通过乙港，但不在乙港进行装卸作业，只在港内进行编组的吞吐量所覆盖的地区（如上海—福州—鹿特丹；青岛—釜山—洛杉矶）。

（3）混合腹地（重叠腹地）　指两个或两个以上的港口共同拥有的腹地，即数港吸引范围相互重叠的部分。

4. 码头

码头是停靠船舶、上下旅客和装卸货物的场所，码头是一切港口不可缺少的建筑物。

二、港口组成

每个港口都有它的个性或特点，但所有港口也都有它们的共性和共同的基本组成部分，即港口水域、码头和陆域设施。各个部分的作用不同，但又相互联系，互相依存，协调一致。

1. 港口水域

港口水域是指港界线以内的水域面积。它一般须满足两个基本要求：即船舶能安全地进出港口和靠离码头；能稳定地进行停泊和装卸作业。港口水域主要包括港池、航道与锚地。港池一般指码头附近的水域，它需要有足够深度与宽广的水域，供船舶停靠驶离时使用。

2. 码头前沿线

码头前沿线通常即为港口的生产线，也是港口水域和陆域的交接线。码头前沿线布置成与岸平行称为顺岸码头，布置成与岸正交或斜交称为突堤码头。码头前沿线长度决定于所要求的泊位数和每个泊位的长度，而泊位长度则因停靠船舶的吨位大小而异。码头前的港池水深由船舶吃水及富裕深度决定。

3. 港口陆域

港口陆域港界线以内的陆域面积。一般包括装箱作业地带和辅助作业地带两部分，并包括一定的预留发展地。装卸作业地带布置有仓库、货场、铁路、道路、站场、通道等设施；辅助作业地带布置有车库、工具房、变（配）电站、机具修理场、作业区办公室、消防站等设施。

三、港口分类

1. 按港口所在地理位置分类

按港口所在地理位置分为海港、河港、湖港及水库港等。海港是滨海港口的通称，包括筑在海岸边的海岸港和筑在江河入海处的河口港等，前者如中国的大连港、青岛港，后者如中国的上海港、英国的伦敦港、德国的汉堡港等。河港是位于江河沿岸的港口，是内河运输船舶停泊、编队、补给燃料的基地，也是江河沿岸旅客和货物的集散地。湖港和水库港分别指位于湖岸和水库边的港口。

2. 按港口用途分类

按用途分为商港、军港、渔港、工业港和避风港。

商港是供商船往来停靠、办理客货运输业务的港口，具有停靠船舶、上下客货、供应燃料和其他补给以及修理船舶所需的各种设备和条件，是水陆运输的枢纽和货物的集散地，其规模大小通常以吞吐量大小来表示。

军港是专供海军舰艇使用的港口。

渔港供渔船停泊、卸下渔获物和进行补给修理。

工业港是工矿企业专用港口。

避风港供船舶躲避风浪，亦可由此取得补给、进行小修等。

四、港口的功能

港口是内地的货物、旅客运往海外，或船舶靠岸后起卸客货运送至本地或内陆各地的交汇地。因此港口的功能可以归纳为下面几方面。

1. 货物装卸和转运功能

这是港口的最基本的功能，即货物通过各种运输工具转运到船舶或从船舶转运到其他各种运输工具，实现货物在空间位置的有效转移，开始或完成水路运输的全过程。

2. 商业功能

即在商品流通过程中，货物的集散、转运和一部分储存都发生在港口。港口介于远洋航运业与本港腹地客货的运输机构之间，便利客货的运送和交接。港口的存在既是商品交流和内外贸易存在的前提，又促进了它们的发展。

3. 工业功能

随着港口的发展，临江工业、临海工业越来越发达。通过港口，由船舶运入供应工业的原料，再由船舶输出加工制造的产品，前者使工业生产得以进行，后者使工业产品的价值得以实现。港口的存在是工业存在和发展的前提，在许多地方，港口和工业已融为一体。有人认为港口还具有其他的一些功能，譬如城市功能、旅游功能、信息功能、服务功能等。

五、主要的港口

1. 海港

北方港口：大连港、营口港、秦皇岛港、天津港、烟台港、青岛港、日照港、唐山港。

南方港口：连云港港、上海港、南通港、苏州港、镇江港、南京港、宁波港、舟山港、温州港、福州港、厦门港、汕头港、深圳港、广州港、珠海港、湛江港、防城港港、海口港。

天津港和上海港见图4-1及图4-2。

图4-1 天津港

图4-2 上海港

2. 河港

北方港口：哈尔滨港、佳木斯港、济宁港。

南方港口：徐州港、无锡港、泸州港、重庆港、宜昌港、荆州港、武汉港、黄石港、长沙港、岳阳港、南昌港、九江港、芜湖港、安庆港、马鞍山港、合肥港、蚌埠港、杭州港、嘉兴港、湖州港、南宁港、贵港港、梧州港、肇庆港、佛山港。

3. 重点内河港口介绍

（1）哈尔滨港　哈尔滨港是我国东北内河最大的水陆换装枢纽港和国际口岸港，港口位于松花江中游右岸、市区东北部，经水路上通嫩江沿岸市县，下达佳木斯、同江等口岸，沿黑龙江与俄罗斯哈巴罗夫斯克、布拉戈维申斯克（简称布市）、阿穆尔共青城等远东重地相通；担负着黑龙江、松花江、乌苏里江三条大江沿江市县所需物资运输和对俄进出口贸易的中转换装任务。1989年7月被国务院批准为一类开放口岸。哈尔滨港原为交通部直属企业，2000年下放黑龙江省，现隶属于中共黑龙江省委企业工作委员会领导下的黑龙江航运集团有限公司。

（2）佳木斯港 佳木斯港是黑龙江水系较大的水陆换装枢纽港口，是东北内河第二大港口。佳木斯港位于黑龙江省佳木斯市东北部，松花江下游南岸，是国家一类对外开放口岸。地理坐标东经130°22′，北纬46°49′。佳木斯港是黑龙江、乌苏里江和松花江三江水系的重要枢纽港，也是黑龙江省和佳木斯市的主要进出口口岸。港口辐射全省沿江各地，水运航线四通八达，沿松花江上行可达省会哈尔滨市，沿松花江下行至同江，便进入中俄接壤的界江黑龙江和乌苏里江。

（3）马鞍山港 马鞍山港是长江十大港口之一，是我国重要的钢铁流通基地，距长江入海口仅320公里，通航条件好。马鞍山地区具有明显的区域优势和良好的港口条件，沿江近海，集疏运便利、承东启西、经济腹地广阔，是安徽的东大门，皖江的第一站。马鞍山港位于长江下游南岸的马鞍山市，东经118°27′9″，北纬31°44′1″，地处安徽省中部东端，与江苏省交界，是"皖江"的东大门。2016年马鞍山港完成货物吞吐量10571.27万吨。

（4）安庆港 安庆市地处长江中下游，八百里皖江的源头，临江近海。安庆港是长江干线上兼有沿海和内陆双重优势对外开放的重要港口，也是安徽省境内长江北岸唯一深水良港，被称为"皖西南咽喉"。安庆港历史悠久，素有"千年古渡百年港"和"八省通津"之美誉。早在南宋安庆建城前，便有盛唐湾古渡口。2004年被国家公布为全国主要港口，2017年国务院正式批准安庆港为汽车整车进口口岸。2016年安庆港完成港口货物吞吐量2277.64万吨。

（5）徐州港 徐州港是全国28个主要内河港口和内河十大枢纽港之一，是"北煤南运、西煤东输"重要的中转基地、淮海经济区综合运输体系的重要物流节点、徐州国家级综合运输枢纽的重要组成部分。京杭大运河穿徐州市区而过，徐州港由万寨港、邳州港、双楼港、孟家沟港组成。截至2016年9月徐州港完成吞吐量6699.69万吨。

（6）杭州港 杭州位于中国东南沿海的浙江省东北部，副省级城市，浙江省省会，我国华东地区重要的交通枢纽，长三角地区重要的航空客运中心，距上海180余公里，是我国历史上著名的七大古都之一。杭州地处长江三角洲南翼，是长江三角洲重要中心城市和中国东南部重要交通枢纽。杭州港是国内28个内河主要港口之一，连接三大水系，将杭嘉湖水系、钱江水系和萧绍甬水系融为一体，具有往北能伸入长江，往东能驶向沿海的通江达海的航运能力。截至2017年11月份，杭州港货物吞吐量达9623万吨。

（7）武汉港 武汉港地处长江中游，是交通部定点的水铁联运主枢纽港，在国家中部崛起战略、长江黄金水道和武汉航运中心建设中地位极为重要，最大靠泊能力12000吨级，一次系泊能力70万吨，设备最大起重能力50吨，集装箱吞吐能力50万标箱，货物吞吐能力3000万吨。武汉港主要进出港航道为长江、汉水和江岸区港港地。武汉成为内地首个开通拼箱业务的港口。2016年武汉港完成集装箱吞吐量为113万标箱。

（8）长沙港 长沙港霞凝港区定位为湖南省级的商品集散地、中转配送地、货源辐射地和消费中心，地处中国东西部的结合点，是沿海发达地区的大后方，是促进西部大开发的物流通道，更处在中部地区的核心位置，在中部地区崛起中具有举足轻重的作用,是中国东西部物资对流中转的结合部,在中国特别是湖南省扩大开放和外向型经济中处于十分重要的战略地位。长沙港位于东经 113°,北纬 28°地势西南高、东北低。2016 年长沙港吞吐量达 4508.76 万吨。

(9) 重庆港 重庆港位于中国中西结合部,水路可直达长江八省二市,陆路与成渝、襄渝、渝黔、渝怀铁路和成渝、渝黔、重庆至武汉、重庆至长沙等高速公路相连,是长江上游最大的内河主枢纽港,现为全国内河主要港口。重庆港的经济腹地主要包括重庆市辖 9 区 12 县及四川、云南、贵州 3 省。重庆港系国家一类口岸,主要从事港口装卸、客货运输、水陆中转、仓储服务、物流配送、酒店旅游等多种综合性经营服务。2016 年全区港口吞吐量共计完成 2765.94 万吨。

任务 3　内河船舶认知

一、船舶基本概念

船舶,各种船只的总称。船舶是能航行或停泊于水域进行运输或作业的交通工具,按不同的使用要求而具有不同的技术性能、装备和结构型式。船舶结构见图 4-3。

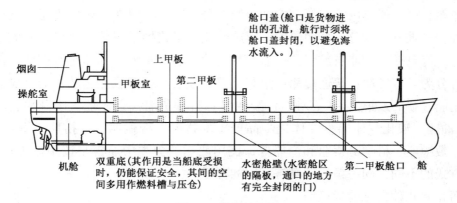

图 4-3　船舶结构图

船舶一般是一个狭长和左右对称的几何体,从外形上看,主要由船体、上层建筑和甲板机械等构成。从内部看,船舶主要由船体、轮机、电气设备和船舶设备四大部分组成。

船体(俗称"壳体"或"船壳")是由一系列板材和骨架(简称"板架")所组成的。板材和骨架间,相互连接又互相支持。骨架是壳体的支撑件,既提高了壳板的强度与刚度,又增强了板材的抗失稳能力。船体由龙骨、旁龙骨、龙筋、肋骨、船首柱、船尾柱等构件组成。

上层建筑是指在船舶上甲板以上,自一舷伸至另一舷或其侧壁自外板内缩不大于

4%船宽的围蔽建筑物。如果不严格区分，可将上甲板以上的各种围蔽建筑物统称为上层建筑。有时也泛指包括甲板室在内的甲板建筑物。在潜艇耐压船体上方，沿船长设置并与非耐压船体连成一体的结构，也称上层建筑。

甲板机械即船舶甲板机械，是装在船舶甲板上的机械设备，是船舶的重要组成部分。甲板机械是为了保证船舶正常航行及船舶停靠码头、装卸货物、上下旅客所需要的机械设备和装置。船舶甲板机械可以分为大甲板机械和小甲板机械。主要包括舵机、起锚机和绞车、导缆器、带缆桩（系揽桩）、导缆滚轮等等。

船舶轮机是为了满足船舶航行、各种作业、人员的生活、人员和财产的安全需要所设置的全部机械、设备和系统的总称。

船舶设备系指除船舶备件以外的任何用于船上的可移动但不带消费性质的物品。主要包括舵设备、锚设备、系泊设备、拖拽设备、起货设备、救生设备、关闭设备、管系、舾装件、舱底水系统、压载系统、日用水系统、消防设备、通风空调制冷设备等等。

船舶是一种主要在水中运行的人造交通工具。另外，民用船一般称为船，军用船称为舰，小型船称为艇或舟，其总称为舰船或船艇。

二、船舶分类及特点

船舶的种类繁多，按不同的分类方式可以分成很多种。按用途分，有民用船和军用船；按船体材料分，有木船、钢船、水泥船和玻璃钢船等；按航行的区域分，有远洋船、近洋船、沿海船和内河船等；按动力装置分，有蒸汽机船、内燃机船、汽轮船和核动力船等；按推进方式分，有明轮船、螺旋桨船、平旋推进器船和风帆助航船等；按航进方式分，有自航船和非自航船；按航进状态分，有排水型船和非排水型船。按用途的不同，可分为：客货船；普通货船；集装箱船、滚装船、载驳船；散粮船、煤船、兼用船；兼用船（矿石/油船、矿石/散货船/油船）特种货船（运木船、冷藏船、汽车运输船等）；油船、液化气体船、液体化学品船、木材船、冷藏船、打捞船、海难救助船、破冰船、敷缆船、科学考察船和渔船等。民用船舶的分类中通常是按用途进行划分的。因分类方式的不同，同一条船舶可有不同的称呼。

下面介绍几种常见的货运船。

图 4-4 杂货船

1. 普通货船俗称为杂货船

杂货，也称为统货，是指机器设备、建材、日用百货等各种物品。专门运输包装成捆、成包、成箱的杂货的船，称为杂货船或称普通货船（图4-4）。杂货船有下列一些特征。

（1）载重量不可能很大，远洋的杂货船总载重量为 10000～14000 吨；近洋的杂货船总载重量为 5000 吨左右；沿海的杂货船总载重量为 3000 吨以下（由于货种多，货源不足，装卸速度慢，停港时间长，杂货船的载重量过大会不经济）。

（2）为了理货方便，杂货船一般设有 2~3 层甲板。载重量为万吨级的杂货船，设有 5~6 个货舱。机舱位置多数位于中后机型，也有的采用尾机型。

（3）杂货船一般都设有首楼，在机舱的上部设有桥楼。老式的 5000 吨级杂货船，多采用三岛型。

（4）许多万吨级的杂货船，因压载的要求，常设有深舱，同时深舱可以用来装载液体货物（动植物油、糖蜜等）。

（5）杂货船一般都装设有起货设备，多数以吊杆为主，也有的装有液压旋转吊。

（6）大多数杂货船，每个货舱一个舱口，但少数杂货船根据装卸货物的需要，采用双排舱口。

（7）不定期的杂货船一般为低速船。航速过高对于杂货船是很不经济的。远洋杂货船船约为 14~18 节，续航力为 12000 海里以上；近洋杂货船的船速约为 13~15 节；沿海杂货船的船速约为 11~13 节。

（8）杂货船一般都是一部主机，单螺旋桨。

2. 集装箱船

集装箱船见图 4-5，是专门运输集装箱货物的船舶。可分为三种类型：全集装箱船是一种专门装运集装箱的船，不装运其他型式的货物；半集装箱船在船的中部区域作为集装箱的专用货舱，而船的两端货舱装载其他杂货；可变换的集装箱船是一种多用途船，这种船的货舱，根据需要可随时改变设施，既可装运集装箱，也可以装运其他普通杂货，以提高船舶的利用率。

3. 滚装船

滚装船见图 4-6，货物装卸不是从甲板上的货舱口垂直的吊进吊出，而是通过船舶首、尾或两舷的开口以及搭到码头上的跳板，用拖车或叉式装卸车把集装箱或货物连同带轮子的底盘，从船舱运至码头的一种船舶。滚装船的主要优点是：不需要起货设备，货物在港口不需要转载就可以直接拖运至收货地点，能缩短货物周转的时间，减少货损。

图 4-5　集装箱船

图 4-6　滚装船

4. 载驳货船

载驳货船又称子母船：这是一种把驳船作为"浮动集装箱"，利用母船升降机和滚动设备将驳船载入母船，或利用母船上的起重设备把驳船（子船）由水面上吊起，然后放入母船体内的一种船舶，统称为载驳货船，见图4-7。许多载驳货船的甲板上载有集装箱船。

5. 散货船

散装运输谷物、煤、矿砂、盐、水泥等大宗干散货物的船舶，都可以称为干散货船，或简称散货船，见图4-8。因为干散货船的货种单一，不需要包装成捆、成包、成箱地装载运输，不怕挤压，便于装卸，所以都是单甲板船。总载重量在50000吨以上的，一般不装起货设备。由于谷物、煤和矿砂等的积载因数（每吨货物所占的体积）相差很大，所要求的货舱容积的大小、船体的结构、布置和设备等许多方面都有所不同。因此，一般习惯上仅把装载粮食、煤等货物积载因数相近的船舶，称为散装货船，而装载积载因数较小的矿砂等货物的船舶，称为矿砂船。用于装载粮食、煤、矿砂等大宗散货的船通常分为如下几个级别。

图4-7 载驳货船

图4-8 散货船

（1）总载重量为100000吨级以上，称为好望角型船。

（2）总载重量为60000吨级，通常称为巴拿马型。这是一种巴拿马运河所容许通过的最大船型。船长要小于245米，船宽不大于32.2米，最大的容许吃水为12.04米。

（3）总载重量为35000~40000吨级，称为轻便型散货船。吃水较浅，世界上各港口基本都可以停靠。

（4）总载重量为20000~27000吨级，称为小型散货船。可驶入美国五大湖泊的最大船型。最大船长不超过222.5米，最大船宽小于23.1米，最大吃水要小于7.925米。用于运输矿砂的船，由于载重量越大，运输成本越低，目前，矿砂船最小的总载重量为57000吨，最大的为260000吨，大多数为12000~150000吨左右。由于船型高大，在高潮时岸上的起货设备的高度往往不够高。因此，这种矿砂船在装卸货的同时，利用压载水的多少来调节船舶吃水高低。

6. 油船

从广义上讲是指散装运输各种油类的船,见图4-9。除了运输石油外,还可装运石油的成品油、各种动植物油、液态的天然气和石油气等。但是,通常所称的油船,多数是指运输原油的船。而装运成品油的船,称为成品油船。装运液态的天然气和石油气的船,称为液化气体船。油船的载重量越大,运输成本越低。由于石油货源充足,装卸速度快,所以油船可以建造得很大。近海油船的总载重量为30000吨左右;近洋油船的总载重量为60000吨左右;远洋的大油船的总载重量为20万吨左右;超级油船的总载重量为30万吨以上。最大的油船已达到56万吨。油船都是单甲板、单底结构。因为货舱范围内破损后,货油浮在水面上,舱内不至于大量进水,故油船除了在机舱区域内设置双层底以外,货油舱区域一般不设置双层底。但是,油船发生海损事故会造成污染,近年来有的大型油船,也设置双层底或双层船壳。

图4-9 油船

7. 液化气船

液化气船是专门散装运输液态的石油气和天然气的船,见图4-10。也称为特种油船。

图4-10 液化气船

任务4 内河货物运输业务办理与组织

一、水路货运基本概念

水路货物运输是指以货物或车辆为运输对象,以船舶为运输工具,以通航航道为运输通道,实现货物空间位移的营运组织形式。

1. 基本概念

（1）货物　货物是由托运人提供的或指定的运输对象，包括活动物和由托运人提供的用于集装货物的集装箱、货盘或者类似的装运器具。

（2）水路货物运输合同　货物运输合同是指承运人收取运输费用，负责将托运人托运的货物经水路由一港（站、点）运至另一港（站、点）的合同。

（3）托运人　托运人是指与承运人订立运输合同的人。

（4）承运人　承运人是指与托运人订立运输合同的人。

（5）实际承运人　实际承运人是指接受承运人委托或者接受转委托从事水路货物运输的人。

（6）收货人　是指在运输合同中托运人指定接收货物的人。

（7）航次租船运输　航次租船运输是指船舶出租人向承租人提供船舶的全部或者部分舱位，装运约定的货物，从一港（站、点）运至另一港（站、点）的运输形式。

（8）班轮运输　班轮运输是指在特定的航线上按照预定的船期和挂港从事有规律水上货物运输的运输形式。

（9）单元滚装运输　单元滚装运输是指以一台不论是否装载货物的机动车辆或者移动机械作为一个运输单元，由托运人或者其受雇人驾驶驶上、驶离船舶的水路运输方式。

（10）集装箱货物运输　集装箱货物运输是指将货物装入符合国际标准（ISO）、国家标准、行业标准的集装箱进行运输的水路运输方式。

2. 水运货物

凡是经由运输部门承运的一切原料、材料、工农业产品、商品以及其他产品或物品都称为货物（Cargo 或 Goods）。水运货物特指经由水上运输部门承运的货物。

水运货物的分类

（1）根据货物的形态、包装和运输实践，水上运输货物可为液体货、干散货和件杂货 3 大类

① 液体货。是指石油、成品油、液化燃气、液态化学品和其他液体货物。

② 干散货。是各种以大批量进行整船运输的货物，通常初级产品、原材料称为大宗散货，主要有：煤炭、金属矿石（铁矿石、钒铝土、磷矿石）和粮食等。

③ 件杂货。主要包括小宗批量货物（钢铁、木材、化肥、水泥），机电设备，化工、轻工、医药及其他工业制成品和农牧渔业产品等。这些货物一般以"件""箱""捆"等形式托运，包括包装货物、裸装货物（如钢材、橡胶等）和成组化货物。其中包装货物又可按照包装形式加以分类。随着件杂货的集装箱化，成组化货物中的集装箱货物已经与件杂货并列成为单独的一类货物。

通常，件杂货按计件形式装运和交接，散装货按计量形式装运和交接。

（2）根据货物性质不同分为普通货物和特殊货物

① 普通货物。主要包括清洁货物、液体货物和粗劣货物。

清洁货物是指清洁、干燥的货物，不能被沾污、损坏的货物。液体货物是指装于桶、瓶、坛等容器内的流质或半流质货物。粗劣货物是指具有油污、水湿、扬尘和散发异味的货物。

② 特殊货物。主要包括危险货物、冷藏货物、贵重货物、活的动植物和长大、笨重货物。

危险货物是具有易燃、易爆、毒害、腐蚀和放射性等性质的货物。冷藏货物是指在常温下易腐烂变质和其他需按某种低温条件运输的货物。贵重货物是指价值昂贵的货物。活的动植物是指具有正常的生命活动，在运输中需要特别照顾的动物和植物。长大、笨重货物是指单件货物体积过大或过长、重量超过一定界限的货物。按照港口规定和运价本规定，通常将单件重量为 5 吨以上的货物称为重件货物，将长度超过 9 米的货物视为长大件货物。

水运货物的分类如表 4-1 所示。

表 4-1 水运货物的分类

分类依据	货物大类	货物小类	举例
根据装运形态	液体货	液体散装货（liquid bulk cargo）	石油、液体化学品
	散装货	干质散装货（solid bulk cargo）	谷物、木材、矿石
	件杂货	包装货物（packed cargo）	服装、日用品
		裸装货物（unpacked/non-packed cargo）	小五金
		成组化货物（unitized cargo）	
		集装箱货物（containerized cargo）	
根据货物性质	普通货物（general cargo）	清洁货物（clean cargo）	纺织品、糖果、工艺品
		液体货物（liquid cargo）	饮料、酒类、油类
		粗劣货物（rough cargo）	烟叶、大蒜、颜料
	特殊货物（special cargo）	危险货物（dangerous cargo）	鞭炮、油漆
		冷藏货物（reefer cargo）	水果、肉类、冰淇淋
		贵重货物（valuable cargo）	黄金、货币、精密仪器
		活的动植物（livestock and plants）	活的鸡鸭、小树苗
		长大、笨重货物（bulky and lengthy cargo, heavy cargo）	重型机械、大型钢材

二、水路货物运输营运方式

水路货物运输的营运方式主要分为两大类：班轮运输和租船运输。

1. 班轮运输

班轮运输也叫定期船运输，是指班轮公司将船按事先制订的船期表（liner shipping），在特定航线的各个既定挂靠港口之间航行，经常为非特定的众多货主提供规则的、反复的货物运输服务（transport service），并按运价成本（tariff）或协议运价的规定计收运费的一种营运方式。

杂货班轮运输为最早的班轮运输，主要以散货杂货为主。对货主而言，杂货班轮运输具备能及时、迅速地将货物发送和运达目的港；适应小批量零星件杂货对海上运输的需求；能满足各种货物对海上运输的要求，并能较好地保证货运质量；因班轮公司负责转运工作而满足货物运输的特殊需要等优点。

（1）班轮运输的特点

① "四定一负责"。班轮运输有航线、停靠港口、船期和运费率固定的基本特点。此外，班轮运输的装和卸是由承运人负责。

② 承运人与货主之间在货物装船之前通常不签订具有详细条款的运输合同，而是在承运人装船后或接收货物后签发载有详细条款的提单并作为双方货物运输责权划分的依据。

③ 班轮运输可以为多个货主服务；特别适应小批量零星件杂货的水上运输；运输速度快，能及时、迅速地将货物发送和运达目的港，而且能保证货运质量。

④ 承运双方的权利义务和责任豁免以签发的提单为依据，并受统一的国际公约的制约。

（2）班轮运输的作用

① 有利于一般杂货和不足整船的小额贸易货物的运输。班轮只要有舱位，不论数量大小、挂港多少、直运或转运都可接受承运。

② 由于"四固定"的特点，时间有保证，运价固定，为贸易双方洽谈价格和装运条件提供了方便，有利于开展国际贸易。

③ 班轮运输长期在固定航线上航行，有固定设备和人员，能够提供专门的、优质的服务。

④ 由于事先公布船期、运价费率，有利于贸易双方达成交易，减少磋商内容。

⑤ 手续简单，货主方便。由于承运人负责装卸和理舱，托运人只要把货物交给承运人即可，省心省力。

2. 租船运输

租船运输（carriage of goods by chartering），又称不定期船运输（tramp shipping），即没有预定的船期表、航线、港口，船舶按租船人和船东双方签订的租船合同规定的条款完成运输任务。航运业主要的租船运输经营方式有定期租船、定程租船、光船租船等基本形式，还有包运租船和航次期租。

（1）租船运输的基本特点

① 租船运输是根据租船合同组织运输的，租船合同条款由船东和租方双方共同商定。

② 一般由船东与租方通过各自或共同的租船经纪人洽谈成交租船业务。

③ 不定航线，不定船期。船东对于船舶的航线、航行时间和货载种类等按照租船人

的要求来确定，提供相应的船舶，经租船人同意进行调度安排。

④ 租金率或运费率根据租船市场行情来决定。

⑤ 船舶营运中有关费用的支出，取决于不同的租船方式由船东和租方分担，并在合同条款中订明。

⑥ 租船运输适宜大宗货物运输。

⑦ 各种租船合同均有相应的标准合同格式。

（2）租船方式

① 定期租船（time charter）。定期租船又称期租船，是指按一定期限租赁船舶的方式，即由船东将船舶出租给租船人在规定期限内使用，在此期限内由租船人自行调度和经营管理，船东负责船舶的维修和机械的正常运转，租金按租期每月（30天）每载重吨（deadweight ton，DWT）计算。

② 定程租船（voyage/trip charter）。定程租船又称程租船，是按航程租赁船舶的方式，有单程、来回程、连续单程、连续来回程航次（consecutive single/round voyage charter）。其特点是无固定航线、固定装卸港口和固定航行船期，程租船合同需规定装卸率和滞期速遣费条款，运价受租船市场供需情况的影响较大。

③ 光船租船（bareboat charter）。光船租船又称船壳租船，净船期租船。这种租船方式不具有承揽运输性质，它只相当于一种财产租赁。光船租船是指船舶所有人将船舶出租给承租人使用一定期限，但船舶所有人提供的是空船，承租人要自己任命船长、配备船员，负责船员的给养和船舶的经营管理所需的一切费用。也就是说，船舶所有人在租期内除了收取租金外，不再承担任何责任和费用。

④ 包运租船（contract of affreightment）。包运租船又称为运量合同。包运租船是指船舶所有人以一定的运力，在确定的港口之间，按事先约定的时间、航次周期、拟航次以较均等的运量，完成全部货运量的租船方式。

⑤ 航次期租船（trip charter on time basis）。航次期租船又称日租租船，它是一种以完成一个航次运输为目的，但租金以航次所需的时间（天）为计算标准。这种租船方式不计滞期、速遣费用，船方不负责货物运输的经营管理。

三、内河货物运输业务流程

内河货物运输工作，按照时间先后顺序排列，包括签订运输合同、托运货物、承运货物、运送货物和交付货物五个主要环节，见图4-11。

图4-11　内河货运流程图

1. 运输合同

运输合同，应当按照公平的原则订立。指令性水路货物运输，有关当事人应当依照有关法律、行政法规规定的权利和义务订立运输合同。

当事人可以根据需要订立单航次运输合同和长期运输合同。

订立运输合同可以采用书面形式、口头形式和其他形式。

书面形式是指合同书、信件和数据电文（包括电报、电传、传真、电子数据交换和电子邮件）等可以有形地表现所载内容的形式。

采用合同书形式订立运输合同的，自双方当事人签字或者盖章时合同成立。在签字或者盖章之前，当事人一方已经履行主要义务，对方接受的，该合同成立。

采用信件、数据电文等形式订立合同的，可以在合同成立之前要求签订确认书。签订确认书时合同成立。

2. 合同条款

班轮运输合同　班轮运输合同一般包括以下条款：

① 承运人、托运人和收货人名称。

② 货物名称、件数、重量、体积（长、宽、高）。

③ 运输费用及其结算方式。

④ 船名、航次。

⑤ 起运港（站、点）（以下简称起运港）、中转港（站、点）（以下简称中转港）和到达港（站、点）（以下简称到达港）。

⑥ 货物交接的地点和时间。

⑦ 装船日期。

⑧ 运到期限。

⑨ 包装方式。

⑩ 识别标志。

⑪ 违约责任。

⑫ 解决争议的方法。

3. 航次租船

航次租船运输形式下的运输合同一般包括以下条款：

① 出租人和承租人名称。

② 货物名称、件数、重量、体积（长、宽、高）。

③ 运输费用及其结算方式。

④ 船名。

⑤ 载货重量、载货容积及其他船舶资料。

⑥ 起运港和到达港。

⑦ 货物交接的地点和时间。
⑧ 受载期限。
⑨ 运到期限。
⑩ 装、卸货期限及其计算办法。
⑪ 滞期费率和速遣费率。
⑫ 包装方式。
⑬ 识别标志。
⑭ 违约责任。
⑮ 解决争议的方法。

4. 运输合同当事人的权利、义务

（1）托运人主要的权利、义务

① 托运人应当及时办理港口、海关、检验、检疫、公安和其他货物运输所需的各项手续，并将已办理各项手续的单证送交承运人。

② 托运人托运货物的名称、件数、重量、体积、包装方式、识别标志，应当与运输合同的约定相符。

③ 托运危险货物，托运人应当按照有关危险货物运输的规定，妥善包装，制作危险品标志和标签，并将其正式名称和危险性质以及必要时应当采取的预防措施书面通知承运人。

④ 托运人应当在货物的外包装或者表面正确制作识别标志。识别标志的内容包括发货符号、货物名称、起运港、中转港、到达港、收货人、货物总件数。

⑤ 除另有约定外，托运人应当预付运费。

⑥ 除另有约定外，运输过程中需要饲养、照料的活动物、有生植物，以及尖端保密物品、稀有珍贵物品和文物、有价证券、货币等，托运人应当向承运人申报并随船押运。托运人押运其他货物须经承运人同意。

⑦ 托运人应当在运单内注明押运人员的姓名和证件。

⑧ 托运笨重、长大货物和舱面货物所需要的特殊加固、捆扎、烧焊、衬垫、苫盖物料和人工由托运人负责，卸船时由收货人拆除和收回相关物料；需要改变船上装置的，货物卸船后应当由收货人负责恢复原状。

⑨ 托运人托运易腐货物和活动物、有生植物时，应当与承运人约定运到期限和运输要求；使用冷藏船（舱）装运易腐货物的，应当在订立运输合同时确定冷藏温度。

⑩ 承运人将货物交付收货人之前，托运人可以要求承运人变更到达港或者将货物交给其他收货人，但应当赔偿承运人因此受到的损失。

（2）承运人主要的权利、义务

① 承运人应当使船舶处于适航状态，妥善配备船员、装备船舶和配备供应品，并使干货舱、冷藏舱、冷气舱和其他载货处所适于并能安全收受、载运和保管货物。

② 承运人应当按照约定的、习惯的或者地理上的航线将货物运送到约定的到达港。承运人为救助或者企图救助人命或者财产而发生的绕航或者其他合理绕航，不属于违反前款规定的行为。

③ 因不可抗力致使不能在合同约定的到达港卸货的，除另有约定外，承运人可以将货物在到达港邻近的安全港口或者地点卸载，视为已经履行合同。

④ 货物运抵到达港后，承运人应当在 24 小时内向收货人发出到货通知。到货通知的时间，信函通知的，以发出邮戳为准；电传、电报、传真通知的，以发出时间为准；采用数据电文形式通知的，收件人指定特定系统接收数据电文的，以该数据电文进入该特定系统的时间为通知时间；未指定特定系统的，以该数据电文进入收件人的任何系统的首次时间为通知时间。承运人发出到货通知后，应当每十天催提一次，满三十天收货人不提取或者找不到收货人，承运人应当通知托运人，托运人在承运人发出通知后三十天内负责处理该批货物。托运人未在前款规定期限内处理货物的，承运人可以将该批货物作无法交付货物处理。

⑤ 承运人对运输合同履行过程中货物的损坏、灭失或者迟延交付承担损害赔偿责任，但承运人证明货物的损坏、灭失或者迟延交付是由于下列原因造成的除外：不可抗力；货物的自然属性和潜在缺陷；货物的自然减量和合理损耗；包装不符合要求；包装完好但货物与运单记载内容不符；识别标志、储运指示标志不符合规定；托运人申报的货物重量不准确；托运人押运过程中的过错；普通货物中夹带危险、流质、易腐货物；托运人、收货人的其他过错。

知识链接

水路货物运输合同

水 路 货 物 运 输 合 同

托运人（甲方）：
承运人（乙方）：
甲、乙双方本着自愿平等、互惠互利的原则，经友好协商，签订本合同。
一、乙方自行组织船只，从事国内运输业务。
二、货物品名及包装：
三、装船期及载货量：
采取分批承（发）运，甲方每月　　日前下达下月发货计划，乙方于每月　　日前确认承运计划。

四、发货人、收货人及运费率见附件，乙方不承担货物装卸费用。

五、数据与交接：

货物数量以发货人发货单据为准。乙方必须加强现场监装、监卸工作，确保货物的交货数量。

六、乙方确保船舶处于适运状态，适于收受、载运和保管货物，若装货前发现船舶不符合装卸要求，甲方有权不装货，乙方所派船舶到甲方，甲方必须安排五小时内装货。

七、运达期限：在正常的情况下，乙方必须保证货物装船完毕后，在合理期限内及时将货物保质、保量运达收货人指定地点。

八、结算与付款：

按发货人发货单结算运费，如由于非不可抗力因素导致甲方货物受损或灭失或掺杂等影响货物品质的情况，乙方应承担全部赔偿责任并由甲方扣除相应运费。每月上旬，乙方提供收货人货物交接清单，凭运输发票结算或当地税务机关代开的发票，每月25日前结算。

甲方按乙方提供的账户汇款，如因账户性质及其他原因不能收到运费，所产生的法律纠纷由乙方承担或现金结算。

九、保险：乙方负责办理船舶保险。

十、税收及费用：涉及货物的税、费由甲方承担，涉及船舶及运费的税、费由乙方承担。

十一、违约责任：

1. 在货物的装卸、运输过程中，如由于非不可抗力因素导致甲方货物受损或灭失或掺杂等影响货物品质的情况，乙方应承担全部赔偿责任并由甲方扣除相应运费。

2. 乙方因超载或故障等原因，要求减载或转载才能交货的，发生的过载、转运等费用和货物亏吨由乙方承担。

3. 乙方船舶发生计少包，由乙方赔偿少包损失并承担亏吨运费。

十二、特约事项：

乙方船舶必须具备良好的盖船设施，货物装妥后及时盖船，并确保货物在运输过程中处于密封状态。

乙方必须提供船舶保险单，营运证，船舶所有权证书，航行证书等复印件，并加盖公章，保证内容真实、清晰。

乙方必须服从甲方因生产、销售需要而对船只进行的调度安排，不得违反仓库安全生产管理规定。

乙方船舶如违反上述条款及本合同"第十二条"规定，造成损失或不良影响，乙方除赔偿损失外，甲方有权解除合同。

十三、合同有效期：合同有效期自　　年　月　日至　　年　月　日止。

十四、争议解决：本合同项下发生的争议，由双方当事人协商解决；协商不成的，应向托运人所在地有管辖权的法院担起诉讼。

十五、其他事项：

本合同以《中华人民共和国合同法》及其他有关国家法律，法规为基础。未尽事宜双方协商解决。

十六、本合同正本一式两份，双方各执一份，双方代表签字盖章后生效。

　　甲方：　　　　　　　　　　　　　　乙方：

　　　年　　月　　日　　　　　　　　　年　　月　　日

5. 运输单证

运单是运输合同的证明，是承运人已经接收货物的收据。

（1）运单内容，一般包括下列各项：

① 承运人、托运人和收货人名称。

② 货物名称、件数、重量、体积（长、宽、高）。

③ 运输费用及其结算方式。

④ 船名、航次。

⑤ 起运港、中转港和到达港。

⑥ 货物交接的地点和时间。

⑦ 装船日期。

⑧ 运到期限。

⑨ 包装方式。

⑩ 识别标志。

⑪ 相关事项。

（2）运单应当按照下列要求填制：

① 一份运单，填写一个托运人、收货人、起运港、到达港。

② 货物名称填写具体品名，名称过繁的，可以填写概括名称。

③ 规定按重量和体积择大计费的货物，应当填写货物的重量和体积（长、宽、高）。

④ 填写的各项内容应当准确、完整、清晰。

承运人接收货物应当签发运单，运单由载货船舶的船长签发的，视为代表承运人签发。运单签发后承运人、承运人的代理人、托运人、到达港港口经营人、收货人各留存一份，另外一份由收货人收到货物后作为收据签还给承运人。承运人可以视情况需要增加或者减少运单份数。

（3）水运运单范本（见表 4-2） 水路货物运单说明如下所述。

表 4-2 水路货物运单范本

GF-97-0406

_____水路货物运单（示范文本）

> 本运单经承托双方签章后即行生效，有关承租人与出租人之间的权利、义务和责任界限，适用于《水路货物运输规则》及运价、规费的有关规定。

月度运输合同号码：　　　　货物交接清单号码：　　　　编号：

船名：航次			起运港		到达港		约定装船日期：年　月　日		
托运人	全称		收货人		全称		约定运到期限：		
	地址、电话				地址、电话		费用结算方式：		
	银行、账号				银行、账号		应收费用		
发货符号	货名	件数	包装	价值/元	托运人确定		承运人确定		运费计算			费用	费率	金额/元
					重量/吨	体积（长×宽×高）/m³	重量/吨	体积/立方米	等级	费率/(元/计费吨)	金额/元	运费		
												总计		
												大写		
合计												核算员：复核员：	收款章	
特约事项														
装船日期：　月　日　时至　月　日　时 运到时间：　月　日　时			船舶签章	收货人签章：年　月　日		托运人签章：年　月　日		承运人签章：年　月　日		

① 水路货物运单一式六份，顺序如下

第一份（起运港承运人或其代理人存查联）起运港承运人或其代理人；

第二份（托运人收据联）起运港承运人或其代理人→托运人；

第三份（承运人解缴联）起运港承运人或其代理人→承运人；

第四份（到达港港口经营人存查联）起运港承运人或其代理人→船舶→到达港承运人或其代理人→到达港港口经营人；

第五份（收货人存查联）起运港承运人或其代理人→船舶→到达港承运人或其代理人→收货人；

第六份（提货凭证）起运港承运人或其代理人→船舶→到达港承运人或其代理人→

收货人→到达港港口经营人→到达港承运人或其代理人。

② 水路货物运单的抬头均印刷或填写承运人名称。

③ 水路货物运单第六份用厚纸印刷，其余五份均用薄纸印刷；印刷墨色分别为：解缴联为红色，收据联为绿色，其他联为黑色。

④ 危险货物运单第六联用红色纸印刷。

⑤ 规格：长19厘米，宽27厘米。

四、水路货物运输费用计算

1. 水路货物运价

水路货物运价，也称为船舶货物运价，是指水路运输企业对运送货物、邮件等向托运人收取运输费用的标准。

2. 运价的特点

（1）统一领导，分级管理　我国的水运是一个具有多种经济成分、多层次的运输行业，在同一通航水域，就有各种不同的经济成分，不同隶属关系为水运企业承担着运输任务。交通部对水运企业的运价实行统一领导，交通部和各省、自治区、直辖市交通主管部门分级管理的方法。如交通部制定颁发的运价规则和运价率只适用于交通部进行直接价格管理的水运企业，各地水运企业执行各省、自治区、直辖市交通主管部门制定颁发的运价规则和运价率。

（2）实行航区差别运价　通航水域各航行区段的情况不同，成本不同，各个水运企业的性质、隶属关系也不同，故实行航行区段的差别运价。如北方沿海货物运价、华南沿海货物运价、长江上游货物运价、长江中游货物运价、长江下游货物运价等。

（3）按运输要求分别制定运价　普通货物运价，适用于绝大多数货种的货物运价。

特定运价，指按特定季节、特定航线或特定货种规定的货物运价。如枯水运价、洪水运价就是特定的季节性运价；特种货物运输和各航区间的运输都有特定的运价规定。

3. 运价的分类

水路货物运价可以按适用范围、运价制定方式、运输形式及运价单位划分。

（1）按适用范围分

① 远洋船舶货物运价。是适用于对外贸易进、出口的船舶货物运输的价格。采用美元计费。

② 沿海船舶货物运价。是适用于我国沿海港口之间的船舶货物运输的价格。大多采用航线运价。

③ 内河船舶货物运价。是适用于长江、珠江等内河的船舶货物运输的价格。大多采用里程运价。

（2）按运价制定方式划分

① 国家定价。是由国家发展和改革委员会与交通部共同规定的船舶货物运价。适用于由军费开支和财政直接支出的军事、抢险救灾货物的运输价格制定，旅客和行李运输价格制定。国家定价可分为以下两种：

a. 政府定价。由国家和水运主管部门制定并统一颁布。国家一旦颁布，企业必须严格执行。同时往往是一定几年不变，过若干年后才作一次较大的调整。

b. 政府指导价。由国家规定货物的基准运价以及浮动幅度，企业在允许范围内根据运输市场的供求变化确定船舶货物运价。

② 合同运价。又称为协议运价。是由承运人与托运人通过商定达成的运价标准，通过双方订立合同予以明确和按合同实施。这种运价的特点是随行就市，完全受市场供求关系的调节，即在短时间内其价格水平会有较大的波动。

③ 运价表运价。也称班轮运价。水运企业根据经营成本和市场供求关系制定运价，编制运价表，向社会公开，并按运价表的规定计收运费。这种运价受交通主管部门的监管较严格，采取报备制度，有运价变动的时滞限制和稳定期的规定，具有相对的稳定性。

（3）按运价单位划分

① 单一运价。指对同一货种不论其运输距离长短，都采用相同的每货运吨运价（以下简称"运价率"）。这种运价一般仅适用于短途航线、轮渡或某些海峡间的货物运输。我国仅在内河和市内轮渡航线使用单一运价。

② 航区运价。指适用于同一航区内各港间按不同货种、不同运输距离而规定的差别运价。这种运价的特点是同一货种随运输距离变化其运价水平有较大的差别，因此，有时称这种定价方式为"里程运价"。航区运价又可分为下面两种主要形式。

a. 均衡里程运价。同一货种货物的运价率的增加随运输距离的增加成正比关系，即每吨公里运价为不变值。某些内河航区采用这种定价。

b. 递远递减运价。对同一货种，每单位里程的运价随运输距离的增加而降低。如在100海里时运价为0.1元/吨海里，则每吨货物100海里的运费为10元；而在200海里时运价为0.09元/吨海里，则每吨货物的200海里运费为18元。

c. 航线运价。指按照船舶运输的航线对货种进行定价。如秦皇岛—广州煤炭运价为30元/吨。航线定价也可以包括中转在内的运输定价。

4. 水路运价结构

水路运价可以分为：按距离的差别运价结构以及按货种的差别运价结构两种形式。

（1）按距离的差别运价结构　运输费用是随着运输距离的延长而增加的，按距离远近制定水路运价是最简单也是最基本的运价结构形式。但实践中并不是完全按距离远近成正比例地制定运价，绝大多数距离运价是按递远递减原则制定的，即运价随着距离增加而增加，但不如距离增加得快。换言之，虽然运价总额长距离比短距离多，但每公里运价则是短距离时较高而长距离时较低。这是因为运输成本的变化是递远递减的，即单位运输成本是随着运输距离的延长而逐渐降低的。

（2）按货种的差别运价结构　水路总运价是根据运价率和运输距离共同确定的，在制定运价时要根据不同类别的货物制定相应的运价。按货种的差别运价是通过货物分类和确定级差来体现的。在我国现行运价制度中，水运和公路采用分级制，即将货物运价分成若干号或若干级别，每个运价号或级别都规定一个基本运价率，各种货物根据其运输成本和国家政策的要求，分别纳入适当的运价号或运价级别中去。

5. 货物运费计算

根据运价等级与运价里程，或者航线港口在货物运价率表中的位置，就可以查出适用的运价率。将确定的计费重量与该批货物适用的运价率相乘，即可算出运费。

知识链接

内河水路运费计算

运价的制定包括货运基本价格的制定，货类分级及级差率的确定，运价里程与计算里程的确定，运价率表的制定等。

（1）货运基本价格　简称"基价"，亦称基本价率，是指基准的运价率。基价确定方法有两种，即综合基价和组合基价。

① 综合基价。是指以综合运输成本为基础进行测算的货运基本价格。其理论公式为：

综合基价 =（运输成本 + 利润 + 税金）/计划期换算货物周转量[元/（吨·公里）]

式中　　运输成本——计划期部门或航区预计货运成本；

利润——按规定利润率计算办法所得的利润额；

税金——计划期按国家规定的工商税率计算出来的税金；

计划期换算货物周转量——以基本货类、基本船型为基础，各货类、船型按运输生产效率的一定比例换算而得的货物周转量。

综合基价确定后，不同货种、不同运距的货物运价率可按下式确定：

运价率 = 综合基价 × 里程 × 级差系数（元/吨）

以综合基价为基础而确定的货物运价，是一种均衡里程运价。它既能反映货物运价的总体水平，也能反映不同运距、不同货种的运价差别，测算也比较方便。但是此法不能较好地体现运输成本随运距变化的情况，不能反映运距的变化对停泊成本和航行成本的不同影响。

② 组合基价。是指由航行基价和停泊基价组合而成的货运基本价格，它是递远递减运价的基础，比综合基价（均衡里程运价）合理。其理论计算公式为：

组合基价＝航行基价×里程＋停泊基价（元/吨）
航行基价＝（航行成本＋利润＋税金）/计划期换算周转量［元/(吨·公里)］
停泊基价＝（停泊成本＋利润＋税金）/计划期换算货运量（元/吨）

③ 级差率的确定。级差率是指同一航线不同级别货物运价率之间的递增（或递减）率。其计算公式为：

级差率＝(后级运价率－前级运价率)/前级运价率 ×100％
后级运价率＝前级运价率×(1＋级差率)（元/吨）

级差率的数值可以是正数，也可以是负数。若为正数，则说明后一级的运价率高于前一级；反之，后一级的运价率低于前一级。

级差系数，是指各级货物的运价率对基级货物运价率（即基价）的比例关系，可根据各级级差率推算。如果已知级差系数和基价，则其他级别的运价率可按下式确定：

各级运价率＝基价×相应的级差系数

（2）运价里程与计算里程的确定　运价里程是指由水运主管部门统一颁布的为测定两港间运价率而特设的里程。它不同于实际里程和航行里程，比较稳定，不得任意更改，只有在航道或港区发生永久性变化时，才由水运主管部门统一修订。

在制定运价率表时，为便于运作和简化，往往把运价里程划分为若干区段。每一区段适合从某一里程起至下一里程止的特定范围。若两港间的运价里程落在某一里程区段内，则按统一规定的里程计算，这一里程称为计算里程。

我国对沿海航区和长江航区里程区段的划分以及相应采用的计算里程均有不同规定。

（3）运价率表的制订　确定了基价、级差率及运价里程之后，就可以计算出任何两港间的各级运价率，将所得数据汇列成表即可得运价率表。

货物运价率表有两种形式，即分航区运价率表和主要航线运价率表。前者是按北方沿海、华南沿海、长江和黑龙江4大航区分别制订货物运价。后者的制订步骤为：

① 列出主要航线起讫港并确定其所在航区；
② 查运价里程并确定计算里程；
③ 确定航行基价、停泊基价和级差系数；
④ 计算各级货物的运价率。

例4-1　确定上海—青岛三级货物的运价率。

解：上海—青岛为北方沿海航线，其运价里程为404海里，属401～460海里区段，则计算里程为430海里。其航行基价在200海里区间为0.0075元/吨海里，201～400海里区段为0.0070元/吨海里，400海里以上为0.0065元/吨海里。三级货物的级差系数为110.25%，停泊基价为2.6元/吨。于是

运价率 = (0.0075×200 + 0.0070×200 + 0.0065×30 + 2.6)×110.25% = 6.28(元/吨)

例4-2 确定九江—宜昌木材的运价率。

解：九江—宜昌为长江航线。其中九江—武汉为下游区段，运价里程为269公里，以270公里计算；武汉—宜昌为中游区段，运价里程为626公里，以630公里计算。木材为四级货物，级差系数为115.76%，停泊基价为1.5元/吨。于是

运价率 = (0.0070×270 + 0.0136×630 + 1.5)×115.76% = 13.84(元/吨)

实训项目四

一、训练目标

通过对以下背景案例的操作，进一步了解水路运输的作业流程、单据编制等内容。

水路粮食货物运输

某水运公司以内河运输为主要业务，现有一湖南贸易公司一批粮食从重庆运到上海，水运公司在客户接待、业务洽谈、合同签订及运输调度各方面都需要做好准备，其中尤其是合同签订及运输路线规划需要相关专业人才进行把控，同学们以组为单位完成项目要求。

二、训练内容

（1）熟悉我国水路运输干线网络布局，能介绍我国主要内河水系的名称；

（2）绘制我国内河水运主通道"两纵三横"的地理分布简图，并标识3～5个主要港口；

（3）缮制一份水路运输合同；

（4）为这批货物规划一条水路运输路线。

三、实施步骤

（1）以4～6人小组为单位进行操作，并确定组长为主要负责人；

（2）搜集资料，将每位成员的工作内容和工作要点填入下表，完成工作计划表；

序号	工作名称	工作内容	工作要点	责任人	完成日期

（3）组织展开讨论，确定所有成果的准确性、合理性；

（4）整理资料，制作PPT并每组选派一名同学进行汇报。

四、检查评估

根据各小组实训项目完成质量情况，分别进行小组自评、小组互评和教师评价，并填入下表。

能 力		自评（10%）	小组互评（30%）	教师评价（60%）	合计
专业能力（60分）	1. 介绍内河主要水系（10分）				
	2. 在图上标识主要内河航线和港口（10分）				
	3. 缮制水路运输合同（20分）				
	4. 规划水路运输路线（20分）				
方法能力（40分）	1. 信息处理能力（10分）				
	2. 表达能力（10分）				
	3. 创新能力（10分）				
	4. 团体协作能力（10分）				
	综合评分				

思考与练习

1. 班轮运输与租船运输有何区别？
2. 签订水路货物运输合同条款时应注意什么问题？
3. 我国主要的海港有哪些？河港有哪些？哪些城市既是海港又是河港？

项目五
办理航空运输业务

项目五 办理航空运输业务

知识目标
1. 熟悉航空货物运输的概念；
2. 了解航空货物运输的分类；
3. 掌握航空运输的业务流程；
4. 掌握航空运输单据缮制和费用结算等关键环节职业知识。

能力目标
1. 能描述航空货物运输的业务流程；
2. 能进行航空货物运输的单据缮制；
3. 能计算航空货物运输的运费。

任务1　航空货物运输认知

一、航空货物运输的含义及服务对象

1. 航空货物运输的含义

航空运输又称飞机运输，它是在具有航空线路和飞机场的条件下，利用飞机作为运输工具进行货物运输的一种运输方式。航空运输在我国运输业中，其货运量占全国运输量比重还比较小，主要是承担长途客运任务，伴随着物流的快速发展，航空运输在货运方面将会扮演重要角色。航空运输业务形态有航空运输业、航空运输代理业和航空运送作业三种。

2. 航空货物运输的主要服务行业

航空货物运输的主要服务行业和对象是鲜活产品（如水果、鲜花）、精密机械产品（如医疗器械）、电子产品（如计算机）、商务文件、通信产品（如手机）等一些高价值和对时间要求比较高的商品。随着服务开放的不断深入，书籍、药品、玩具等也已逐渐成为航空货物运输的服务行业。

知识链接

国际和国内航空组织

一、国际航空运输协会

国际航空运输协会（International Air Transport Association, IATA，以下简称国际航协）是各国航空运输企业之间的组织，其会员包括全世界一百多个国家中经营国际、国内定期航班的航空公司。中国大陆的国际航空公司、东方航空公司等13家航空公司近年来也陆续加入了国际航协。国际航协于1945年4月16日在古巴哈瓦那成立，目前下设公共关系、法律、技术、运输、财务、政府和行业事务六个部门。

其主要宗旨是：促进安全、正常和经济的航空运输以造福于世界各族人民，培植航空商业并研究与其有关的问题；为直接或间接从事国际航空运输服务的各航空运输企业提供协作的途径；与国际民航组织及其他国际组织合作。

半个多世纪以来，国际航协充分利用航空公司的专门知识在多个方面作出了重大贡献，这中间包括推动地空通信、导航、航空器安全飞行等新技术；制定机场噪声、油料排放等环境政策；与国际民航组织密切联系制定一系列国际公约；协助航空公司处理有关法律纠纷；筹建国际航空清算组织；推进行业自动化、促进交流；对发展中国家航空运输企业提供从技术咨询到人员培训的各种帮助；在航空货运方面制定空运集装箱技术说明及航空货运服务有关规章；培训国际航协代理人；等等。另外，定期召开的IATA会议还为会员提供了讨论航空运输规则、协调运价、统一单证、财务结算等问题的场所。可以这样说，国际航空运输业今天的发展离不开国际航协的努力，"它的工作使飞行从一种科学现象转为全世界人人都能够享用的公共事业"。

二、国际货运代理人协会

国际货运代理人协会（International Federation of Freight Forwarders Association，FIATA）简称"FIATA（菲亚塔）"是国际货运代理人的行业组织，于1926年5月31日在奥地利维也纳成立，总部设在瑞士苏黎世，创立的目的是解决由于日益发展的国际货运代理业务所产生的问题，保障和提高国际货运代理在全球的利益，提高货运代理服务的质量。

协会的一般会员由国家货运代理协会或有关行业组织或在这个国家中独立注册登记的且为唯一的国际货运代理公司组成，另有为数众多的国际货运代理公司或其他私营企业作为其联系会员。截止到1996年，菲亚塔在85个国家内有95个一般会员，在全世界共有联系会员2400个。它是公认的国际货运代理的代表，是世界范围内运输领域中最大的非政府和非盈利性组织。FIATA的名称来自法语"Federation Internationale des Associations de Transitaires et Assimiles"，名称中Assimiles一词表示FIATA的成员不仅局限于国际货运代理行业，而且包括报关行、船舶代理、仓储、包装、卡车集中托运等运输企业。菲亚塔下设多个委员会，如海运、铁路运输、公路运输、航空运输、海关、职业培训等等，其中航空运输委员会是唯一的永久性机构。

三、中国航空运输协会

中国航空运输协会（China Air Transport Association，CATA）于2005年9月26日在北京成立。以民用航空公司为主体，由企事业法人和社团法人自愿参加结成的行业性的、不以营利为目的的，经中华人民共和国民政部核准登记注册的全国性社团法人。

二、航空运输的分类

航空运输方式主要有班机运输、包机运输、包舱运输、集中托运和航空快递业务。

1. 班机运输

班机运输是指在固定航线上按预定时间定期航行的形式，即有固定的始发站、经停站和目的站的航班所进行的运输。

（1）特点　固定航线、固定停靠港和定期开飞航班，能安全迅速地到达世界上各通航地点，便于收、发货人确切掌握起运和到达的时间。

（2）机型　一般使用客货混合型飞机，舱位有限，大批量的货物不能及时运出，往往需要分期分批运输。

2. 包机运输

包机运输是指托运人为一定目的包用航空公司的飞机载运货物的形式，可分为整包机和部分包机两种。

（1）整包机　航空公司按照与租机人事先约定的条件及费用，将整架飞机租给包机人，从一个或几个航空港装运货物再运至目的地。

（2）部分包机　由几家航空货运代理公司（或发货人）联合包租一架飞机，或者由航空公司把一架飞机的舱位分别卖给几家航空货运代理公司装载货物，其适用于托运货物不足一架整机，但载货量又较大的货物运输。

3. 包舱运输

包舱运输是指托运人在一定航线上包用承运人全部或部分货舱运输货物。包舱人可以在一定时期内或一次性包用承运人在某条航线或某个航班上的全部或部分货舱，并与承运人签订包舱运输合同。

4. 集中托运

集中托运是指航空货运代理公司把若干批单独发运的货物组成一批向航空公司办理托运，填写一份总运单将货物发运到同一目的站，由航空货运代理公司在目的站的代理人负责收货、报关，并将货物分别拨交给各收货人。

（1）特点　节省运费，方便收货人提货。

（2）限制　等级运价的货物（如贵重物品、危险物品、活体动物、文物等）一般不能集中托运。

5. 航空快递业务

航空快递业务又称航空急件传送，是目前国际、国内航空运输中最快捷的运输方式。

它是由一个专门经营快递业务的机构与航空公司合作，快递企业将揽收的快件交由航空公司用最快的速度在货主、机场、收件人之间传送急件，特别适用于急需的药品、医疗器械、贵重物品、图纸资料、货样及单证等的传送。

三、航空运输的主要技术装备与设施

（一）设施

（1）航空港　是航空运输体系中航线网络的交汇点，是航空运输用的机场及其服务设施的总称。

（2）航路　航路是政府有关部门批准的，使飞机能够在地面通信导航设施的指挥下沿着一定高度、宽度和方向在空中飞行的空域，是多条航线共用的公共空中通道。

（3）航线　是飞机飞行的路线，飞机的航线由飞行的起点、经停点、终点等要素组成，它与实际飞行线路的具体空间位置没有直接关系。

（4）航班　是指飞机定期由始发站按规定的航线起飞，经过经停站至终点站或不经经停站直达终点站的运输飞行。

（二）技术设备

1. 飞机

飞机是航空货物运输的运输工具，是以高速造成与空气间的相对运动而产生空气动力以支托并使飞机在空中飞行的。

（1）飞机的分类

① 按机身的宽窄，飞机可以分为宽体飞机和窄体飞机。

a. 窄体飞机（narrow-body aircraft）。窄体飞机的机身宽约3米，旅客座位之间有一个走廊，这类飞机往往只在其下货舱装运散货。

b. 宽体飞机（wide-body aircraft）。宽体飞机的机身较宽，客舱内有两条走廊，三排座椅，机身宽一般在4.72米以上，这类飞机可以装运集装箱货物和散货。

② 按飞机使用用途来分，民用飞机可划分为三种。

a. 全货机。主舱及下舱全部载货。

b. 全客机。只在下舱载货。

c. 客货混用机。在主舱前部设有旅客座椅，后部可装载货物，下舱内也可以装载货物。

（2）飞机舱位结构　一般飞机主要分为两种舱位：主舱、下舱，但波音747分为三种舱位（图5-1）：上舱、主舱、下舱。

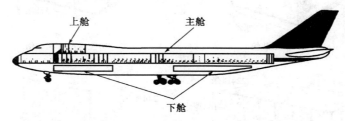

图5-1　波音747舱位结构图

（3）飞机的装载限制

① 重量限制。飞机制造商规定了每一货舱可装载货物的最大重量限额。

② 容积限制。由于货舱内可利用的空间有限，因此，这也成为运输货物的限制条件之一。

③ 舱门限制。由于货物只能通过舱门装入货舱内，货物的尺寸必然会受到舱门的限制。

④ 地板承受力。飞机货舱内每一平方米的地板可承受一定的重量，如果超过它的承受能力，地板和飞机结构很有可能遭到破坏。

在实际操作中，可以按照公式：地板承受力＝货物的重量/地板接触面积，计算出地板承受货物实际的压强，如果超过飞机的地板承受力最大限额，应使用2～5厘米厚的垫板，加大底面面积，可以按照公式：垫板面积＝货物的重量/地板承受力限额。

2. 集装设备

在航空运输中，将一定数量的单位货物按流向装入集装箱或装在带有网套的板上作为运输单位进行运输即为集装运输，集装设备可分为以下3种。

（1）集装板（pallet）　集装板是具有标准尺寸的，四边带有卡销轨或网带卡销限，中间夹层为硬铝合金制成的平板，以使货物在其上码放。网套是用来把货物固定在集装板上，网套是靠专门的卡锁装置来固定的，如图5-2所示。

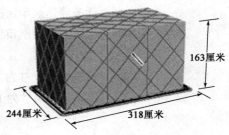

图5-2　航空集装板

（2）集装棚　非结构式集装棚：无底、前端敞开，套到集装板及网套之间；结构式集装棚：与集装板固定成一体，不需要网套。

（3）航空集装箱　航空集装箱是指在飞机的底舱与主舱中使用的一种专用集装箱，与飞机的固定系统直接结合，不需要任何附属设备。目前常用的航空集装箱主要有 AKE 集装箱、AMF 集装箱、AAU 集装箱和 AMA 集装箱四种。具体形状如图 5-3 所示。

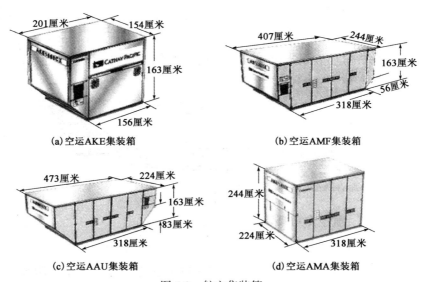

图 5-3　航空集装箱

知识链接

航空集装器编号

一、集装器编号

每个集装器都有 IATA（国际航空运输协会）编号，编号由九位字母与数字组成，例如 AKE12032MU。一般分为 AKE、AKN、DPE 和 DPN 四种类型，含义如下：

第一位：集装器的种类码。

"A"代表经适航审定的集装箱；

"D"代表未经适航审定的集装箱。

第二位：底板尺寸码。

"K"代表底面尺寸为 1534 毫米 ×1562 毫米的集装箱；

"P"代表底面尺寸为 1534 毫米 ×1194 毫米的集装箱。

第三位：箱外形、与机舱相容性码（为适配代码）。

"E"适配于宽体机型的底舱，无叉槽；

"N"适配于宽体机型的底舱，有叉槽。

第四~第七位：集装器序号码。由各航空公司对其所拥有的集装器进行编号。

第九位：校验码，为序列号除以七的余数。

第十位：注册号码（字母表示）。一般为航空公司的 ITAT 二字代码。

集装器的识别代号，例：AKE30914CA。

A——集装器种类代码；

K——集装器底板尺寸代码；

E——标准拱外形和适配代码；

30914——集装器识别编号；

CA——集装器所属承运人；

二、对集装器货物的限制

1. 最大载重限制

各类集装器都有最大承重限制。

LD3（AVE\AKE\RKN）型最大载重 1588 千克，LD2（DPE）型最大载重 1250 千克，LD-6（DQF）最大载重 2499 千克，LD-8（ALF\HMJ\AMA）ALF 型 3175 千克，HMJ 型最大载重 3800 千克，AMA 型最大可以载重 6800 千克。

2. 体积、尺寸限制

货物装载后的体积受货舱舱容限制；

货物装载后的形状应与货舱内部形状相适应；

货物装载后的尺寸受舱门尺寸限制。

舱门和收货尺寸见表 5-1。

表 5-1　舱门和收货尺寸　　　　　　　　　　单位：厘米

机型	舱门尺寸	收货尺寸
MD-82	135×75	125×65
A-320	120×180	110×170
B737-200	85×120	75×110
B737-300	85×120	75×110
B757-200	110×140	100×100
FK-100	75×65	65×55
TU-154	135×80	125×70
B-146	135×76	125×66

注：FK-100 单件重量不超过 80 千克，其他散装飞机单重不超过 200 千克。

3. 集装器内货物限制

货物品名限制：危险品、活动物、贵重品、尸体不能放入集装器。

货物集重不能超过集装器底板承重限制。波音系列：下货舱散舱 732 千克/平方米，下货舱集装舱 976 千克/平方米，主货舱集货舱 1952 千克/平方米；488 千克/平方米（T）区；空客系列：下货舱散舱 732 千克/平方米，下货舱集货舱 1050 千克/平方米。

三、集装货物的基本原则

检查所有待装货物，设计货物组装方案。

一般情况下，大货、重装货在集装板上；体积较小、重量较轻的货物装在集装箱内。

在集装箱内的货物应码放紧凑，间隙越小越好。

如果集装箱内没有装满货物，即所装货物的体积不超过集装箱容积的 2/3，且单件货物重量超过 150 千克时，就要对货物进行捆绑固定。

特别重的货物放在下层，底部为金属的货物和底部面积较小、重量较大的货物必须使用垫板。

装在集装板上的货物要码放整齐，上下层货物之间要相互交错，骑缝码放，避免货物与货物坍塌、滑落。

装在集装板上的小件货物，要装在其他货物的中间或适当地予以固定，防止其从网套及网眼中滑落。一块集装板上装载两件或两件以上的大货时，货物之间应尽量紧邻码放，尽量减少货物之间的空隙。

探板货物组装：一般情况下不组装低探板货物。确因货物多，需充分利用舱位，且货物包装适合装低探板时，允许装低探板。但是，装低探板货物要按照标准码放，码放货物要合理牢固，网套要挂紧，必要时要用尼龙带捆绑，保证集装货物在运输过程中不发生散落或倾斜。

四、航空货运代理

1. 航空货运代理分类

航空货运代理是指接受航空公司或托运人的委托，专门从事航空货物运输的组织工作，从而获取一定报酬的企业或个人。它是航空货物运输市场中联结托运人和航空公司的重要桥梁。航空货运代理分为以下三类。

（1）按所代理的主体划分　航空货运代理可分为 IATA 货运代理和普通航空货运代理两类。

IATA 货运代理获得 IATA 成员航空公司的认可和授权，并代表航空公司从事相关活动，在我国称为航空运输销售代理。普通航空货运代理通常接受托运人的委托，代表托运人处理各项事务，在我国称为航空货运代理。

（2）按经营范围划分　航空货运代理可分为具有经营国际业务资格的国际航空货运代理和只具有经营国内业务资格的国内航空货运代理。

在我国，具有经营国际业务资格的国际航空货运代理称之为一类空运销售代理，只具有经营国内业务资格的国内航空货运代理称之为二类空运销售代理。根据中国民航局的规定，一类空运销售代理是指经营国际航线或中国香港、澳门和台湾地区航线的民用航空销售代理；二类空运销售代理是指经营国内航线除香港、澳门和台湾地区航线外的民用航空销售代理。

（3）按业务性质划分　航空货运代理主要可分为订舱揽货代理、货物装卸代理、货物存储代理、货物转运代理、货物理货代理、货物报关代理等。

订舱揽货代理与国外货主和航空公司有着广泛联系，他们或代表货主向航空公司办理订舱，或为航空公司四处揽货，是航空公司和货主们达成航空运输合同的桥梁。

2. 航空货运代理的作用

（1）代表托运人　主要提供以下服务：
① 选择运输路线、运输方式和适当的承运人。
② 向选定的承运人提供揽货、订舱。
③ 提取货物并签发有关单证，研究信用证条款和有关政府规定。
④ 包装、储运、称重和量尺寸。
⑤ 安排保险，做外汇交易，支付运费及其他费用。
⑥ 货物到港后办理报关及单证手续，并将货物交给承运人。
⑦ 收取已签发的正本提单，并付托运人。
⑧ 安排货物转运，向收货人通知货物动态。

（2）代表收货人　主要提供以下服务：
① 报告货物动态。
② 接收和审核所有与运输有关的单证。
③ 提货和付运费。
④ 安排报关和赋税及其他费用。
⑤ 安排运输过程中的存仓。
⑥ 向收货人交付已结关的货物。
⑦ 协助收货人储存或分拨货物。

（3）作为多式联运经营人　主要负责收取货物并签发多式联运提单，承担承运人的风险责任，为货主提供一揽子的运输服务。该业务在发达国家运用得较多，而在发展中国家发挥的作用不大。

（4）其他服务　航空货运代理还可以根据客户的特殊需要提供监装、监卸、货物混装和集装箱拼装拆箱运输咨询服务，特种货物挂装运输及海外展览运输服务等。

任务2　国内航空货物运输业务办理与组织

国内航空货物运输业务是指对出发地、约定的经停地和目的地均在中华人民共和国境内的民用航空货物运输的业务。国内航空运输代理业务主要分为国内空运出港业务、国内空运进港业务。

一、国内空运出港业务流程

国内空运出港业务是国内航空运输业务中的一个重要组成部分。在整个业务流程中由代理人完成接受委托人委托、货物入库、缮制航空运单、航空交接、信息反馈等一系列作业环节，其基本业务流程如图5-4所示。

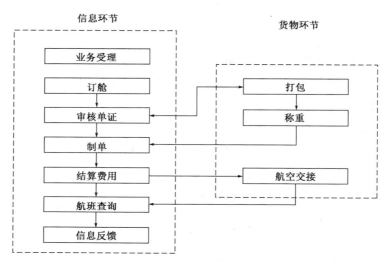

图5-4　国内空运出港业务流程

1. 业务受理

（1）国内空运调度首先进行信息查询，确定通过网络、传真及班车带回的货物中是否有到港空运货物及到港中转的预报业务。

（2）按预报出港货物委托信息提供的目的地件数、重量、体积、委托人等要求，做好记录。

（3）接收委托人委托空运的传真文件，按客户结算费用提出的要求做好预订舱记录。

（4）受理委托人要求空运的电话咨询，了解货物情况及目的地、件数、重量、提供方式，做好电话预订舱记录。

知识链接

国内货物收运的规定与限制

1. 国内货物收运的一般规定

（1）承运人应根据运输能力、货物的性质和急缓程度，有计划地收运货物。

（2）对于有特定条件及时限要求和大批量的联程货物，承运人必须预先安排好联程中转舱位后，才能收运。

（3）当出现一些特殊情况，如政府法令、自然灾害或者货物不能及时运输出港造成积压时，承运人有权暂停货物的收运。

（4）凡是国家法律、法规和有关规定禁止运输的货物，承运人可以拒绝收运。凡是限制运输的以及需要向公安、检疫等政府有关部门办理手续的货物，承运人应当要求托运人提供有效证明。

（5）对收运的货物应当进行安全检查。对收运后24小时内装机运输的货物，一律实行人工检查或者通过安检仪器检测。

2. 国内货物收运的限制

（1）重量限制 宽体飞机载运的货物，每件货物重量一般不超过250千克；非宽体飞机载运的货物，每件货物重量一般不超过80千克。

（2）体积限制

① 宽体飞机载运的货物，每件货物体积一般不超过100厘米×100厘米×140厘米。

② 非宽体飞机载运的货物，每件货物体积一般不超过40厘米×60厘米×100厘米。

③ 单件货物的尺寸超过规定的标准尺寸时，可视具体运输机型的货舱门大小来确定是否收运，具体操作时可通过查阅IATA货运资料中的机型装载表（表5-1所示A320-200飞机装载表）进行确认。如果货物的高度和宽度在舱门尺寸限制以内，则货物可以收运；若高或宽任一边超过舱门最大尺寸，可视货物能否任意放置来决定能否装运。

（3）价值限制 中国民用航空局规定，国内货物运输中，每票货物的声明价值不得超过50万元人民币，每趟航班所承运货物的声明价值总额不得超过1000万元人民币。

2. 订舱

（1）审核预订舱记录内容与网络提供的信息是否相符，如有疑义立即与委托人进行核实，同时将正确信息补充输入计算机系统。

（2）根据订舱记录分别向航空公司订舱或预订舱。其中，订舱流程是：按已到达的空运货物量直接向航空公司订舱，获取航班号，并将确认的航班信息输入计算机系统。预订舱流程是：根据订舱记录对未到的货物或委托人预报的空运信息，向航空公司预订舱位，将航空公司确认的预订信息输入计算机系统。

3. 审核单证

接到空运出港或委托人前来委托空运的信息，审核由委托人填写的"航空公司国内货物托运书"所列内容，仔细核对货物品名、件数、体积大小、包装和完好程度，确定计费重量，甄别所托运货物是否属禁运品，核实委托人及收货人的详细单位名称、姓名、联系电话是否齐全，核对无误后请委托人在委托书上签名确认。

知识链接

国内货物托运书

货物托运书（shipper's letter of instruction）是指托运人办理货物托运时填写的书面文件，是据以填开航空货运单的凭证，见表5-2。货物托运书被视为航空货物运输合同的一个组成部分——委托书。

1. 国内货物托运书的填写要求

（1）货物托运书应使用钢笔、圆珠笔书写，有些项目（如名称、地址、电话等）可盖戳印代替书写；字迹要清晰易认，不能潦草；不能使用非国家规定的简化字；托运人对所填写的单位、个人或货物等内容应使用全称。

（2）托运人应认真填写托运书，对所填写事项的真实性与准确性负责，并在托运书上签字或盖章。

（3）一张托运书托运的货物，只能有一个目的地、一个收货人，并以此填写一份航空货运单。

（4）运输条件或运输性质不同的货物，不能使用同一张货物托运书托运。

（5）货物托运书应当和相应的货运单存根联以及其他必要的运输文件副本放在一起，按照货运单号码顺序装订成册，作为核查货物运输的原始依据。

2. 国内货物托运书的填写规范

（1）始发站、目的站 填写货物空运的出发和到达城市名。城市名应写全称，如北京、上海不能简写为京、沪或 PEK、SHA 等。

表 5-2　国内货物托运书的样式（一）

始发站		目的站	
托运人姓名或单位名称		邮政编码	
托运人地址		电话号码	
收货人姓名或单位名称		邮政编码	
收货人地址		电话号码	
储运注意事项及其他		声明价值	保险价值

件数	毛重	运价种类	商品代号	计费重量	费率	货物品名（包括包装、尺寸或体积）

说明：(1)托运人应当详细填写或审核本托运书各项内容，并对其正确性和真实性负责。 (2)有不如实申报价值的货物发生丢失、损坏或被冒领时，赔偿价值以此托运书的注明为准，造成赔偿不足的责任由托运人或收货人负责。 (3)承运人根据本托运书填写航空货运单，经托运人签字后，航空运输合同即告成立。 托运人或其代理人签字(盖章)： 托运人或其代理人的有效身份证件号码：	货运单号码	
	经办人	X 光机检查
		检查货物
		计算重量
		填写标签
		年　　月　　日

（2）托运人及收货人姓名或单位、地址、邮政编码、电话号码　填写个人或者单位的全称、详细地址、邮政编码和电话号码，不能使用简称。保密单位可以填写邮政信箱或单位代号。

（3）储运注意事项及其他　填写货物特性和储存运输过程中的注意事项，如易碎、防潮、防冻、小心轻放，急件或最迟运达期限，损坏、丢失或死亡自负，货物到达后的提取方式等。

（4）声明价值　填写向承运人声明的货物价值。如托运人不声明价值时，必须填写"NVD"（no value declared）或"无"字样。

（5）保险价值　填写通过承运人向保险公司投保的货物价值。如果已经办理了声明价值的，可以填写"×××"或空白。

（6）件数　填写货物的件数。如一批货物内有不同运价种类的货物，则须分别填写，总数写在下方格内。

（7）毛重　在与件数相对应处填写货物的实际重量，总重量填写在下方格内。

（8）运价种类　分别以 M、N、Q、C、S 等代表货物的不同运价。

（9）商品代号　以数字或者英文代表指定商品的类别。

（10）计费重量　填写根据货物毛重、体积折算的重量或采用重量分界点运价比较后最终确定的计费重量。

（11）费率　填写适用的费率。

（12）货物品名（包括包装、尺寸或体积）　填写货物的具体名称，不得填写表示货物类别的不确定名称，如苹果、葡萄等不能填写为水果；填写货物的外包装类型，如纸箱、木箱、麻袋等，如果包装不同，应分别注明包装类型和数量；填写每件货物的尺寸或该批货物的总体积。

（13）托运人或代理人签字　必须由办理托运的托运人签字或盖章，代理人不可代替托运人签字。

（14）托运人或其代理人的有效身份证件号码　填写托运人的有效身份证件的名称、号码。

（15）经办人　分别由 X 光机检查员、货物检查员、过磅员、标签填写员签字，并打印货运单号码和填写日期，以明确责任。

4. 打包和称重

需空运的货物到达后，进行卸货，磅秤实际重量，丈量体积，计算计费重量，司磅人员确定计费重量后在航空托运书上签名确认，将托运书交制单员。在磅秤货物重量的同时，仔细检查货物包装是否符合航空要求，对包装不符合航空要求的货物，应向委托人建议加固外包装或改包装，并为委托人提供打包、改包装服务。为货物打包时，贵重物品、易碎物品在加固后，必须在货物的外包装上粘贴特殊标识，如防潮、防倒置、勿倾斜、轻搬轻放等。

5. 制单

制单员根据"国内货物托运书"分别制作总运单、分运单。具体要求如下：

（1）操作过程中，制单员应按委托人要求，详细填制所到达的城市及该城市代号，托运人、收货人名称、地址、联系电话、件数、重量、计费重量、航班日期、货物名称、外包装情况，并对特殊体积的货物注明体积尺寸。

（2）在储运注意事项及其他栏内，对已订舱的货物应填制"已订舱"，有随机文件的应注明随机文件份数，需机场自提的货物应写明"机场自提"。

（3）正确填制运价，按计费重量填制不同等级的运价以及燃油费。运单填制完毕后，制单员签名，填制制单日期。

（4）对"门到门"的货物，由制单员将运单及委托人填制的国内货物托运书一并进行复印，并将复印件交于到港调度制作派送单。

知识链接

国内航空货运单

航空货运单（air waybill，AWB）是托运人（或其代理人）和承运人（或其代理人）之间缔结的货物运输合同契约，同时也是承运人运输货物的重要证明文件。一张航空货运单只能用于一个托运人（根据一份托运书）在同一时间、同一地点托运的，运往同一目的地、同一收货人的一件或者多件货物。

1. 国内航空货运单的组成

国内使用的航空货运单一式八联，其中正本三联，副本五联。国内航空货运单各联的名称、具体用途如表5-3所示。

表5-3 国内货物托运书的样式（二）

印刷顺序	名称	颜色	用途
第一联	正本3	淡蓝色	交托运人
第二联	正本1	淡绿色	交财务部门
第三联	副本7	淡粉色	交第一承运人
第四联	正本2	淡黄色	交收货人
第五联	副本4	白色	交付货物的凭证，由承运人留存
第六联	副本5	白色	交目的站机场
第七联	副本6	白色	交第二承运人，作为结算凭证
第八联	副本8	白色	制单人留存

2. 国内航空货运单的填写要求

（1）航空货运单应当由托运人填写，连同货物交给承运人。如承运人依据托运人提供的托运书填写货运单并经托运人签字，则该货运单应当视为代托运人填写。

（2）货运单应按编号顺序使用，不得越号。

（3）货运单必须填写正确、清楚。托运人应当对货运单上所填关于货物的声明或说明的正确性负责。需要修改的内容，不得在原处描改，而应将错误处划去，在旁边空白处书写正确的文字或数字，并在修改处加盖戳印。货运单只能修改一次，如再发生填写错误，应填制新的货运单。如填写错误涉及收货人名称、运费合计等栏目内容，而又无法在旁边书写清楚时，应当重新填制新的货运单。填错作废的货运单，应加盖"作废"的戳印，除出票人留存外，其余各联随同销售日报送财务部门注销。

（4）在始发站货物运输开始后，货运单上的"运输声明价值"一栏的内容不得再做任何修改。

3. 国内航空货运单的填写规范

对照表5-4，航空货运单的填写规范如下：

表5-4　国内航空货运单的正本3（托运人联）

始发站 Airport of Departure	[1]	目的站 Airport of Destination	[2]	不可转让 NO NEGOTIABLE 航空货运单　　　　　　　航空公司 AIR WAYBILL 航徽　中英文名称 印发人　　地址　　　　邮编 Issued by		
托运人姓名、地址、邮编、电话号码 Shipper's Name, Address, Postcode & Telephone NO. [3]				航空货运单一、二、三联为正本，并具有同等法律效力 Copier 1, 2 and 3 of this Air Waybill are Originals and have the same validity.		
收货人姓名、地址、邮编、电话号码 Consignee's Name, Address, Postcode & Telephone NO. [4]				结算注意事项 Accounting Information	[22]	
^^				填开货运单的代理人名称 Issuing Carrier's Agent Name	[23]	
航线 Routing [5]	到达站 To [5A]	第一承运人 By First Carrier [5B]		到达站 To [5C]	承运人 By [5D]	
航班/日期 Flight/Date [6A]	航班/日期 Flight/Date [6B]		运输声明价值 Declared Value for Carriage [7]		运输保险价值 Amount of Insurance [8]	
储运注意事项及其他 Handling Information an Others　[9]						
件数 No. of Pcs. 运价点 RCP	毛重/千克 Gross Weight (kg)	运价种类 Rate Class	商品代号 Comm. Item No.	计费重量/千克 Chargeable Weight (kg)	费率 Rate/kg	航空运费 Weight Charge	货物品名（包括包装、尺寸或体积） Description of Goods (incl. Packing, Dimensions or Volume)
[10]	[11]	[12]	[13]	[14]	[15]	[16]	[17]
[10A]	[11A]					[16A]	
预付 Prepaid [18]		到付 Collect [19]		其他费用 Other Charges [20]			
[18A]	航空运费 Weight Charge	[19A]		本人郑重声明：此航空货运单上所填货物品名和货物运输声明价值与实际交运货物品名和货物实际价值完全一致，并对所填航空货运单和所提供的与运输有关文件的真实性和准确性负责。 Shipper certifies that description of goods and declared value for carriage on the face hereof are consistent with actual description of goods and actual value of goods and that particulars on the face hereof are correct. 托运人或其代理人签字、盖章 Signature of Shipper of His Agent　　[24]			
[18B]	声明价值附加费 Valuation Charge	[19B]		^^			
[18C]	地面运费 Surface Charge	[19C]		^^			
[18D]	其他费用 Other Charges	[19D]		^^			
[18E]	总额（人民币）Total (CNY)	[19E]		填开日期　　　　　　　　　　　　　　　填开地点 Executed on (Date) [25A]　　　　　　　at (Place) [25B]			
	付款方式 Form of Payment	[21]		填开人或其代理人签字、盖章 Signature of Issuing Carrier or His Agent　[25C]			

（1）始发站 [1] 填写货物始发站机场所在城市的名称，地名应写全称，不得简写或使用代码。

（2）目的站 [2] 填写货物目的站机场所在城市的名称，地名应写全称，不得简写或使用代码。

（3）托运人姓名、地址、邮编、电话号码 [3] 填写托运人全名，托运人姓名应与其有效身份证件相符；地址、邮编和电话号码要清楚准确。

（4）收货人姓名、地址、邮编、电话号码 [4] 填写收货人全名，收货人姓名应与其有效身份证件相符；地址、邮编和电话号码要清楚准确。此栏只能填写一个收货人，要求内容详细。

（5）航线 [5]

① 到达站 [5A]：填写目的地机场或第一中转站机场的三字代码（主要机场三字代码见附录二）。

② 第一承运人 [5B]：填写自始发站承运货物的承运人的二字代码。

③ 到达站 [5C]：填写目的地机场或第二中转站机场的三字代码。

④ 承运人 [5D]：填写第二承运人的二字代码。

（6）航班日期

① 航班/日期 [6A]：填写已订妥的始发航班日期。

② 航班/日期 [6B]：填写已订妥的续程航班日期。

（7）运输声明价值 [7] 填写托运人向承运人声明的货物价值。托运人未声明价值时，必须填写"无"字样。

（8）运输保险价值 [8] 填写托运人通过承运人向保险公司投保的货物价值。已办理声明价值的，此栏不填写。

（9）储运注意事项及其他 [9] 填写货物在保管运输过程中应注意的事项或其他有关事宜，不得填写超出承运人储运条件的内容。

（10）件数/运价点 [10] 填写货物的件数。如果货物运价种类不同，应分别填写总件数，填在 [10A] 栏。如运价是分段相加组成时，将运价组成点的城市代码填入本栏。

（11）毛重 [11] 在与货物件数相对称的同一行处，填写货物毛重。如分别填写时，总数应填在 [11A] 栏。

（12）运价种类 [12] 填写运价类型代号，如 M、N、Q、C、S。

（13）商品代号 [13] 应根据以下两种情况分别填写：

① 如果在 [12] 栏内填入指定商品运价代号"C"，则在本栏填写指定商品的具体数字代号（根据各地区公布运价中确定的指定商品代号填写）。

② 如果在 [12] 栏内填入等级货物运价代号"S"，本栏内应填写适用的普通货物运价的百分比数，如 Q150。

（14） 计费重量 ［14］

① 如果按体积计得的重量大于实际毛重，应将体积计费重量填入本栏。

② 采用较低的运价和较高的计费重量分界点所得的运费低于采用较高的运价和较低的计费重量分界点的运费，则可将较高的计费分界点重量填入本栏。

（15） 费率 ［15］ 填写货物起讫点之间适用的每千克运价。

（16） 航空运费 ［16］ 填写根据费率和计费重量计算出的货物航空运费额。如分别填写时，将总数填在 ［16A］ 栏内。

（17） 货物品名（包括包装、尺寸和体积） ［17］ 填写货物的外包装类型，如果该批货物包装不同，应分别写明数量和包装类型；填写货物的名称、每件货物的尺寸和总体积，货物名称应当具体准确，不得填写表示货物类别的统称或品牌。

（18） 预付 ［18］

① 预付航空运费 ［18A］：填写预付的 ［16］ 或 ［16A］ 栏中运费总数。

② 预付声明价值附加费 ［18B］：填写按规定收取的货物声明价值附加费。

③ 预付地面运费 ［18C］：填写根据地面运费费率和计费重量计算出的货物地面运费总额。

④ 预付其他费用 ［18D］：填写 ［20］ 栏各项费用的总数。

⑤ 预付总额 ［18E］：填写 ［18A］ ～ ［18D］ 栏的总数。

（19） 到付 ［19］ 目前国内航空货物运输暂不办理运费到付业务。

（20） 其他费用 ［20］ 填写除航空运费、声明价值附加费和地面运费以外的根据规定收取的其他费用。

（21） 付款方式 ［21］ 填写托运人支付各项费用的方式，如现金、支票等。

（22） 结算注意事项 ［22］ 填写有关结算事项，如有关运价协议号码、销售运价文件号码、特别运价通知、代理人或销售单位编码等。

（23） 填开货运单的代理人名称 ［23］ 填写填制货运单的代理人名称。

（24） 托运人或其代理人签字、盖章 ［24］ 由托运人或其代理人签字盖章。

（25） 承运人或其代理人签字盖章

① 填开日期 ［25A］：填写填制货运单的日期。

② 填开地点 ［25B］：填写填制货运单的地点。

③ 填开人或其代理人签字、盖章 ［25C］：由填制货运单的承运人或其代理人签字盖章。

6. 结算费用

根据分运单的总价对单票空运业务进行结算，具体要求如下：

（1）对委托人现场收取运费的，按分运单标明的总价开具发票，列明收费项目、运单号连同分运单（第一联）交委托方，收取现金或支票。

（2）凡与公司签订业务合同、协议的委托人，以公司内部划账结算方式，列为月结账客户结算时将分运单第一联交委托人。

（3）制作"单票结算单"，将运单上所显示的收费内容分类计算，列明收入与支出，并显示所得利润。"单票结算单"应填制委托人的名称、收入来源、支出流向。

知识链接

国内航空货物运费计算

1. 确定国内航空货物计费重量

（1）实际重量　实际重量（actual gross weight）即俗称的毛重，是指包括货物包装在内的货物重量，是收运货物时用衡器量得的重量。国内运输中，实际重量以千克为单位，重量不足1千克的尾数四舍五入。每份航空货运单的货物重量不足1千克时，按1千克计算。贵重物品的实际重量以0.1千克为单位，0.1千克以下四舍五入。

（2）体积重量　体积重量（volume weight）是指将货物的体积按一定的比例折合成的重量，换算标准为每6000立方厘米折合为1kg。即：

体积重量（千克）=货物体积（立方厘米）/6000（立方厘米/千克）

无论货物的形状是否为规则的长方体或正方体，计算货物体积时，均以最长、最宽、最高的三边的长度计算。国内运输中，长、宽、高以厘米为单位，小数部分按四舍五入取整；体积重量以千克为单位，不足1千克的尾数四舍五入。由于货舱空间体积的限制，一般低密度的货物即轻泡货物的计费重量应采用体积重量。

（3）计费重量的确定　确定计费重量的方法如下：

① 称量货物的实际重量，要保留到小数点后两位，然后将实际重量进行进位。

② 量出每件货物的最长、最宽、最高值（单位为厘米），量至小数点后一位，再将量得的数值四舍五入，然后计算出货物的体积。

③ 计算货物的体积重量。

④ 比较体积重量和实际重量，取高者作为计费重量。如果货物的体积重量

大于实际重量，则该票货物称为轻泡货物。

⑤ 一票货运单包含有两件或两件以上且体积不同的货物时，则将货物总的体积重量与总的实际重量相比较，取较高者为计费重量。

2. 航空货物运价的种类

（1）普通货物运价（general cargo rate） 是指除了指定商品、等级货物以外的一般货物所使用的运价。普通货物运价又可分为以下两种：普通货物标准运价，是指45千克以下普通货物所使用的运价，代码为N；重量分界点运价，是指普通货物45千克以上（含45千克）所使用的运价，如45千克、100千克、300千克、500千克等多个重量分界点运价，代码为Q。

（2）指定商品运价（specific commodity rate） 是指在特定地区或航线上运输特定品名的货物而制定的货物运价，代码为C。对于一些批量大、季节性强、单位价值低的货物，航空公司可申请建立指定商品运价。

（3）等级货物运价（commodity classification rate） 是指为运输指定的等级货物而制定的货物运价，代码为S。在国内运输中，通常是在普通货物标准运价的基础上附加50%（即N×150%）而构成的。使用该运价的货物一般包括贵重物品、活体动物、鲜活易腐货物、危险物品、灵柩、骨灰、特快专递、急件货物等。

（4）货物的最低运费 某两点间货物运输按适用运价乘以计费重量计得的航空运费，不得低于某一限额，此限额为航空运费最低收费标准，称为最低运费（minimum charge，运价代号为M）。

国内运输中，普通货物每份货运单的最低航空运费为人民币30.00元。等级货物最低航空运费按普通货物最低运费的150%计算，即按人民币45.00元收取。如经民航局和航空公司特别批准，亦可调整某类货物或航线的最低运费。

3. 国内航空货物运费的计算方法

$$航空运费 = 货物的计费重量 \times 适用的货物运价$$

在使用货物运价时，应注意按照"从低原则"计算航空运费。即当货物计费重量接近某个重量分界点的重量时，将货物计费重量和对应的货物运价所计算出的航空运费与该重量分界点的重量和对应的货物运价所计算出的航空运费相比较，取其低者。

例5-1 普通货物最低运费计算

托运人交运一票从长沙运往昆明的货物，毛重3.1千克，货物品名为服装样品，包装为纸箱，尺寸为20厘米×30厘米×20厘米。请计算该票货物的航空运费。

解：体积： $20 \times 30 \times 20 = 12000$ 立方厘米

体积重量： $12000/6000 = 2.0$ 千克

运价:	M	30.00
	N	6.70
	45	4.00
	100	2.30
	300	2.00

实际重量: 3 千克

计费重量: 3 千克

运价: N 运价 6.70 元/千克

航空运费: 6.70×3 = 20.10 元

以 N 运价计得的运费低于最低运费 (M) 30.00 元,所以航空运费应提高至最低运费 30 元。

例 5-2 普通货物最低运费计算

托运人交运一票从长沙运往天津的货物,毛重 39.8 千克,货物品名为印刷品,包装为纸箱,尺寸为 40 厘米×40 厘米×30 厘米×2。请计算该票货物的航空运费。

运价:	M	30.00
	N	8.60
	45	6.50
	100	4.50
	300	3.50

解:体积: 40×40×30×2 = 96000 立方厘米

体积重量: 96000/6000 = 16.0 千克

实际重量: 40 千克

计费重量: 40 千克

运价: N 运价 8.60 元/千克

　　　 Q45 运价 6.50 元/千克

航空运费: N 8.60×40 = 344.00 元

　　　　　Q45 6.50×45 = 292.50 ≈ 293.00 元

根据运费计算从低原则,使用 Q45 运价计得的运费低于 N 运价计得的运费。

适用运价: Q45 6.50 元/千克

航空运费: 人民币 293.00 元。

7. 航空交接

（1）包装，制作航空吊牌　航空票签或吊牌上必须填明运单号、目的地城市名称、件数、重量。航空运单与航空票签必须为同一航空承运人，不得有误。

（2）根据不同航空承运人所列货运单内容，制作"航空交接单"　该单为航空承运人交接凭证，必须清晰显示交接货物的运单号、件数、重量、目的地城市名称。贵重物品托运时，必须填制"贵重物品交接单"，内容包括货物名称、件数、重量、外包装、运单号、目的地城市名称，连同"航空交接单"一起交承运人。

（3）装车　空运出港调度按空运货量情况申请车辆，安排人员负责装车事宜。同时，装车人员要认真核对装车票数和每一票出运的件数，并附有记录。

（4）交货　按承运人指定的交货时间、地点进行托运交接。双方过磅清点件数后，将总运单的第三联至第七联、随机文件以及贵重物品交接清单移交承运人，双方在交接清单上签名。

8. 航班查询

预订航班和货交承运人后，待飞机起飞2小时用电话向航空公司查询货物是否按预订的航班出运。在查询时应告知所查货物的运单号、目的地城市名称、件数、重量，得到确切的航班出运信息后，应在运单上注明已出运航班号及时间。如果分批出运，应查询分批出运的次数、每次出运件数、重量。如果隔日配载，次日航班起飞2小时后再进行查询，直至该批货物全部出运完毕。

9. 信息反馈

空运出港、中转的货物与航空公司交接后，经查询确认该航班货物是否已按预订航班正常出运，将确认信息输入计算机系统并及时将信息反馈给委托人。

二、国内空运进港业务流程

国内空运进港业务主要是指为委托人的进港货物提供机场提货以及"门到门"的派送等业务。国内空运进港业务的作业流程如图5-5所示。

1. 业务受理

根据到港货物信息，通知车辆调度安排车辆接货。同时，将信息输入计算机系统，注明货物件数、重量/体积、到港航班号和到达时间。

对需派送的到港货物，通知业务员准备派送单证，做好相关派送准备工作。将所需派送单证交车辆调度，同时制作车辆申请单。

2. 机场提货

接货操作员按到港预报信息，在飞机到达2小时后，前往机场与航空公司人员进行现场交接。核对运单号，按运单号逐一清点到港货物票数、件数。确认无误后，在航空

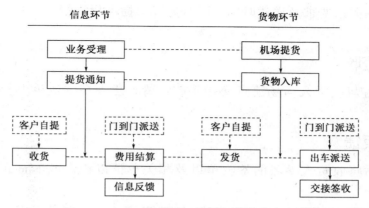

图 5-5 国内空运进港业务流程

公司交接清单上签收。对残缺或有异常情况的货物，应及时向航空公司索取"商务记录"单，在该单上详细记录航班号、运单号、件数和异常货物情况。

3. 提货通知

货物到达仓库 2 小时内，按计算机信息或运单上注明的收货人联系方式，通知收货人，同时告知提货所需携带文件：运单传真件、身份证及单位介绍信。对无法正常取得联系的收货人，应及时与起运港委托人联系，获取确切的联系方式后及时通知，并做好记录。

4. 货物入库

（1）货物入库应有专人负责（当日当班人员负责），根据货物的品名、件数、体积及库位状确定存放地点。

（2）货物进库前应仔细核对外包装上的唛头、航空标签上的运单号，做好入库记录，注明物品名、件数、货主名称、货物来源、进库日期、时间，经办人应签名。

（3）货物入库时，如果发现外包装破损，应向提货人确认入库前的货物情况，并在入库记录上注明。

5. 收货、发货

当提货人前来提货时，首先核对运单号及收货人提货介绍信、身份证或有效证件，登记证件号码，根据货物重量，开具发票（或交付定额发票）收取提货费后，方可将货物交提货人。

6. 费用结算

业务员按运单上的计费重量与委托单位结算。对超规格、特殊包装的货物要求派送的，同时与委托方确定派送费用。委托方要求代收到付运费及其他运杂费、派送费的，可直接开具应收费用发票，向收货人收取并交付款人兑付。

7. 出车派送

接到派送预报后，按货物的到港（航班）时间、派送地址、联系人电话与其取得联系，征求客户的派送要求及送达时间，同时为客户提供货物情况，并了解对方的卸货能力。

8. 交接签收

货物送达后与收货人当场清点交接签收，请收货人在派送单上签名并注明接收日期。

9. 信息反馈

派送完毕后将收货人签名的签收单以及相关单证以传真或 E-mail 方式反馈给委托人。

实训项目五

一、训练目标

通过以下案例背景资料分析，结合网络信息资料，进一步了解我国航空快递货物运输的发展现状、存在的问题及相应的解决策略。

中国快递，激战航空！

凌晨 0~3 点，在北京、上海、广州上空出现了明显的午夜运输高峰。有近百架的飞机昼伏夜出，在午夜的跑道上加速、起飞，在漆黑的夜空中繁忙有序地往来飞行，将全国各地的包裹运到各自的目的地。机上飞行员不管刮风下雨，每天都能从高空迎接灿烂的日出。

随着电商业务量的爆发，越来越多的快递需求让天上有了更多的货运飞机。已有三家快递公司成立了航空公司，但也有人踟蹰不前，他们的问题是：现在真的是进入的最佳时机吗？飞机该怎么用？亏损了怎么办？

一、繁忙的夜空

晚上十点左右，喧嚣的都市生活已经逐步趋于平静，但张伟（化名）从机场附近的酒店匆匆起床，他是一名货运航空公司的飞行员，在夜色中坐上前往机场的班车，刚刚开始一天的工作。

张伟承认，是快递让近几年的夜空繁忙了起来。

据界面新闻记者了解，航空快件和包裹的运价远高于普通货物，经济效益也高。顺丰航空成立之前，在我国的全货运航空公司中，中邮航、东海航、扬子江从事较多的快递包裹业务，其余绝大多数以运价较低的普通货物为主。而对比国外，联邦快递、UPS 以快递包裹为核心业务，辅以普通货物，已拥有全货机数百架。

从成本方面来说，改装机体性价比更高。以拥有 40 架全货机的顺丰为例，其计划在今年到明年采购8.4亿元的波音757和波音767，目前其40架全货机包括5架波音767、18架波音757、17架波音737。

机型	运能	满载航程	特点
B737	15吨	2935公里	中程窄体机，改装耗时较短、价格适中，不适合远程及高原地区
B757	28吨	7240公里	发动机功率大，载货划算；可用于远程国际运输
B767	54吨	11065公里	宽体客机，载重量高、航程远；但价格高昂，改装耗时长

根据波音的预测，未来20年中国将需要180架原产新货机和440架改装货机。波音全球服务集团民机业务亚太区客户支持副总裁表示，这些订单对于新一代737-800波音改装货机项目的成功至关重要，波音现在的工作重点就是支持中国的快递物流公司发展。

除了自购全货机，包机（租赁）和采购客机腹舱也是物流公司的一大方式，据2017年上半年年报显示，顺丰全货机（含自有+外包）发货总量达22.1万吨，散航发货量达29.2万吨，航空发货量总计51.4万吨，占全国航空货运总量超过20%。

顺丰相关负责人对界面新闻记者表示，客机腹舱模式运输成本更低、航线覆盖范围更广，但由于缺点在于其航班绝大部分分布在白天时段，早晚航班量无法有效满足大批量货物运输需求，一旦腹舱装满，就需要等下一班飞机的腹舱，如果飞机延误，相应会影响快递的时效。而自有全货机模式与快递"白天揽派、晚间集货、夜间运输"的集散特点则更为契合，在货物配载、空地衔接、航线时刻匹配等方面也更为稳定。

顺丰相关负责人表示，使用航空运力是快递企业发展到一定规模的必然要求，组建自有货运航空公司也是快递企业持续提升竞争力的主流选择。

从机型选择上来看，目前货航的亏损原因是供大于求，市场上大飞机过剩，而缺30～60吨载量的中型货机，截至目前中国邮政航空、顺丰航空和圆通航空的自用航空运力构成如下：

航空公司	架数	机队构成（全货机）	总运能	基地布局
中国邮政航空	33架	22架波音737 11架波音757	638吨	北京、南京双枢纽
顺丰航空	40架	5架波音767 18架波音757 17架波音737	1029吨	深圳、杭州双枢纽
圆通航空	6架	6架波音B737	84吨	

长远来看，为国内快递企业服务的全货机数量已接近90架，对比美国联邦快递与UPS总量近600架的货机持有量，国内快递航空增长空间巨大。

二、机遇还是沼泽

2016年2月24日，几十号人进入了本是禁区的上海浦东机场附近的波音机库。在这个可容纳2架波音747或2架波音777飞机的机库中，本来是飞机和维修工程师的主场，却迎来了一场罕见的酒会。

酒会上有波音公司的高管，以及中国邮政航空、顺丰航空与圆通航空的一把手。在酒会的尾声，签署了新一代737-800波音改装货机项目订单，其中圆通与波音签订了10架改装订单和10架承诺订单、邮政签订了10架改装订单、顺丰签订了10架承诺订单，共40架。当时有评论称，来自中国快递公司的需求推动了波音的客改货项目。喻渭蛟不止一次在公开场合表示："没有飞机的快递公司不是真正的快递公司。"

2015年9月26日，杭州圆通货运航空有限公司举行开航典礼，圆通航空购置首架"淘宝网"号波音737-300货机进行首飞，当天有包括民航局、菜鸟网络、波音公司的领导出席。那天，对圆通员工来说，激动程度可能不亚于去年作为"快递第一股"上市。因为圆通的目标是淡化通达系色彩，引领通达系其他快递。在圆通首航的两年后，五大通达系快递公司相继上市，但并没有第二个快递公司真正走出航空这一步，业内对此的争论一直很热烈。一派认为，对以"淘宝件"为主的中国民营快递企业是否能负担得起自建航空货运的成本，这是重大的挑战；另有一派表示，未来航班资源越来越有限，快递公司买飞机是对航路的抢占，抢的更是有窗口期的发展机遇。

圆通航空成立后，定下了"航空为主，汽运、铁路为辅"是圆通重要的发展战略。但界面新闻记者查阅其招股书发现，圆通速递航空件占比不高，"主要系因圆通速递目前寄递快递仍以电商件为主，与商务件相比电商件对于快递的时效性要求相对较低，故较少采用航空方式进行运输"。

对想买飞机的公司来说，面对这么高的投入，"先找货再买飞机"还是"先买飞机再找货"，这种"蛋"和"鸡"的博弈一直没有定论。

原因在于，由于自营航空成本远远高于散航运力，在刚投入自有运力时，由于初期装载率不足及散航占比下降，成本上升得很快，即使是航空货运巨头FedEx也经历过前期的财政困难。而圆通决定先买飞机，其设想是，当高价值市场到手后，可以用利润补贴低价市场，但这段阵痛期圆通一直没有度过。

这种情况也适用于顺丰。顺丰在招股书中称："考虑到顺丰控股未来将投入自有飞机以替代原先的外包机及散航运力，单票成本于近期仍会略有上升。"

另一知情人士告诉界面记者，目前顺丰的飞机上装的文件最多，因为体积小、重量轻，分摊下来毛利率很高。固定成本极高的前提下，要想降低成本，只能提高飞机利用率，分摊变动成本。顺丰的原则是优先装满自有货机和租赁货机，客机腹舱作为补充。

但目前普遍的"重客轻货"的思维让全货机的利用率得不到提升，比如货运的航班时刻资源短缺，每天最多只能飞6个小时左右；物流最活跃的东南沿海地区，恰恰是航班资源最紧张、起降成本最高的地方。

"飞机延误了人会发脾气、会闹，但货物只会安静地等待着。但这时候，苹果在慢慢腐烂，大闸蟹马上会臭掉……"谈起组建航空公司时的艰难，一知情人士表示，"都让你顾大局，再等等，要先保证客运，货运往后放放"。但事实证明，包裹的准时到达与人们的出行同样重要。面对航班资源的限制，顺丰的办法是，自己建一个机场。

从"点对点"模式到"枢纽飞"模式，对已拥有自己的飞机的中国快递公司来说，是关键一步。有种理论指出，"枢纽化"可以降低30%的运输成本。

在目前的中国，9块9的淘宝件正在变少，大量的高端时效件也在涌现。以生鲜为例，从山东的樱桃，到海南的荔枝，到杨梅，再到阳澄湖的大闸蟹，几乎一整年都有高端时效性产品的需求。冷链物流需求在喷涌，跨境电商亟待释放，这都取决于航空力量。2017年的大闸蟹之战，京东与东航联手、顺丰与圆通出动自家全货机支持大闸蟹寄递、天猫利用EMS的航空资源，"飞机"成为这场战役的主角。

顺丰立志成为中国的FedEx，圆通立志成为中国的UPS，可能都要遵循买飞机—产品差异化—进军高端市场这一路线，但他们首先要挺过这一段时间的困难期。

但好在外部环境利好，在快递业发展"十三五"规划中，提出"推进自主航空网络建设，鼓励发展国际快递航空网，支持发展快递全货机"的要求，到2020年用于快递运输的专用货机数（架）要达到200架。届时，会有越来越多的包裹乘坐"专机"，夜空将越来越繁忙。

二、训练内容

请你根据以上背景信息完成相关工作。

（1）结合案例并查阅相关资料分析描述我国航空快递的发展现状；

（2）结合案例并查阅相关资料说明我国我国航空快递当前发展存在的问题和发展策略及建议。

三、实施步骤

（1）以4~6人小组为单位进行操作，并确定组长为主要负责人；

（2）搜集资料，将每位成员的工作内容和工作要点填入下表，完成工作计划表；

序号	工作名称	工作内容	工作要点	责任人	完成日期

（3）组织展开讨论，确定所调查相关资料的准确性、合理性；

（4）整理资料，制作PPT并每组选派一名同学进行汇报。

四、检查评估

根据各小组实训项目完成质量情况，分别进行小组自评、小组互评和教师评价，并填入下表。

能　　力		自评 (10%)	小组互评 (30%)	教师评价 (60%)	合计
专业能力 (60分)	1. 调查结果的准确性（10分）				
	2. 现状分析的准确性（10分）				
	3. 问题描述的准确性（10分）				
	4. 策略分析的合理性（10分）				
	5. PPT制作与展示（20分）				
方法能力 (40分)	1. 信息处理能力（10分）				
	2. 表达能力（10分）				
	3. 创新能力（10分）				
	4. 团体协作能力（10分）				
综合评分					

思考与练习

1. 简述航空货运代理的作用。
2. 简述国内空运出港业务流程。
3. 简述航空货物托运书和航空货运单。
4. 航空货物运输的分类。

项目六
办理多式联运业务

知识目标

1. 掌握联合运输基本概念及类别、特征；
2. 了解集装箱的概念、规格、类型；
3. 了解多式联运的定义、类型；
4. 熟悉多式联运合同和内容以及多式联运单证的内容。

能力目标

1. 能区分联合运输的类型；
2. 能为货物选择合适的集装箱；
3. 会缮制多式联运合同；
4. 能填写多式联运单证。

联合运输是合理运输的主要组织活动形式之一。将不同的运输方式、几个运输企业，或产、供、运、销部门有机地衔接起来，对全运程进行统筹，使货物办理一次托运手续便能从产地或始发地迅速、简便、经济、安全地运达收货地；旅客能一票到达目的地。联合运输在世界上兴起于20世纪50年代，我国是最早开展的国家之一。随着联合运输的发展，其范围及形式不断扩大和增多。

任务 1　联合运输认知

一、联合运输概念

社会分工是商品经济发展的基础。在我国，随着市场经济的发展和社会活动范围的扩大，新的生产部门和行业一定会为适应社会生产力的需要而出现。联合运输从交通运输分离出来而形成一个新的运输部门或行业，也是交通运输生产活动的社会化、专业化发展的客观规律。社会生产和生活实践也证明：货物运输自起点至到达地点的全程，其中不少的货物运输需要使用几种运输方式（公路、铁路、水路、航空运输等），经过两程以上的接力运输才能完成。在这种情况下，托运人就不得不在中转地点办理领取货物和再一次办理托运手续。组织联合运输，就是把托运人自理的从起运地点的托运开始直至到达地点交付为止的托运、搬运、验收、装卸、仓储、交接、换装、接取送达、结算等一系列业务活动，由联运行业主营或由有关运输企业兼营。

综上所述，一个完整的货物运输过程的实现，关键在于组织好产供销企业同运输之间、各种运输方式之间以及运输过程中各个运输环节之间的衔接、协作工作。联运工作是在货物连续位移、多次中转的全过程中，在"结合部"上发挥纽带、贯通、衔接作用。所以，联合运输中"联合"是核心，"衔接"是关键，"协作"是基础。

1. 联合运输定义

联合运输是指两种或两种以上的运输方式或同一运输方式的两个及其以上的运输企业，遵照统一的规章或协议，使用同一运送凭证或通过相互代办中转业务，联合完成某项运输任务，简称为"联运"。

联合运输是综合运输思想在运输组织领域的体现，是综合性的运输工作，体现为在一个完整的货物或旅客运输过程中，不同运输企业、不同运输区段、不同运输方式和不同运输环节之间的衔接和协调组织。通过综合利用某一区间中各种不同运输方式的优势进行不同运输方式的协作，使货主能够按一个统一的运输规章或制度，使用同一个运输凭证，享受不同运输方式的综合优势。联合运输按地域划分有国际联运和国内联运两种，国内联运较为简单，国际联运是联合运输最高水平的体现。

2. 联合运输条件

符合下列任何一个条件都可以称作联合运输。

（1）货物全程运输中使用一种运输方式，但多家参与经营或多种运输方式联合经营的组织衔接。

（2）货物全程运输中使用同一种运输工具，但途中至少存在一次交接环节。

（3）货物全程运输中使用两种或两种以上的运输方式的运输衔接。

（4）货物全程运输中涉及货物生产、供应、运输、销售企业运输的运输协作组织。

二、联合运输的特点

联合运输与非联合运输比较，主要有以下基本特点：

（1）组织运输的全程性　联合运输是两种以上运输方式或单一方式两程以上的连续运输组织，联合运输经营人或联运管理机构要负责从接受货物托运、各区段运输、各区段运输衔接，直到货物交付全程运输期间的全部运输及相关服务业务。无论全程运输过程中包含几个区段，使用几种运输方式，经过几次中转换装，均要对运输的全程负责。联运合同是从起运地到目的地的全程运输合同。全程运输组织工作的主要内容是提供服务与组织衔接，与运输代理企业的业务内容相似。

（2）托运手续的简便性　联合运输实行"一次托运，一份运输合同，一次结算费用，一票到底"的全程负责制。货主只要与联运经营人订立一份联合运输合同，办理一次托运，一次结算全程费用，通过一张运输单据就可以实现货物全程运输。与传统分段运输相比，货主办理的手续简便，大大方便了货主，提高了工作效率。

（3）运程凭证的通用性　联合运输中所使用的单证文件等都必须具有通用性，使之能适应不同运输方式、不同企业及其衔接的工作需要。联合运输涉及两种以上运输方式的运输和衔接配合，所使用的运输单证、商务规定和货运合同（协议）、法律、规章等必须具有适用于两种以上方式的通用性。运输中的商务活动的模式与规则，运输依据的国际、国内法规，合同的性质作用，使用的单证具有通用性。

（4）联运经营人的双重身份及代理性　联运经营人在完成或组织全程运输过程中，首先要以本人身份与托运人订立联运合同，在该合同中它是承运人；然后又要与各区段不同方式的承运人分别订立各区段的分运合同，借助其他运输企业的力量完成任务。在这些合同中，联运经营人是以托运人和收货人的身份出现的。这种实际采用做法使联运经营人具有了双重身份。就其业务内容和性质来看，联运经营人的运输组织业务主要是各区段运输的连接组织，是衔接服务性工作，这又与传统的货运代理人业务较为相似，起到了"一手托两家"的作用。

（5）各类环节的协同性　联合运输依赖于生产、供应、运输、销售、金融、通信等部门及集、装、运、转、卸、疏等环节的紧密协作与配合。这种协同性不仅体现在运输组织和管理的协调一致，而且也体现在技术装备（港、站、库、场、集疏运系统）的相互配套、同步建设、协调发展。这种协同性是联合运输发展的必要条件。

三、联合运输的分类

（1）按联合运输的组织方法分类　可分为协作式和衔接式两大类。

① 协作式联运。协作式联运是计划经济体制下特有的一种形式，一般指为保证指令性计划的货物运输、重点物资和国防、抢险、救灾等急需物资的运输而开展的在国家和地区计划指导下的合同运输。这种联运最显著的特点是在国家统一计划下的产、供、运、销的全程性运输协作。如我国计划内的煤炭运输就是采用这种运输形式，是矿山、铁路或公路、海运运输企业与港口、车站、库场等环节组成的协作式联运。随着计划经济体制向市场经济体制的转变，这种联运方式正在逐渐减少。

② 衔接式联运。包括两种或两种以上运输方式的衔接组织，这类联运企业通过与货主订立的联运合同开展的经营性业务，是企业的主要行为。

（2）按联合运输的地域分类　可分为国内联合运输和国际联合运输。

国内联合运输是指在国内各个省市的企业之间或省市内企业之间的联合，国际联合运输则是国内企业与外国（地区）企业的联合。

（3）按完成全程运输使用的运输方式分类　可分为单一方式联运和多种方式联运。

① 单一方式联运。指全程运输仅使用一种运输方式。由于各实际运输企业业务范围的限制，货物全程运输要由多家企业采用分程（段）接力方式完成。这种联运一般说成是

同一运输方式下两程（段）或两程式（段）以上的衔接。根据使用的运输方式不同又可进一步分为铁路联运、公路联运和水路联运等。

② 多种方式联运。指全程运输使用两种或两种以上运输方式。这类联运不仅包括两种不同方式之间的衔接，也可能包括同一种方式两程之间的衔接。其联运既包括铁路与水路两种运输方式的衔接，也包括海上运输两程的运输衔接。这类联运一般简称为多式联运，在国际运输中占有重要的地位。

（4）根据全程运输中使用的运输方式的组合的不同分类　多式联运又可进一步分为公-铁联运、铁-水联运、铁-海联运、公-海联运、海-空联运、铁-公-水联运等。

（5）按联运企业经营情况和范围分类　可分为接力式联运和网络式联运。

① 接力式联运。指联运经营人仅在一条或几条互相独立的（不交叉或没有货物的分拨）确定线路上开展业务，在线路联运中各区段的衔接地点的组织工作仅限于始发、终到处理和接续运输。各联运企业在其发展的初期阶段一般以这类联运开始。

② 网络式联运。指联运经营人在多条相互交叉的网上开展联运业务，在各条线路的交叉点处的衔接组织工作除上述任务外还包括集散、分拨等业务。这是联运企业发展到高级阶段的特征，其业务范围将比前一类联运扩大许多。

（6）按联运货物的种类分　分为大宗货物联运、零担货物联运和集装箱联运。

四、联合运输的流程

就干线联运而言，无论水-陆联运或海-江-河联运，基本流程见图6-1。

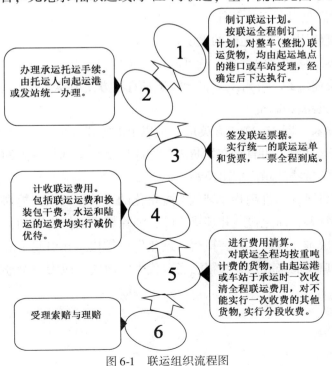

图6-1　联运组织流程图

概括上述六点，就是一个计划、一次托运、一票到底、一次收费、运价优待、全程负责、统一理赔。其中心思想是，参加联运的各个运输企业形成一个整体，相互协作，提高运输效率，方便托运人。至于一些地区性的铁路和公路、铁路和地方水路等干、支线联运，则为部分地采用上述基本内容或做法，因地制宜、灵活多样地组织联运各有关企业，以有效地为干线运输集中和疏运货物。

任务2　集装箱认知

多式联运是在集装箱的基础上发展起来的。集装箱，是能装载包装或无包装货进行运输，并便于用机械设备进行装卸搬运的一种组成工具。

集装箱最大的成功在于其产品的标准化以及由此建立的一整套运输体系。能够让一个载重几十吨的庞然大物实现标准化，并且以此为基础逐步实现全球范围内的船舶、港口、航线、公路、中转站、桥梁、隧道、多式联运相配套的物流系统，这的确堪称人类有史以来创造的伟大奇迹之一。

一、集装箱定义

关于集装箱的定义，许多国家基本上都采用国际标准化组织（ISO）对集装箱的定义。集装箱应同时满足以下五个条件：

① 能长期反复使用，具有足够的强度。
② 途中转运不用移动箱内货物，就可以直接换装。
③ 可以进行快速装卸，并可从一种运输工具直接方便地换装到另一种运输工具。
④ 便于货物的装满和卸空。
⑤ 具有1立方米（即35.32立方英尺）或以上的容积。

使用集装箱转运货物，可直接在发货人的仓库装货，运到收货人的仓库卸货，中途更换车、船时，无须将货物从箱内取出换装。

用集装箱把多种多样的件杂货集装成为规格化的重件，可大大提高装卸效率，加速车船周转，减少货损货差，简化包装和理货手续，消除繁重的体力劳动，从而大大降低货物的包装运输和装卸成本。因此，集装箱运输近年发展较快，并引起了船型、装卸机械等的改革。从国内外港口发展来看，集装箱已经取代大宗散货，成为一个港口现代化、国际化的重要标志。

二、集装箱的标准化

集装箱运输的初期,其结构和规格各不相同,影响了集装箱在国际上的流通,亟需制定集装箱的国际通用标准,以利于集装箱运输的发展。集装箱标准化,不仅能提高集装箱作为共同运输单元在海、陆、空运输中的通用性和互换性,而且能够提高集装箱运输的安全性和经济性,促进国际集装箱多式联运的发展。同时,集装箱的标准化还给集装箱的载运工具和装卸机械提供了选型、设计和制造的依据,从而使集装箱运输成为相互衔接配套、专业化和高效率的运输系统。集装箱标准按使用范围分,有国际标准、国家标准、地区标准和公司标准四种。

国际标准是指根据国际标准化组织(ISO)第104技术委员会制定的国际标准来建造和使用的国际通用的集装箱标准。

国家标准是各国政府参照国际标准并考虑本国的具体情况,而制定本国的集装箱标准。我国现行国家标准《集装箱外部尺寸和额定重量》(GB 1413—2008)中集装箱各种型号的外部尺寸、极限偏差及额定重量。

地区标准是由地区组织根据该地区的特殊情况制定的,此类集装箱仅适用于该地区。如根据欧洲国际铁路联盟(VIC)所制定的集装箱标准而建造的集装箱。

公司标准是某些大型集装箱船公司,根据本公司的具体情况和条件而制定的集装箱船公司标准,这类箱主要在该公司运输范围内使用。如美国海陆公司的35英尺集装箱。

三、集装箱的规格

ISO于1961年成立了有关集装箱的专门委员会——104技术委员会(ISO/TC 104),着手进行集装箱的标准化工作。最初制定的国际标准以3个系列作为基本尺寸:Ⅰ系列用于国际运输;Ⅱ系列用于欧洲;Ⅲ系列用于苏联和东欧各国。现行的集装箱国际标准为第Ⅰ系列共13种。

具体见表6-1。

表6-1 国际集装箱第Ⅰ系列尺寸、承重

规格/英尺	箱型	长		宽		高		最大总重量	
		公制/毫米	英制/英尺、英寸	公制/毫米	英制/英尺、英寸	公制/毫米	英制/英尺、英寸	千克	英磅
40	1AAA 1AA 1A 1AX	12192	40′	2438	8′	2896 2591 2438 <2438	9′6″ 8′6″ 8′ <8′	30480	67200

续表

规格 /英尺	箱型	长		宽		高		最大总重量	
		公制 /毫米	英制 /英尺、英寸	公制 /毫米	英制 /英尺、英寸	公制 /毫米	英制 /英尺、英寸	千克	英磅
30	1BBB 1BB 1B 1BX	9125	29′11.25″	2438	8′	2896 2591 2438 <2438	9′6″ 8′6″ 8′ <8′	25400	36000
20	1CC 1C 1CX	6058	19′10.5′	2438	8′	2591 2438 <2438	8′6″ 8′ <8′	24000	25900
10	1D 1DX	2991	9′9.75″	2438	8′	2438 <2438	8′ <8′	10160	22400

四、集装箱的种类

集装箱种类很多，分类方法多种多样，有以下分类方法。

1. 按所装货物种类分

有干货集装箱（dry container）、散货集装箱（bulk container）、液体货集装箱、冷藏箱集装箱，以及一些特种专用集装箱，如汽车集装箱、牧畜集装箱、兽皮集装箱等。

普通集装箱，又称干货集装箱（图6-2）。以装运件杂货为主，通常用来装运文化用品、日用百货、医药、纺织品、工艺品、化工制品、五金交电、电子机械、仪器及机器零件等。干货集装箱占集装箱总数的80%。除了冷冻货、活的动物、植物之外，在尺寸、重量等方面适合集装箱运输的货物，均可使用干货集装箱。

散货集装箱（图6-3）是指顶部设有装货口，底部设有出货口，主要用于装运无包装的固体颗粒状和粉状货物的"集装箱"。常用于装载粮食，也可装载各种饲料、树脂、硼砂、水泥、砂石等货物。在装载粮食时，由于检疫的需要，有的散装集装箱的顶上还设有进行熏蒸用的附属装置。

图6-2 干货集装箱

图6-3 散货集装箱

液体货集装箱（图6-4）是用以装载液体货物的集装箱。

冷藏集装箱（图6-5）是一种附有冷冻机设备，并在内壁敷设热导率较低的材料，用以装载冷冻、保温、保鲜货物的集装箱。

图6-4　液体货集装箱

图6-5　冷藏集装箱

汽车集装箱（图6-6）是专门设计的、专一用来运输各种类型汽车的一种特种集装箱。由于集装箱在运输途中常受各种力的作用和环境的影响，因此集装箱的制造材料要有足够的刚度和强度，应尽量采用质量轻、强度高、耐用、维修保养费用低的材料，并且材料既要价格低廉，又要便于取得。

动物集装箱（图6-7）是指装运家禽和牲畜的集装箱；箱顶和侧壁采用玻璃钢制成，能遮蔽阳光照射，便于清扫和保持卫生；侧壁安装有上折页的窗口，窗下备有饲养槽，可以定时给家禽或牲畜喂养食物。

图6-6　汽车集装箱

图6-7　动物集装箱

兽皮集装箱（图6-8）是一种专门设计用来装运生皮等带汁渗漏性质的货物，有双层底，可存储渗漏出来的液体的集装箱。

2. 按制造材料分

制造材料是指集装箱主体部件（侧壁、端壁、箱顶等）材料，可分成三种：钢制集装箱、铝合金集装箱、玻璃钢集装箱，此外还有木集装箱、不锈钢集装箱等。

（1）钢制集装箱（图6-9）　用钢材造成，优点是强度大，结构牢，焊接性高，水密性好，价格低廉；缺点是重量大、防腐性差。

图 6-8　兽皮集装箱

图 6-9　钢制集装箱

（2）玻璃钢集装箱（图 6-10）　用玻璃钢材料造成，优点是强度大，刚性好，内容积大，隔热、防腐、耐化学性好，易清扫，修理简便；缺点是重量大，易老化，拧螺栓处强度降低。

（3）铝合金集装箱（图 6-11）　用铝合金材料造成，优点是重量轻，外表美观，防腐蚀，弹性好，加工方便以及加工费、修理费低，使用年限长；缺点是造价高，焊接性能差。

图 6-10　玻璃钢集装箱

图 6-11　铝合金集装箱

3. 按结构分

可分为三类，有内柱式与外柱式集装箱、折叠式集装箱与固定式集装箱、预制式集装箱与薄壳式集装箱。

"柱"指集装箱的端柱和侧柱，若其位于侧壁和端壁之内，则称为内柱式集装箱，反之则称为外柱式集装箱，一般玻璃钢集装箱和钢制集装箱均没有侧柱和端柱，故内柱式与外柱式集装箱主要指铝制集装箱。

固定式集装箱（图 6-12）指侧壁、端壁和箱顶等部件永久固定在一起，呈密闭状态的集装箱，是集装箱的主流。

折叠式集装箱（图 6-13），是把所有部件指集装箱的主要部件（侧壁、端壁、箱顶等）能简单地折叠或分解，再次使用时可以方便地再组合起来。

图 6-12　固定式集装箱

图 6-13　折叠式集装箱

预制式集装箱指集装箱的骨架由许多预制件组合起来，并由它承受主要载荷，由于外板和骨架均为预制件，故称为预制式集装箱。

薄壳式集装箱，是把所有部件组成一个钢体，它的优点是重量轻，可以适应所发生的扭力而不会引起永久变形。

4. 按用途分

有冷冻集装箱、挂衣集装箱、开顶集装箱、框架集装箱、罐式集装箱、冷藏集装箱、平台集装箱、通风集装箱、保温集装箱等等。

（1）冷冻集装箱（图 6-14）　是温度可在 -60 ~ +30 摄氏度之间调整的一类集装箱。

（2）挂衣集装箱（图 6-15）　是指专门运输成衣的密闭式"集装箱"。为防止衣服受潮和箱壁结露，箱板一般设有内衬板。在内部箱顶装有吊挂衣服的钢杆，有的利用网或绳结从箱顶上挂下，衣服挂在网孔或绳结上。这种集装箱在箱内上侧梁上装有许多根横杆，每根横杆上垂下若干条皮带扣、尼龙带扣或绳索，成衣利用衣架上的钩，直接挂在带扣或绳索上。

图 6-14　冷冻集装箱

图 6-15　挂衣集装箱

（3）开顶集装箱（图 6-16）　是用于装载玻璃板、钢制品，机械等重货，可以使用起重机从顶部装卸，开顶箱顶部可开启或无固定顶面的集装箱。

(4) 框架集装箱（图 6-17） 是以箱底面和四周金属框架构成的集装箱，适用于长大、超重、轻泡货物。罐装集装箱是由箱底面和罐体及四周框架构成的集装箱，适用于液体货物。

图 6-16　开顶集装箱

图 6-17　框架集装箱

(5) 罐式集装箱（图 6-18） 国际标准罐是一种安装于紧固外部框架内的不锈钢压力容器。罐体内胆大多采用 316 不锈钢制造。多数罐箱有蒸汽或电加热装置、惰性气体保护装置、减压装置及其他流体运输及装卸所需的可选设备。

(6) 平台集装箱（图 6-19） 是专供装运超限货物的集装箱，有一个强度很大的底盘，在装运大件货物时，可同时使用几个平台集装箱。

图 6-18　罐式集装箱

图 6-19　平台集装箱

五、集装箱的计算单位

集装箱的计算单位，简称 TEU，是英文 twenty equivalent unit 的缩写，又称 20 英尺换算单位，是计算集装箱箱数的换算单位。也称国际标准箱单位。通常用来表示船舶装载集装箱的能力，也是集装箱和港口吞吐量的重要统计、换算单位。

各国大部分集装箱运输，都采用 20 英尺和 40 英尺长的两种集装箱。为使集装箱箱数计算统一化，把 20 英尺集装箱作为一个计算单位，40 英尺集装箱作为两个计算单位，以利统一计算集装箱的营运量。

在统计集装箱数量时有一个术语：自然箱，也称"实物箱"。自然箱是不进行换算的实物箱，即不论是 40 英尺集装箱、30 英尺集装箱、20 英尺集装箱或 10 英尺集装箱均作为一个集装箱统计。

任务 3　多式联运业务办理

一、多式联运的概念

由两种及其以上的交通工具相互衔接、转运而共同完成的运输过程统称为复合运输，我国习惯上称之为多式联运。《联合国国际货物多式联运公约》对国际多式联运所下的定义是：按照国际多式联运合同，以至少两种不同的运输方式，由多式联运经营人把货物从一国境内接管地点运至另一国境内指定交付地点的货物运输。而中国海商法对于国内多式联运的规定是，必须有种方式是海运。

1. 多式联运的特点

（1）根据多式联运的合同进行操作，运输全程中至少使用两种运输方式，而且是不同方式的连续运输。

（2）多式联运的货物主要是集装箱货物，具有集装箱运输的特点。

（3）多式联运是一票到底，实行单一运费率的运输。发货人只要订立一份合同、一次付费、一次保险，通过一张单证即可完成全程运输。

（4）多式联运是不同方式的综合组织，全程运输均是由多式联运经营人组织完成的。无论涉及几种运输方式，分为几个运输区段，由多式联运经营人对货运全程负责。

2. 多式联运主要参与方

（1）多式联运经营人　多式联运经营人是指本人或通过其代表与发货人订立多式联运合同的任何人，是事主，而不是发货人的代理人或代表或参加多式联运的承运人的代理人或代表，负有履行合同的责任。多式联运经营人负责履行或者组织履行多式联运合同，对全程运输享有承运人的权利，承担承运人的义务。

（2）发货人　在国际贸易中发货人即指办理货物托运手续的办理人，可以是货主，也可以是受委托的代理人。

通常会将发货人与货主、经办人、托运人、委托人混为一谈，其实在大多情况下可以是同一个人，但也有很多不同的情况下不是同一个人。

（3）托运人　在货物运输合同中，将货物托付承运人按照合同约定的时间运送到指定地点，向承运人支付相应报酬的一方当事人，称为托运人。

知识链接

发货人与托运人的法律地位

发货人在运输业务中是一个比较重要的概念，有许多业务人员将发货人的概念与托运人等同，认为发货人具有托运人的法律地位。而实际上，发货人与托运人在法律中的地位是不一样的。

发货人是指将货物实际交与承运人的人。根据货物买卖形式的不同，发货人的种类也有所不同。根据国际贸易中的价格条件以及从货物运输的角度看，发货人可以被分为两大类：即FOB类和CIF类。发货人的形成与交易中的价格条件很有关系。由于买卖双方之间运输义务是不同的，这就决定了FOB类和CIF类交易价格也是不同的。由于运输形式的不同，皆会出现不同种类的发货人。其主要形式有：① 发货人为卖方。即由卖方承担运输业务，并由其交付货物。② 发货人为工厂。即在买方的指示下，货物由工厂向买方指定的承运人交付。③ 发货人为货代或第三人。即根据买方的安排，货物由买方所指定的陆上运输承运人从卖方处接管，并由该承运人代表买方向海运承运人交付。④ 发货人为各类承运人。即前一程的承运人或全程承运人在自己完成部分运输后，委托后一程的承运人继续将货物运至目的地，并由后一程承运人实际交付货物。⑤ 发货人为买方。即货物由买方所指定的陆上运输承运人从卖方处接管，并由该承运人代表买方交付于海运承运人。此种情况与第③种情况相似。⑥ 发货人为租船人。即在租船运输中，如果租船人包揽一切，也可能成为这类发货人，但条件是租船人本身不可以是卖方。

发货人不是法律上的托运人，也就是说发货人要成为托运人必须符合一定的法定条件。托运人是指与承运人订立运输合同的人。但在班轮运输中，承运人与托运人双方并不签订书面合同，以书面合同来确定当事人双方并不现实。将发货人列为托运人符合运输业务的需求，具有实际意义。

但是，这并不等于说以上所述6种发货人都具有托运人的法律地位。除上述第1种发货人为卖方，具有当然的托运人资格外，其他5种发货人是否具备托运人的资格存在很大的问题。工厂对货物拥有权利，但与贸易合同或运输合同并没有任何法律关系。贸易合同或运输合同也不能保证工厂在意外情况下对货物在法律上存在的追索的权利，工厂要实现自己对货物的权利，必须首先向承运人清偿托运人留下的债务。

所以，尽管工厂在这方面最终获得的权利与托运人相同，但工厂本身不是托运人。上述第3种发货人也不一定都具备托运人资格。有的仅仅是完成了向

> 承运人交付货物的行为，他们与货物的拥有权和运输合同并没有任何关系。至于前一程或全程承运人作为发货人时的问题，这类人既具有实际交付货物的行为，同时还具备了托运人的所有特征。但是，他们对货物并没有拥有权。如果赋予此种发货人以托运人的法律地位，那么，在运输中如果产生了货损的话，他们就不能就货损进行独立索赔。买方或租船人作为发货人的情况是极少见的，也是一种不正常的情况，所以，确定他们的托运人资格与否没有任何意义。
> 总而言之，鉴于现行的运输法律，托运人是运输合同的当事人，而发货人是与运输合同没有任何关系的。因此，发货人和托运人的权利义务是不同的。

(4) 契约承运人和实际承运人　契约承运人是指与委托人订立运输合同，并签发运输单证，对运输负有责任的人。

实际承运人是指接受承运人委托，从事货物运输或者部分运输的人，包括接受转委托从事此项运输的其他人。

(5) 收货人　是指有权提取货物的人。

二、多式联运合同

《中华人民共和国合同法》（简称《合同法》）所谓多式联运合同，是指多式联运经营人与托运人订立的，约定以两种或两种以上的不同运输方式，采用同一运输凭证将货物运输至约定地点的货物运输合同。如果其中有一种运输方式为海上运输，则该合同即属于《海商法》所调整的多式联运合同。在我国台湾地区，若多式联运经营人不亲自参加承运，则此合同属于"承揽运送合同"的范畴。

中国《海商法》所称的多式联运合同，"是指多式联运经营人以两种以上的不同运输方式，其中一种是海上运输方式，涉及负责将货物从接收地运至目的地交付收货人，并收取全程运费的合同。"多式联运是在集装箱运输的基础上发展起来的，这种运输方式并没有新的通道和工具，而是利用现代化的组织手段，将各种单一运输方式有机地结合起来，打破了各个运输区域的界限，是现代管理在运输业中运用的结果。

在我国由于国际海上运输与沿海运输、内河运输分别适用不同的法律，所以国际海上运输与国内沿海、内河运输可以视为不同的运输方式。

1. 多式联运合同的特点

除具有一般运输合同的特征外，多式联运合同还具有如下特征：

(1) 运输方式的多样性　多式联运重在强调运输方式的多样性，即以两种以上运输方式来运输。此处产生的理论问题是，如果纯以强调运输方式的多样性角度来观察，则在理论上存在承运人仅为一人的情形，即多式联运合同的经营者与各区段的实际承运人均属同一人。但在实践中此种情况非常罕见。大多数情况下，多式联运合同既具有运方式的多样性，同时又具有实际承运人的多数性。

（2）多式联运经营人与实际承运人相分离　在多式联运合同中，多式联运经营人与实际承运人是相互分离的。与托运人签订合同的是多式联运经营人而非实际承运人。因此，多式联运合同中，与托运人相对应的合同主体是多式联运经营人。各区段的实际承运人并非是多式联运经营人的主体，与他们存在直接合同关系的是多式联运经营人。

（3）托运人一次交费并使用同一运输凭证　在多式联运合同中，托运人只需向联运经营人支付费用，而无需分别向各区段实际承运人支付费用。联运经营人向托运人出具同一运输凭证，该凭证在各区段内均具有法律效力，托运人无需再与各实际承运人另行签订运输合同。这充分体现了多式联运合同的便捷和高效。在这些凭证中，最为主要者为多式联运单据。

> **知识链接**
>
>
>
> **多式联运单据一般包括的内容**
>
> 依《合同法》第319条的规定：多式联运经营人收到托运人交付的货物时，应当签发多式联运单据。按照托运人的要求，多式联运单据可以是可转让单据，也可以是不可转让单据。多式联运单据一般包括以下内容：① 多式联运经营人的名称和主要营业地；② 托运人的名称；③ 收货人的名称；④ 货物的种类、件数、重量，货物的标志，货物的危险特征；⑤ 货物的外表状况；⑥ 多式联运经营人接收货物的时间和地点；⑦ 交接货物的时间和地点；⑧ 多式联运单据是否可以转让的声明；⑨ 多式联运单据的签发时间和地点；⑩ 各种运输方式的运费，运费支付方式，支付运费的货币种类；⑪ 运费由收货人支付的声明；⑫ 航线、运输方式和转运地点；⑬ 关于多式联运遵守特定规定的声明；⑭ 双方约定的其他事项。

2. 多式联运合同的特殊规定

（1）多式联运经营人视同承运人　多式联运经营人无论是否真正实际承运货物，都被视为承运人，享有承运人的权利，承担承运人的义务。《合同法》第317条规定：多式联运经营人负责履行或者组织履行多式联运合同，对全程运输享有承运人的权利，承担承运人的义务。

（2）经营人统一责任制　《合同法》第318条规定：多式联运经营人可以与参加多式联运的各区段承运人就多式联运合同的各区段运输约定相互之间的责任，但该约定不影响多式联运经营人对全程运输承担的义务。此条规定表明，若发生损害，对托运人承担责任的，仅为多式联运经营人，即使其与实际承运人之间有内部责任分担协议，该协议也不得对抗托运人。这不同于《合同法》第313条关于单式联运合同的规定，在单式联运合同中，若运输损害发生的区段可以确定，则该区段的承运人需要与第一承运人承担连带责任。

（3）经营人承担责任的法律依据的差异性　《合同法》第321条规定：货物的毁损、灭失发生于多式联运的某一运输区段的，多式联运经营人的赔偿责任和责任限额，适用调整该区段运输方式的有关法律规定。货物毁损、灭失发生的运输区段不能确定的，依照本章规定承担损害赔偿责任。例如一多式联运涉及铁路运输和航空运输，若货物的毁损、灭失发生在航空运输区段的，应按照《民用航空法》的规定进行赔偿；若损害发生在铁路运输区段的，应按照《铁路法》的规定进行赔偿；若不能确定损害发生在哪一区段，则应按《合同法》第十七章的相关规定进行赔偿。

（4）托运人责任　《合同法》第320条规定：因托运人托运货物时的过错造成多式联运经营人损失的，即使托运人已经转让多式联运单据，托运人仍然应当承担损害赔偿责任。托运人对多式联运经营人的损害赔偿以其主观过错为基础，其责任承担并不随多式联运单据的转让而转移。

知识链接

多式联运合同

多式联运合同

甲方（托运人）：
法定代表人：
法定地址：
经办人：　　　　　　　　联系电话：　　　　　　　　传真：

乙方（承运人）：
法定代表人：
法定地址：
经办人：　　　　　　　　联系电话：　　　　　　　　传真：

甲、乙双方经过友好协商，就办理甲方货物多式联运事宜达成如下合同：

第一条　甲方应保证如实提供货物名称、种类、包装、件数、重量、尺码等货物状况，由于甲方虚报给乙方或者第三方造成损失的，甲方应承担损失。

货物情形如下表所示：

货物名称

种类

件数

重量

体积

包装

第二条　甲方应按双方商定的费率在交付货物_____天之内将运费和相关费用付至乙方账户。甲方若未按约定支付费用，乙方有权滞留提单或者留置货物，进而依法处理货物以补偿损失。

第三条　托运货物为特种货或危险货时，甲方有义务向乙方作详细说明。未作说明或说明不清的，由此造成乙方的损失由甲方承担。

第四条　乙方应按约定将甲方委托的货物承运到指定地点，并应甲方的要求，签发联运提单。

第五条　乙方自接货开始至交货为止，负责全程运输，对全程运输中乙方及其代理或者区段承运人的故意或者过失行为而给甲方造成的损失负赔偿责任。

第六条　乙方对下列原因所造成的货物灭失和损坏不负责任：

（1）货物由甲方或者代理人装箱、计数或者封箱的，或者装于甲方的自备箱中；

（2）货物的自然特性和固有缺陷；

（3）海关、商检、承运人行使检查权所引起的货物损耗；

（4）天灾，包括自然灾害，例如但不限于雷电、台风、地震、洪水等，以及意外事故，例如但不限于火灾、爆炸、由于偶然因素造成的运输工具的碰撞等；

（5）战争或者武装冲突；

（6）抢劫、盗窃等人为因素造成的货物灭失或者损坏；

（7）甲方的过失造成的货物灭失或者损坏；

（8）罢工、停工或者乙方雇用的工人劳动受到限制；

（9）检疫限制或者司法扣押；

（10）非由于乙方或者乙方的受雇人、代理人的过失造成的其他原因导致的货物灭失或者损坏，对于第7项免除责任以外的原因，乙方不负举证责任。

第七条　货物的灭失或者损坏发生于多式联运的某一区段，乙方的责任和赔偿限额，应该适用该区段的法律规定。如果不能确定损坏发生区段的，应当使用调整海运区段的法律规定，不论是根据国际公约还是根据国内法。

第八条　对于逾期支付的款项，甲方应按每日0.05%的比例向乙方支付违约金。

第九条　由于甲方的原因（如未及时付清运费及其他费用而被乙方留置货物或滞留单据或提供单据迟延而造成货物运输延迟）所产生的损失由甲方自行承担。

第十条　合同双方可以依据《合同法》的有关规定解除合同。

第十一条　乙方在运输甲方货物的过程中应尽心尽责，对于因乙方的过失而导致甲方遭受的损失和发生的费用承担责任，以上损失不包括货物因延迟等原因造成的经济损失。在任何情况下，乙方的赔偿责任都不应超出每件_____元人民币或每千克_____元人民币的责任限额，两者以较低的限额为准。

第十二条　本合同项下发生的任何纠纷或者争议，应提交中国海事仲裁委员会，根据该会的仲裁规则进行仲裁。仲裁裁决是终局的，对双方都有约束力。

本合同的订立、效力、解释、履行、争议的解决均适用中华人民共和国法律。

第十三条　本合同从甲乙双方签字盖章之日起生效，合同有效期为_____天，合同期满之日前，甲乙双方可以协商将合同延长_____天。合同期满前，如果双方中任何一方欲终止合同，应提前_____天，以书面形式通知另一方。

第十四条　本合同经双方协商一致可以进行修改和补充，修改及补充的内容经双方签字盖章后，视为本合同的一部分。

本合同正本一式_____份，双方各执_____份。

甲方（盖章）：　　　　　　　　　　乙方（盖章）：
代表人（签字）　　　　　　　　　　代表人（签字）
　　　　　　　　　　　　　　　　　年　　月　　日
　　　　　　　　　　　　　　　　　签订地点：

三、多式联运运输业务组织方式

多式联运的全过程就其工作性质的不同，可分为实际运输过程（即各区段载运工作过程）和全程运输组织业务过程两部分。实际运输过程是由参加多式联运的各种运输方式的实际承运人完成的，可以是多式联运经营人自己完成，也可以通过订立分运合同由其他承运人完成。全程运输的业务组织过程则一定是由多式联运经营人完成的，主要包括全程运输所涉及的所有商务性事务和衔接服务性工作的组织实施。其运输组织方法可以有多种，但就其组织体制来说，基本上可按衔接式联运和协作式联运分为两大类。

1. 协作式多式联运

协作式多式联运是指两种或两种以上运输方式的运输企业，按照统一的规章或商定的协议，共同将货物从接管货物的地点运到指定交付货物地点的运输。

协作式多式联运是目前国内货物联运的基本形式。在协作式多式联运下，参与联运的承运人均可受理托运人的托运申请，接收货物，签署全程运输单据，并负责自己区段的运输生产；后续承运人除负责自己区段的运输生产外，还需要承担运输衔接工作；而最后承运人则需要承担货物交付以及受理收货人的货损货差的索赔。在这种体制下，参与联运的每个承运人均具有双重身份。对外而言，他们是共同承运人，其中一个承运人（或代表所有承运人的联运机构）与发货人订立的运输合同，对其他承运人均有约束力，即视为每个承运人均与货方存在运输合同关系；对内而言，每个承运人不但有义务完成自己区段的实际运输和有关的货运组织工作，还应根据规章或约定协议，承担风险，分配利益。

目前，根据开展联运依据的不同，协作式多式联运可进一步细分为法定（多式）联运和协议（多式）联运两种。

（1）法定（多式）联运　它是指不同运输方式运输企业之间根据国家运输主管部门颁布的规章开展的多式联运。在这种联运形式下，有关运输票据、联运范围、联运受理的条件与程序、运输衔接、货物交付、货物索赔程序以及承运之间的费用清算等，均应符合国家颁布的有关规章的规定，并实行计划运输。

这种联运形式无疑有利于保护货方的权利和保证联运生产的顺利进行，但缺点是灵活性较差，适用范围较窄，对联运路线、货物种类、数量及受理地、换装地也作出了限制。此外，由于货方托运前需要报批运输计划，给货方带来了一定的不便。法定（多式）联运通常适用于保证指令性计划物资、重点物资和国防、抢险、救灾等急需物资的调拨。

（2）协议（多式）联运　它是指运输企业之间根据商定的协议开展的多式联运。比如，不同运输方式的干线运输企业与支线运输或短途运输企业，根据所签署的联运协议开展的多式联运，即属此种联运。

与法定（多式）联运不同，在这种联运形式下，联运采用的运输方式、运输票据、联运范围、联运受理的条件与程序、运输衔接、货物交付、货物索赔程序，以及承运人之间的利益分配与风险承担等，均按联运协议的规定办理。与法定（多式）联运相比，该联运形式的最大缺点是联运执行缺乏权威性，而且联运协议的条款也可能会损害货方或弱小承运人的利益。

协作式多式联运的组织者是在各级政府主管部门协调下，由参加联运的各种方式运输企业和中转港站共同组成的联运办公室（或其他名称），货物全程运输计划由该机构制订，这种联运组织下的货物运输过程见图6-20。

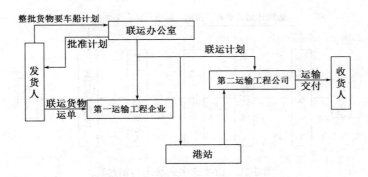

图 6-20　协作式多式联运运输过程

2. 衔接式多式联运

衔接式多式联运是指由一个多式联运企业（以下称多式联运经营人）综合组织两种或两种以上运输方式的运输企业，将货物从接管货物的地点运到指定交付货物的地点的运输。

在实践中，多式联运经营人既可能由不拥有任何运输工具的国际货运代理、场站经营人、仓储经营人担任，也可能由从事某一区段的实际承运人担任。但无论如何，都必须持有国家有关主管部门核准的许可证书，能独立承担责任。

在衔接式多式联运下，运输组织工作与实际运输生产实现了分离，多式联运经营人负责全程运输组织工作，各区段的实际承运人负责实际运输生产。在这种体制下，多式联运经营人也具有双重身份。对于货方而言，他是全程承运人，与货方订立全程运输合同，向货方收取全程运费及其他费用，并承担承运人的义务；对于各区段实际承运人而言，他是托运人，与各区段实际承运人订立分运合同，向实际承运人支付运费及其他必要的费用。很明显，这种运输组织与运输生产相互分离的形式，符合分工专业化的原则，由多式联运经营人"一手托两家"，不但方便了货主和实际承运人，也有利于运输的衔接工作，因此，它是联运的主要形式。在国内联运中，衔接式多式联运通常称为联合运输，多式联运经营人则称为联运公司。我国在《合同法》颁布之前，仅对包括海上运输方式在内的国际多式联运经营人的权利与义务，在《海商法》和《国际集装箱多式联运规则》中作了相应的规定，对于其他形式下国际多式联运经营人和国内多式联运经营人的法律地位与责任，并未作出明确的法律规定。《合同法》颁布后，无论是国内多式联运还是国际多式联运，均应符合该多式联运合同中的规定，这无疑有利于我国多式联运业的发展壮大。

衔接式联运的全程运输组织业务是由多式联运经营人（多式联运企业）完成的，这种联运组织下的货物运输过程见图 6-21。

3. 衔接式多式联运和协作式多式联运的区别

协作式多式联运与衔接式多式联运的含义和运输组织方法都有很大的区别。因而，

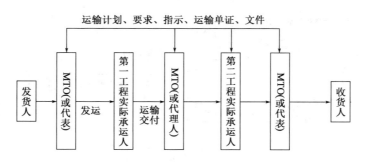

图 6-21　衔接式多式联运运输过程

它们具有自己独有的特征与优势。以下根据《海商法》《国际集装箱多式联运规则》《合同法》等有关法律法规的规定，并参照实践中的习惯做法，对协作式多式联运与衔接式多式联运的特征做简要分析比较。

（1）关于应用范围　目前协作式多式联运仅在国内联运中采用，而衔接式多式联运不仅在国际货物运输中广泛采用，而且在国内货物运输中采用的比例也在迅速扩大。

（2）关于联运机构/多式联运经营人的性质　在协作式多式联运下，各联运换装港/站大都设置联运机构，以便于协调换装作业及衔接工作，但联运机构不具备法人资格，不能独立承担责任。而衔接式多式联运下的多式联运经营人应持相应的许可证书，能够独立承担责任，这是衔接式多式联运开展的必备条件。目前，妨碍这种联运形式发展的原因之一就在于目前运输市场上存在大量无法独立承担责任的非法多式联运经营人。

（3）关于计划运输　在法定多式联运下，国家运输主管机关批准下达的联运计划是发货人办理托运的前提条件和参与承运的承运人办理货物衔接的依据。对于中央部属物资的联运计划，应由发货人的主管部门分别向交通部、铁道部提送月度联运货物托运计划表，其他物资由发货人向起运港或起运站提送，该联运计划批准后转发发货人和有关运输企业、港站，以便发货人凭此办理货物托运、填写水陆货物联运运单，以及有关运输企业、港站组织货物运输。协议多式联运和衔接式多式联运无需事先提报联运计划，不实行计划运输，可直接办理托运、填写运单或提单。

（4）关于全程运输所涉及的商务作业和衔接工作　在协作式多式联运下，由实际承运人负责全程运输所涉及的商务作业和衔接工作。而在衔接式多式联运下，多式联运经营人负责包括受理托运、收货、签发运输单据、收取运费、运输衔接、交付、受理货方的索赔等所有商务作业和衔接工作，实际承运人不与货方直接发生关系。

（5）关于运费标准、全程单一（统一）费率及运费核收办法

① 在法定多式联运中，运费标准由国家统一制定。在协议多式联运和衔接式多式联运中，运费标准由双方协商（在分段计价时，如果某一区段实行国家定价，则该区段不能采取协议价）。

② 在国内多式联运中，一般无法做到全程单一（统一）费率，大多采取按运输方式分段计费，运费核收大多采取全程一次收费为主，分段收费为辅的方法。

四、多式联运单证

联运单证(CTD):是指证明从事货物联运工作和/或组织货物联运工作合同的一种单证。单证证明应标有"可转让的联运单证,根据联运单证统一规则(国际商会第298号出版物)签发",或"不可转让的联运单证,根据联运单证统一规则(国际商会第298号出版物)签发"字样。

多式联运单据是指证明多式联运合同以及证明多式联运经营人接管货物并负责按照合同条款交付货物的单据。

多式联运单据并不是多式联运合同,而只是多式联运合同的证明,同时是多式联运经营人收到货物的收据和凭其交货的凭证。

知识链接

国际多式联运单据与联运提单的区别

国际多式联运单据(combined transport document,简称CTD)与联运提单的区别主要是:

(1)多式联运单据是两种或两种以上不同运输方式的联运(第一程可以不是海运),而联运提单仅限于由海运(第一程)与其他运输方式所组成的联合运输时使用。

(2)多式联运单据是由多式联运的经营人或其授权人签发的,而联运提单则由承运人、船长或承运人的代理人签发。

(3)多式联运单据的签发人必须对货物的全程运输负责,而联运提单的签发人仅对第一程运输负责。

(4)多式联运单据既可以是已装船单据,也可以是联运经营人接管货物后待运单据,而联运提单必须是第一承运人签发的已装船的全程联运提单。

1. 单证规则

(1)托运人责任和权力 托运人将货物交给多式联运经营人,所提供货物的名称、种类、包装、件数、重量、尺寸、标志等应准确无误,如系特殊货物还应说明其性质和注意事项。

由于下列原因所致造成货物灭失、损坏或对多式联运经营人造成损失,托运人应自行负责或承担赔偿责任:

① 箱体、封志完好，货物由托运人装箱、计数、施封或货物装载于托运人的自备箱内；

② 货物品质不良或外包装完好而内装货物短损、变质；

③ 运输标志不清，包装不良。

由于托运人的过失和疏忽对多式联运经营人或第三方造成损失，即使托运人已将多式联运单据转让，仍应承担赔偿责任。

托运人托运危险货物，应当依照该种货物运输的有关规定执行，并妥善包装，粘贴或拴挂危险货物标志和标签，将其正式名称和性质以及应采取的安全防护措施书面通知多式联运经营人；由于未通知或通知有误的，多式联运经营人可以根据情况将货物卸下、销毁或者采取相应的处理手段，而不负赔偿责任。托运人对多式联运经营人因运输该种货物所受到的损失，应当负赔偿责任。

（2）多式联运经营人权利义务　多式联运经营人签发多式联运单据后，即表明多式联运经营人已收到货物，对货物承担多式联运责任，并按多式联运单据载明的交接方式，办理交接手续。

多式联运经营人对货物的责任期间：自接收货物时起至交付货物时止。

多式联运经营人未在多式联运单据上对货物或集装箱的外表状况加以批注，则应视为他已收到外表状况良好的货物或集装箱。

多式联运经营人有义务按多式联运单据中收货人的地址通知收货人货物已抵达目的地。

货物的灭失、损坏或迟延交付发生在多式联运经营人责任期间内，多式联运经营人应依法承担赔偿责任。

多式联运经营人对货物运输延迟的责任：只有在确知发生延迟的运输区段时，多式联运经营人才有责任支付延迟赔偿金。赔偿金的限额为该运输区段的运费。但适用于该区段的国际公约或国内法另有规定时除外。

（3）货物灭失或损坏　货物灭失或者损坏的情况非显而易见的，整箱货物交付的次日起连续十五日内，货物拆箱交付的次日起连续七日内，收货人应当提交书面通知，收货人未将货物灭失或者损坏的情况书面通知多式联运经营人的，此项交付视为多式联运经营人已经按照多式联运单据的记载交付以及货物状况良好的初步证据。

货物的灭失、损坏或迟延交付发生于多式联运的某一区段的，多式联运经营人的赔偿责任和责任限额，适用该运输区段的有关法律、法规。

货物的灭失、损坏不能确定所发生的区段时，多式联运经营人承担赔偿责任的赔偿责任限制为：多式联运全程中包括海运的适用于《中华人民共和国海商法》，多式联运全程中不包括海运的适用有关法律、法规的规定。

货物的迟延交付不能确定所发生的区段时，多式联运经营人对迟延交付承担的赔偿责任限制，在多式联运全程中包括海运段的，以不超过多式联运合同计收的运费数额为限。

货物的灭失或损坏和迟延交付同时发生的，多式联运经营人的赔偿责任限额按货物的灭失或损坏处理。

如能证明货物的灭失、损坏或迟延交付是多式联运经营人有意造成或明知有可能造成而毫不在意的行为或不行为所致，多式联运经营人则无权享受相关规定的赔偿责任限制。

（4）相关时效

① 多式联运全程包括海运段的，对多式联运经营人诉讼时效期间为一年。

② 多式联运全程未包括海运段的，按民法通则的规定，对多式联运经营人的诉讼时效期间为两年。

③ 时效时间从多式联运经营人交付或应当交付货物的次日起计算。

④ 多式联运经营人对第三人提起追偿要求的时效期限为九十日，自追偿的请求人解决原赔偿请求之日起或者收到受理对其本人提起诉讼的法院的起诉副本之日起计算。

2. 多式联运单证签发

（1）多式联运经营人接管货物时，应签发一项多式联运单据，该单据应依发货人的选择，或为可转让单据或为不可转让单据。

（2）多式联运单据应由多式联运经营人或经其授权的人签字。

（3）多式联运单据上的签字，如不违背签发多式联运单据所在国的法律，可以是手签、手签笔迹的复印、打透花字、盖章、符号，或用任何其他机械或电子仪器打出。

3. 单证内容

（1）货物品类、识别货物所必需的主要标志，如属危险货物，其危险特性的明确声明、包数或件数、货物的毛重或其他方式表示的数量等，所有这些事项均由发货人提供。

（2）货物外表状况。

（3）多式联运经营人的名称和主要营业所。

（4）发货人名称。

（5）如经发货人指定收货人，收货人的名称。

（6）多式联运经营人接管货物的地点和日期。

（7）交货地点。

（8）如经双方明确协议，在交付地点交货的日期或期间。

（9）表示该多式联运单据为可转让或不可转让的声明。

（10）多式联运单据的签发地点和日期。

（11）多式联运经营人或经其授权的人的签字。

（12）如经双方明确协议，每种运输方式的运费；或者应由收货人支付的运费，包括用以支付的货币；或者关于运费由收货人支付的其他说明。

（13）如在签发多式联运单据时已经确知，预期经过的路线、运输方式和转运地点。

（14）如不违背签发多式联运单据所在国的法律，双方同意列入多式联运单据的任何其他事项。

但是以上一项或者多项内容的缺乏，不影响单据作为多式联运单据的性质。

知识链接

多式联运提单样式

多式联运提单范本见表6-2。

表6-2　多式联运提单样式

多式联运提单

Shipper	COSCO CHINA OCEAN SHIPPING COMPANY. COMBINED TRANSPORT BILL OF LADING RECEIVED the goods in apparent good order and condition as specified below unless otherwise stated herein. The Carrier in accordance with the provisions contained in this document. (1) undertakes to perform or to procure the performance of the entire transport from the place at which the goods are taken in charge to the place designated for delivery in this document, and (2) Assumes liability as prescribed in this document for such transport. One of the Bills of Lading must be surrendered duly indorsed in exchange for the goods or delivery order.		
Consignee or order			
Notify address			
Pre-carriage by	Place of receipt		
Ocean Vessel	Port of Loading		
Port of Discharge	Place of delivery	Freight payable at	Number of original B/L
Container, Seal No. or Marks and Nos.	Number and kind of Packages	Description of Goods	Gross weight (kgs)	Measurement (m³)

	ABOVE PARTICULARS FURNISHED BY SHIPPER
FREIGHT & CHARGES	IN WITNESS where of the number of original Bills of Lading stated above have been signed, one of which being accomplished, the other (s) to be void.
	Place and date of issue
	Signed for or on behalf of the Carrier

实训项目六

一、训练目标

通过对以下背景案例分析，进一步了解多式联运业务的含义、组织流程及其发展趋势。

多式联运的"中间一公里"

"中间一公里"是指水运和铁路运输两种运输方式转换衔接中间的断带，断带的距离通常是一公里到几十公里不等，这段运输需要用集装箱公路拖车进行弥合，弥合的成本往往占干线运输成本的 50% 以上，吞噬的运输时效更是惊人。

"中间一公里"带来的"连而不畅"、疏港路拥堵、环境污染等一系列问题，是导致港城矛盾的主要原因。"中间一公里"已经成为多式联运发展中的突出问题，制约着多式联运的发展，而港城矛盾更是令许多地方政府头疼不已。目前，还没有哪个地区有较好的可复制的解决方案。

21 世纪 80 年代，美国洛杉矶市因港口的快速发展，港口集疏运能力与港口运输需求不匹配，引发了严重的港城矛盾，南加州政府因此提出优化疏港铁路的资源配置以协调港口和都市区的发展，继而催生了阿拉米达货运走廊项目，给洛杉矶市带来了巨大的经济、社会和环境效益。

洛杉矶港和长滩港的快速发展，导致严重的港城矛盾。洛杉矶濒临浩瀚的太平洋东侧的圣佩德罗湾和圣莫尼卡湾沿岸，是美国第二大城市。坐落于圣佩德罗湾港群的洛杉矶港和长滩港（以下文中简称双子港）是美国集装箱吞吐量排名前两位的大港。

2017 年上半年集装箱吞吐量分别为 448 万 TEU 和 345 万 TEU，同比上年增长分别为 6.9% 和 5.1%。每年完成的贸易量可达 3100 亿美元，是美国吞吐量最高的港口群，其中 60% 是来自亚洲的进口贸易。圣佩德罗湾港群的集装箱吞吐量从 1995 年的 530 万 TEU 增长到 2016 年的 1560 万 TEU，快速增长的集装箱吞吐量给城市集疏运系统带来了巨大压力。同时，随着洛杉矶城市的自身发展，又产生了用地受限、交通拥堵、噪声、环境污染等众多问题。

洛杉矶双子港是北美大陆西海岸重要的货运枢纽，60% 以上的贸易往来是加州以外的其他地区，大都是中部、东部地区的贸易。因此，洛杉矶港承担着大量的海铁联运业务。

洛杉矶城市交通运输系统建成于 100 多年前，交通网络不完善，制约了整体交通基础设施发展，再加上港口快速增长的货运量，给洛杉矶城市道路造成了更加重大的负荷。圣佩德罗湾港群有四条集疏运铁路接入洛杉矶港与长滩港，与城市道路形成 200 多个平面交汇道口，每天约有35列火车，以16公里/小时的速度通过这些道口，物流车辆与城市客运车辆在这里发生严重冲突，交通事故频发，致使整个城市交通运行效率低下，这种局面如不改善，任由港口与城市的矛盾发展，后果将不堪设想。

为了缓解日益严峻的港城矛盾，在联邦政府的授权下，加州政府开始在港口后方建造著名的阿拉米达货运走廊。为顺利推进阿拉米达货运走廊的建设，洛杉矶和长滩2个港务局，以及通道途经的7个城市，共同成立了一个阿拉米达通道项目机构——阿拉米达交通署，作为业主负责项目的融资及其他前期工作，1997年通道改造工程正式开始，2002年通道铺轨完毕并开始试运营。

阿拉米达货运走廊项目建设资金约24.31亿美元，其中发行项目长期债券约占项目资金来源金额的一半，双子港的投资额占16%。

建成后的阿拉米达货运走廊长度为32公里，将洛杉矶港、长滩港与内陆铁路场站连接，合并了4条铁路支线，开挖了16公里的地下渠道，消除了200多个平行交道口，使交通延迟损失降低90%，对缓解港城矛盾做出了极大的贡献。

阿拉米达货运走廊的修建带来一系列的效益，有效地促进了美国西海岸多式联运效率的提升。阿拉米达货运走廊的开通运营不仅带来自身运输效率的提升，而且与港口及铁路的联动也产生了一系列经济与社会效益，实现了集装箱货物在港口和铁路场站之间快速、便捷的中转。阿拉米达走廊使铁路的运行速度由不足20公里/小时提升至65公里/小时，运行效率提高了4倍，可满足每天150列火车通过。现港区与场站之间的列车运行时间由原先的2小时降低至30~45分钟，每天运行的列车最高达60列。

通过洛杉矶港和长滩港的货物中超过60%分拨到美国内陆，阿拉米达货运走廊承载内陆分拨货物的比重超过50%，年收入超过1亿美元。

阿拉米达货运走廊案例的经典之处在于，有效地缓解了日益尖锐的港城矛盾，释放了洛杉矶市的交通压力；建设采用PPP建设模式，发行长期债券，多方成立平台机构共同建设运营，摆脱了单纯地靠政府资金去建设模式，这种方式有效地保障了阿拉米达货运走廊的顺利建设和长期稳定运行，并带来了逐渐增长的收益；将港口的腹地通过铁路线向内陆发展，解决大陆桥运输和国际海运通道衔接的"中间一公里"问题，使沿海港口和内陆场站做到了高效、快捷连接，真正发挥了多式联运运输的整体效力。

美国积极探索货运走廊建设，加强多式联运协同联动。鉴于阿拉米达货运走廊取得的显著经济和社会效益，美国在其他地区也积极进行了货运走廊的建设，诺福克南方铁路公司（NS）在2010年开通了Heartland走廊，提高了美国中西部和东海岸弗吉尼亚州诺福克港之间的联运能力，该项目总投资额为2.61亿美元，NS公司已投资约1.41亿美元，该项目也得到了沿线各州和联邦政府的支持。

至今，NS公司双层列车在芝加哥和诺福克之间运行，向北通过宾夕法尼亚州的哈里斯堡（2034公里），Heartland走廊比向北线路短375公里，至少减少了2天的运行时间。

二、训练内容

（1）阅读资料，结合所学知识，介绍什么是多式联运及其组织流程；
（2）分析多式联运的兴起给我们带来了哪些改变；
（3）结合案例分析中国的多式联运建设能得到哪些提示。

三、实施步骤

（1）以4~6人小组为单位进行操作，并确定组长为主要负责人；
（2）搜集资料，将每位成员的工作内容和工作要点填入下表，完成工作计划表；

序号	工作名称	工作内容	工作要点	责任人	完成日期

（3）组织展开讨论，确定所有成果的准确性、合理性；
（4）整理资料，制作PPT并每组选派一名同学进行汇报。

四、检查评估

根据各小组实训项目完成质量情况，分别进行小组自评、小组互评和教师评价，并填入下表。

能　力		自评（10%）	小组互评（30%）	教师评价（60%）	合计
专业能力（60分）	1. 多式联运的介绍（20分）				
	2. 分析多式联运带来的改变（20分）				
	3. 中国多式联运的发展分析（20分）				
方法能力（40分）	1. 信息处理能力（10分）				
	2. 表达能力（10分）				
	3. 创新能力（10分）				
	4. 团体协作能力（10分）				
	综合评分				

思考与练习

1. 联合运输有多少种不同类型？
2. 多式联运的特点有哪些？
3. 什么是多式联运单证？

项目七
物流运输生产计划编制与运输信息系统认知

项目七 物流运输生产计划编制与运输信息系统认知

知识目标

- 了解运输生产计划的概念、作用与任务；
- 熟悉运输量计划、车辆计划、车辆运用计划的编制；
- 掌握车辆运行作业计划编制方法；
- 掌握双班运输、多班运输和四定运输等运输组织形式；
- 了解运输信息管理的相关技术和内容。

能力目标

- 能够运用所学知识进行车辆运行作业计划的编制；
- 在运输过程中采用正确的办法合理调度车辆；
- 能够运用所学的知识简单操作运输信息管理技术。

任务1 物流运输生产计划编制

一、运输生产计划的概念

与其他任何行业的企业一样，运输企业需要编制本企业在一段时间内所提供的服务产品、运输量、服务水平和所带来的产值，即运输企业的生产计划。运输生产计划是指运输企业对计划期内本企业应该完成的货物运输量、车辆构成情况和车辆利用程度等方面进行必要的部署和安排。运输生产计划是运输企业经营计划的重要组成部分，是运输企业计划期内应完成的运输工作量的工作计划。运输生产计划的主要任务是根据货物运输市场需求变化以及企业运输能力，确定企业计划年度、季度、月度的货物运输工作量及其构成状况（即运输量计划），并根据企业运输工作量计划的具体要求，确定配备运输车辆的数量、车型及其装载能力等（即车辆计划）。同时还需确定企业计划期内车辆运用的效率水平，包括工作率、里程利用率、载重量利用率、实载率等有关指标（即车辆运用计划）。然后根据计划及企业生产组织系统状况，分解运输生产任务，把任务具体分配到车队、车站、运行班组和单车等基层工作岗位，确定车辆运行作业计划。因此，运输生产计划由运输量计划、车辆计划、车辆运用计划和车辆运行作业计划组成（图 7-1）。其中，运输量计划和车辆计划是货运生产计划的基础部分，车辆运用计划是车辆计划的补充计划，运输量计划表明社会对货运服务的需求，车辆计划和车辆运用计划则表明运输企业能够提供的运输生产能力。编制货运生产计划的目的就是要在需求与可能供给之间建立起一种动态的平衡。

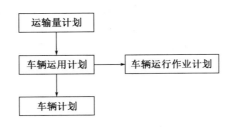

图 7-1 运输生产计划构成图

二、运输生产计划的编制

货运生产计划由运输量计划、车辆计划、车辆运用计划和车辆运行作业计划四部分构成。通常，先编制运输量计划，明确任务。然后，编制车辆计划与车辆运用计划，以满足运输量计划的要求。

（一）运输量计划

1. 运输量计划的内容

运输量计划以货运量和货物周转量为基本内容，主要包括：货运量与货物周转量的上年度的实绩、本年度及各季度的计划值以及本年计划与上年度实绩之间的比较等内容。如表 7-1 所示。

表 7-1 运输量计划

指标		单位	上年实绩	本期（年）计划					本期计划为上期实绩的百分比/%	备注
				全年合计	第一季度	第二季度	第三季度	第四季度		
货运量	零担货物	吨								
	合同货物	吨								
	集装箱货物	箱（吨）								
	特种货物	吨								
周转量	零担货物	吨公里								
	合同货物	吨公里								
	集装箱货物	箱公里								
	特种货物	吨公里								

2. 编制运输量计划的依据

任何一项生产计划的编制，都必须以深入的市场调查为基础。运输企业在生产力的三要素中，仅能掌握劳动者和劳动工具，不能控制劳动对象。因此，对货运企业而言，进行深入而详尽的市场调研，掌握货流的详细情况就显得尤为重要。通常可根据下列资料确定货物运输量：

（1）国家近期运输方针和政策　不同的运输方针与政策会影响生产企业对不同运输方式的选择，国家在一定时期内发展的重点不同，运输量结构会发生很大的变化。

（2）各种运输方式的发展情况

（3）公路网的发展情况

（4）企业长期计划中的有关指标和要求　为了保证企业经营目标的实现，长期计划中确定的逐年运输量计划指标，必须在各个年度计划中得到落实，因此，长期计划中的有关指标和要求是运输量计划的必要依据之一。

（5）运输市场调查及预测的结果，以及托运计划、运输合同等资料　运输企业一般都有自己比较固定的服务区域。那么，调查了解本企业服务区域内的客源分布情况，掌握货流的流量、流向等基本特征，并对其进行科学预测，是编制运输量计划的重要依据。

（6）通过签订运输合同的方法组织运输业务，是资源组织最有效的方法　企业应积极与货主签订运输合同，提高计划的准确性，为顺利组织运输生产过程创造良好的条件。

（7）企业的运输生产能力　运输企业本身拥有的运输生产能力是完成运输量计划的必要保证。因此，确定计划运输量必须与运输生产能力相适应。企业运输生产能力还应包括其他配套设施及生产力要素，如装卸机械设备配套情况、站场设施、职工数量和素质等。

（8）服务区域经济发展以及其他有关的资料　比如，服务区域的产业结构不同，发生的运输量也不同，像重工业、轻工业发生的货物运输量就有很大差别。再如，商品流通范围扩大和流通量增加会使运输市场繁荣等。根据上述资料，通过需求（运输量）与可能（运力）的平衡预测结果与主管部门下达的货物运输量任务平衡，生产效率与经济效果的平衡，在满足社会需要、有利于国民经济发展和保证获得良好的经济效益的前提下，合理确定运输量任务。

（二）车辆计划的含义与内容

车辆计划即企业计划期内的运力计划，主要表明企业在计划期内营运车辆类型及各类车辆数量的增减变化情况及其平均运力。它是衡量企业运输生产能力大小的重要指标，可为编制运输生产计划提供企业生产经营实力的依据。在编制运输量计划的同时，应编制车辆计划。车辆计划的主要内容包括车辆类型及区分年初、年末及全年平均车辆数、各季度车辆增减数量、标记吨位等，如表 7-2 所示。

表 7-2　车辆计划

类别		额定吨位	年初		增（+）或减（-）			年末		全年平均	
			车数	吨位	季度	车数	吨位	车数	吨位	车数	总吨位
货车	大型货车										
	中型货车										
	零担货车										
	集装货车										
挂车	全挂车										
	半挂车										

（三）车辆运用计划的含义与内容

运输量计划中所确定的运输任务能否如期完成，不但与车辆计划所确定的车辆有关，还与车辆运用效率有直接关系。同等数量、同样类型的车辆，由于运用效率有高有低，所以完成的运输工作量不会相等。

车辆运用计划是运输企业在计划期内全部营运车辆生产能力利用程度的计划，是计划期内车辆的各项运用效率指标应达到的具体水平。车辆运用计划是根据运输量计划、车辆计划来确定的，是平衡运力与运量计划的主要依据之一，同时也是企业生产经营计划、技术计划、财务计划和核算的重要组成部分。因此，车辆计划必须与车辆运用计划紧密结合。

车辆运用计划由一套完整的车辆运用效率指标体系所组成，通过这些指标的计算，最后可以求出车辆的计划运输生产效率，车辆运用计划的主要内容如表 7-3 所示。

表 7-3　车辆运用计划

指标		上年度实绩	本年度完成					本年计划与上年度实绩比较
			全年	第一季度	第二季度	第三季度	第四季度	
汽车	营运总车日							
	平均营运车辆							
	平均每日吨位数							
	车辆平均吨位							
	车辆完好率							
	车辆工作率							
	工作车日数							
	平均车日行程							
	总行程							
	里程利用率							
	载重行程							
	载重行程周转量							

续表

指标		上年度实绩	本年度完成					本年计划与上年度实绩比较
			全年	第一季度	第二季度	第三季度	第四季度	
汽车	载重量利用率							
	货物周转量							
挂车	托运率							
	货物周转量							
汽挂车综合	货物周转量							
	平均运距							
	运货量							
	车吨年产量							
	单车期产量							
	车吨位产量							

（四）车辆运行作业计划

车辆运行作业计划包括提高车辆的时间利用、采用先进的货运形式、选择行驶路线及合理组织装卸工作等。

1. 车辆运行组织形式

货运车辆总生产率的关系式表明，增加车辆在线路上的工作时间，能相应地提高车辆的总生产率。实行多班运输货运组织形式，可以停人不停车或少停车增加了车辆工作时间，提高了车辆设备利用率和生产率。

组织多班运输的基本方法，就是每辆汽车（汽车列车）配置两名以上的驾驶员，分日夜两班或三班轮流地行驶，这种组织方法比较简单易行，在货源、驾驶员、维修、装卸等条件都具备的条件下，不需增加车辆设备就可开展，并能取得较好效果。组织多班运输，在运输组织方面，主要应解决好劳动组织和车辆行车调度。劳动组织的首要任务是安排好驾驶员的劳动休息和学习时间，同时也应考虑到定车、定人、车辆保修的安排。

在组织多班运输时，由于夜班比日班条件差，无论道路照明、事故处理、工作联系等方面都不如日班方便，因此对大宗货运任务以及组成往复式的货运任务，由于其配载及装卸工作较单一，适合安排夜班运输。为适应开展多班运输，应特别注意和收发货单位搞好协作关系，创造良好的装卸货现场条件，以保证顺利地开展多班运输。

2. 组织多班运输必须具备的条件

（1）货源固定、大宗，有夜间作业条件。
（2）运输线路和现场条件也适合多班运输的开展。
（3）能按开展双班运输的要求安排好多环节的人员力量。
（4）保修技术力量能适应双班运输快速保修的需要。

（5）有能保证多班运输的装卸力量。

3. 多班运输的组织形式

（1）一车两人，日夜双班　即每车配备驾驶员两人，分为日夜两班，每隔一定时间（月或旬），日夜班驾驶员相互调换一次，配备一名替班驾驶员，替班轮休。这种组织形式，又可根据运距长短，分为起点交接、中途交接和随车交接三种形式，如图7-2所示。

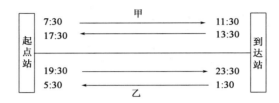

图7-2　一车两人，日夜双班

（2）一车两人，轮流驾驶，日夜双班　一辆车上同时配备两名驾驶员，在车辆全部周转时间内，由两人轮流驾驶，交替休息。这种组织形式适用于运距很长、货流不固定的运输线路或长途干线货运线路上，如表7-4所示。其优点是能定人、定车，最大可能地提高车辆时间利用；缺点是驾驶员在车上得不到正常的休息。

表7-4　一车两人排班表

时间		14:30~17:00	17:00~21:00	21:00~1:00	1:00~5:00	5:00~12:00	12:00~19:00	19:30~21:30
作业项目		准备与装车	运行	运行	睡眠	运行	运行	卸车与加油
执行者	驾驶员A	V	V		V	V		V
	驾驶员B	V		V	V		V	V

（3）一车三人，日夜双班、两工一休　每车配备三个驾驶员，日夜双班，每个驾驶员工作两天，休息一天。这种组织形式适宜于1个车班，能达到或完成一趟或多趟往返的运输任务，如表7-5所示。

表7-5　一车三人（两工一休）排班表

日期	一	二	三	四	五	六	七
甲	日	日	休	夜	夜	休	日
乙	夜	休	日	日	休	夜	夜
丙	休	夜	夜	休	日	日	休

（4）一车三人，日夜三班，分段交接　每车配备驾驶员三人，日夜三班行驶。驾驶员在中途定站定时进行交接，途中交接站可设在离终点站较近（约为全程的1/3）的地方，并在一个车班时间内能往返一次，在起点站配备驾驶员两人，交接站配备驾驶员一人，每隔一定时间内三名驾驶员轮流替换如图7-3所示。这种组织形式能充分利用车辆

设备，运输效率高，但驾驶员的工作时间不均衡，需要驾驶员的人数也较多，并要做到车辆及时维修。

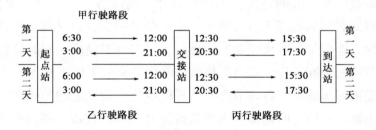

图 7-3　一车三人，日夜三班，分段交接

（5）两车三人，日夜双班、分段交接　两辆车配备驾驶员三人、分段驾驶，交接站设置在起点站或到达站较近，在一个车班时间内能完成一次往返的地方。这种组织形式适用于两天可以往返一次的运输任务，如图 7-4 所示。这种组织形式，能做到定人定车运行，需配备驾驶员较少，但车辆利用时间仅较单班车提高 50%，实际上是一班半的运行制度。

图 7-4　两车三人分段行驶示意图

（6）组织多班运输时，要注意做好以下几项工作

① 合理选定交接班的地点。

② 配运工作，要将难运的货物安排在日班，好运的安排在夜班。例如：零散的货运任务和循环运输等，由于装卸地点较多，情况比较复杂，所以应安排在日班运输，而大宗的货运任务以及组成往返式运输，由于任务比较稳定，变动少，应安排给夜班完成。

③ 运行管理，应适应多班运输的情况，协调好人员安排。协调好货物发送、交付及装卸等环节，确保双班运转的正常进行。

虽然多班运输的开展，单车产量有所提高，但企业所开支的费用与工作人员也随之相应增加，所以只有全员劳动生产率有了提高，单位成本同时有所下降，才是双班运输的现实效果和优化方案。

4．四定运输

"四定运输"就是定车、定人、定任务、定时间进行运输生产，在送货量大且稳定的情况下，使用"四定运输"，能取得较好的运输效果。定车、定人，能使驾驶员熟悉自己汽车的特性，更好地爱护车辆和使用车辆。定任务能够使驾驶员熟悉任务的性质、道路、装卸现场及收发货人的情况，先做好装卸货的准备工作，可以简化收发货手续，提高了车辆的时间利用和提高了服务质量。由于任务固定，而且驾驶员熟悉道路、交通和装卸现场情况，能保证行车安全和节约燃料，提高行车速度。同时装卸工人也能更熟练地掌握该种货物的装卸工作，提高工作效率和促进装卸工作机械化。

定时运输能搞好运输生产各环节之间、运输单位与货主之间的衔接工作，尤其在拖挂运输、双班运输中采用定时运输，更能取得较好的经济效益。要搞好定时运输，必须做好运输生产过程中各项有关作业时间消耗的查定工作，其具体内容可包括：

① 查定车辆在不同线路上空驶或重驶的时间定额。
② 查定车辆在装载不同种类货物时的装卸车作业时间定额。
③ 确定驾驶员在生活上和交接班等所需要的时间。

有了上述这些时间标准，就可据此制订车辆运行图和行车时刻表。定时运输就是指以这些车辆运行图和行车时刻表为依据而组织的运输。

三、选择最佳车辆行驶路线

行驶路线就是车辆在完成运输工作中的运行路线。由于在组织车辆完成货运任务时，通常存在多种可选行驶路线方案，而车辆按不同的运行路线完成同样的运输任务时，其利用效果是不一样的。因此，在满足货运任务要求的前提下，要选择一条最经济的运行线路。所谓最经济的运行路线，就是在保证运输安全、满足运输服务要求的前提下，运输时间和运输费用最省的路线。由于在一班情况下车辆的运输时间和运输费用均和车辆行程成正比，因此，在忽略车辆行驶速度和不同道路条件下车辆运行费用差别的前提下，可以认为行程最短的路线是最经济的运行线路。

简单的车辆行驶路线可以分为往复式、环形式和汇集式。

1. 往复式运输线路

往复式运输线路是指车辆在两个装卸作业点之间的线路上，做一次或多次重复运行的运输线路。这种运输线路的几何形状可近似地看作是直线型，可分为单程有载往复式、回程部分有载往复式和双程有载往复式三种。这三种线路类型，以双程有载往复式线路的里程利用率最高，而单程有载往复式里程利用率最低，在实际的运输组织工作中应尽量避免选择单程有载往复式运输线路。

2. 环行式运输线路

环行式运输线路是指车辆在若干个装卸作业点组成的封闭回路上，做连续单向运行的运输线路。在环行式运输线路的选择中，以里程利用率最高为原则。

3. 汇集式运输线路

汇集式运输线路是指车辆沿分布于运行线路上各装卸作业点，依次完成相应的装卸作业，且每次货物装卸量均小于该车额定载重，直到整个车辆装满（卸空）后返回出发点的行驶线路。这种形式的运输线路的组织工作较为复杂，但有利于做到"取货上门，送货到家"，可有效满足客户需求，在配送运输中被广泛应用，在汇集式运输线路的选择中，以运输费用最低为原则。

现代物流配送中，可能会是一个复杂的运输网络。当道路网分布复杂、货运点分布范围较大时，采用运筹学方法来确定车辆行驶路线是最佳选择，具体参考"项目八物流运输决策"。

四、选择运输车辆

运输车辆的选择，主要指车辆选择和载重量的选择，合理选择车辆，不仅可以保证货物完好，而且可以提高车辆载重量的利用率、装卸工作效率，缩短运达期限并减少运输费用。在通常情况下，车辆的选择应保证运输费用最少这一基础要求。其影响因素主要包括：货物的类型、特性与批量、装卸工作方法、道路以及气候条件、货物送达速度以及运输工作的劳动、动力及材料消耗量等。

1. 车辆类型的选择

车辆类型的选择，主要指对通用车辆和专用车辆的选择。针对不同类型货物的运输需要采用相应的专用车辆，可以保证货物的完好、减少劳动消耗量、改善劳动条件、提高行车安全及运输经济效果。专业车辆主要用于运输特殊货物，或在有利于提高运输工作效果的情况下，装置随车装卸机械，并可用于运输一般货物。在适宜情况下，采用专业车辆可以获得显著经济效果，例如，采用气动式装卸机构的水泥运输汽车与通用运输汽车与通用汽车相比，可以减少水泥损失和运输费用达30%。而采用面粉专用运输车与采用通用汽车运输袋装面粉相比，运输费用可降低50%左右。当运输车辆上装置了自动装卸货机械时，首先由于缩短了装卸停歇时间，可以使得车辆运输生产率得到一定的提高；但是另一方面，装置了具有一定重量的自动装卸货机械，从而使得车辆的有效载重量会有一定程度上的降低，从而又会使得车辆运输生产率下降。显然，只有在一定条件下，采用专用车辆才是合理的。

2. 车辆载重量选择

确定车辆最佳载重量的首要因素是货物批量。当进行大批量货物运输时，在道路法规允许的范围内采用最高载重量车辆是合理的。而当货物批量有限时，车辆的载重量需与货物批量相适应，否则车辆载重量过大必将增加材料运力消耗量，增加成本。

案例（1）广达食品有限公司现有一批货要发运到三个客户单位。委托峰阳物流公司进行运输。三个客户单位的订单如下。

货物信息

品　名	产品条码	产品型号	等级	单位重量/千克	单位体积/立方米
娃哈哈矿泉水				15	0.035
康师傅方便面				5	0..040
心相印纸巾				3	0.040
长城干红葡萄酒				8	0.035
罐装王老吉				10	0.030
旺旺雪饼				3	0.040

客户订单一（旺和连锁）

订单号：KS1011150008　　　　　　　　送货地址：长沙市韶山南路64号

商品名称	单位	订购数量
康师傅方便面	箱	20
娃哈哈矿泉水	箱	15

客户订单二（大地公司）

订单号：DD1011150012　　　　　　　　送货地址：长沙市五一路102号

商品名称	单位	订购数量
康师傅方便面	箱	30
娃哈哈矿泉水	箱	35
旺旺雪饼	箱	30

客户订单三（千惠连锁）

订单号：QH1011100012　　　　　　　　送货地址：长沙市湘江大道95号

商品名称	单位	订购数量
康师傅方便面	箱	35
长城干红葡萄酒	箱	20
旺旺雪饼	箱	20

（2）浩悦运输公司车辆信息

车辆信息

车型	载重	货箱尺寸/毫米
A	15吨	15600×2300×2500
B	8吨	9600×2300×2500
C	5吨	5600×2200×2300

要求：根据给定的车型选择最优车辆。

参考答案：

（1）计算出待运货物的总重量、总体积

商品名称	箱数/箱	总重量/千克	总体积/立方米
康师傅方便面	85	425	3.4
娃哈哈矿泉水	50	750	1.75
旺旺雪饼	50	150	2
长城干红葡萄酒	20	160	0.7
合计		1485	7.85

（2）根据给定的车型选择最优车辆

车型	载重	货箱尺寸/毫米	体积/立方米
A	15吨	15600×2300×2500	89.7
B	8吨	9600×2300×2500	55.2
C	5吨	5600×2200×2300	28.336

因此选择 C 型车。

五、运输车辆调度

车辆调度是指制订行车路线，使车辆在满足一定的约束条件下，有序地通过一系列装货点和卸货点，达到诸如路程最短、费用最小、耗时最少等目标。

车辆调度方法主要有三种，即三角调度、循环调度和交叉循环调度。

1. 三角调度

所谓三角调度是在三角运行路线中使用的一种调度方法。如图 7-5 所示，如果在一个三角形的运输任务中，当任何两边有顺行单边货源时，即 A 点有货需要运到 B 点，B 点有货需要运到 C 点，则可以组织三角调度，即从 A 点派一辆车装上 A 点的货送到 B 点，之后装上 B 点的货送到 C 点，之后从 C 点返回 A 点。如采用三角调度，则可见，通过三角调度可以提高车辆的里程利用率，三角调度是最简单的一种调度方法。

2. 循环调度

循环调度是指在循环路线中，运输工具由起点出发后，完成所有的运输任务后再回到起点的一种调度方法。如图 7-6 所示，A、B、D、F 都有货物要运到这些点后面的点，如果采用专车调度，A、B、D、F 点处都派一辆车为下一点送货，则里程利用率是 50%［里程利用率 = 载运里程（公里）/行驶里程（公里）×100%］。如在 A 点载货送到 B 点，在 B 点载货送到 C 点，空驶到 D 点，在 D 点载货送到 E 点，空驶到 F 点，在 F 点载货返回 A 点，即循环调度，则里程利用为 56%。

3. 交叉循环调度

所谓交叉调度是指在交叉路线，直接由相互交叉的路线进行运输的一种调度方法。如图7-7所示，如果A点有货需送到B点，而C点有货需要送到D点，如从A、C两点各派一辆车采用专车调度，里程利用率是50%。如果从A点载货送到B点，空驶驶向C点，从C点载货送到D点，空驶到A点，则里程利用率较专车调度提高了25%。

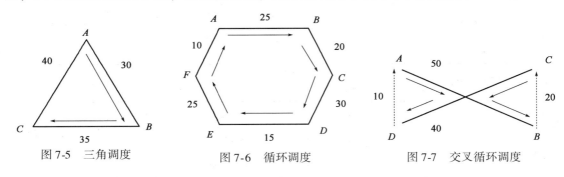

图 7-5　三角调度　　　图 7-6　循环调度　　　图 7-7　交叉循环调度

任务2　物流运输信息系统认知

一、运输信息的含义与运输信息管理内容

随着经济全球化进程的加快，中国物流行业激烈的竞争以及各种高科技手段的广泛应用，特别是条形码技术、全球卫星定位技术、地理信息系统及智能运输系统等信息技术的广泛应用，要求物流企业提供多频率、小批量、及时送达的高水准物流运输服务以及要求物流企业以适当的成本提供差别化的运输服务。如今许多物流运输企业就从战略的高度建立运输信息管理系统，以此来降低物流成本、提高管理水平和服务质量，从而提高企业的竞争力。

1. 运输信息的含义

运输信息是指与运输活动（如运送过程、在途保管、装卸、搬运等）有关的信息（如知识、资料、图像、数据、文件等）组成的一个信息的集合体。它是运输活动中各个环节所生成的信息，一般随着从生产到消费的各个运输活动的产生而产生，是整个运输活动顺利进行所不可缺少的。也就是说，运输信息与运输活动中的各个环节都有密切的关系，能够支持整个运输活动（也就是支持从接受送货请求、取货、保管发货到运输等实际事务和作业）的信息系统，在运输活动中起着神经系统的作用。

2. 运输信息管理的内容

运输信息管理是通过对过程控制和分支业务相结合的管理，辅助运输企业规范化管理，实现货物、资金流动的可追溯性，同时运用异地分公司管理，采用局域网用户通过客户机软件与系统服务器相连实现远程业务管理。使决策者方便及时地了解企业过去、现在的业务状况，为决策提供参考。

依据业务和过程，运输信息管理实现了仓储—配载—专线运输—抵达目的地的全过程管理。从业务角度可以实现对运输企业分部、分公司的全面业务管理；实现对运单的统一管理，实现对现付、到付、代收货款、配送费、中转费等各种款项的记录、结算等的管理。同时还要提供各种真实有效的经营报表，进行开源节流，提高管理和决策手段，最大化地赢得客户。运输信息管理的内容主要包括以下几个方面：

（1）车辆管理　　在运输企业中对于车辆的管理是一项烦琐复杂的工作，需要对大量的信息进行收集、整理、统计汇总，并提供明细的报表，以供管理者查看、解决所出现的问题。而实际情况是，在运输企业中对于车辆的登记、调度、费用支付等工作都消耗了企业较多的人力、物力、财力资源，占有运输企业运作成本的较高比例。而企业往往花费了较大的精力对车辆进行管理，却难以管得深入、全面并获得企业所需的各种信息。所以，人工的管理方式很难支持如此大信息量的工作，企业必须利用信息技术来解决车辆管理的问题。

① 必须对企业现有的车辆进行档案登记，包括自有车辆、长期合作的社会车辆及其他有合作关系的运输企业的车辆信息都要进行登记。这一工作主要是为了让企业通过车辆档案登记的工作，理清自身的车辆资源，进一步明确企业到底拥有多少可用的车辆资源，是对企业资源的一个再认识的过程。

② 在正常的业务运作当中，对每辆车所进行的每一次运输任务都进行了详细的记录，统计每次运输任务中企业所支付的运输费，并核算出每辆车在每次任务中所耗费的成本和所创造的利润。对于车辆在进行运输任务过程中所发生的违纪现象或事故都进行详细的记录，并提供查询。对于车辆的发出、报到都有明确的记录，在车辆调度方面提供所有可用车辆资源的查询，并标记车辆的在库、在途等状态，为车辆调度提供依据。

③ 对车辆的管理是穿插于整个业务流转过程的，是对运输过程的记录和分析，把与车辆管理相关的数据提取出来形成企业所需的各种数据，并用一定的形式表现出来，便于企业管理者的查询。

（2）票据管理　　运输企业的票据，尤其是托运单，对于运输企业来讲是非常重要的业务凭证，它不但记载了托运人等业务关系人与企业的业务数据，而且还表明了企业在业务中所承担的责任和风险。对票据的管理直接关系到企业本身的利益，影响到企业的收入。一旦票据发生丢失或被人盗用，将给企业带来一定的损失。所以，运输企业必须加强对票据的管理。

根据运输企业的实际情况，要设置专有的票据管理。因为，每张单据都有一个相对唯一的编号，所以，对于票据管理的关键就是对票据编号的管理，具体来说就是做好在各种情况下的票据编号的登记、查询工作，同时企业可以自由选择是否对票据进行控制。

(3) 客户关系管理　运输企业的客户多种多样，涉及各个行业，有企业、事业单位或组织，也有个人；有食品、药品企业，也有化工、制造等企业。所以，对于不同的客户需要提供不同的服务，以满足客户的不同需求，由此，客户关系也成了运输企业管理的重点。运输企业的客户关系管理包括对特殊客户的协议管理，这涉及对客户的货物运输承诺、特殊价格体系、结算方式、欠款周期等有关双方权利义务的约定，和双方的利益息息相关，是很重要的一个管理点。此外，客户关系的管理还包括货物的在途跟踪、保费查询、运输过程的再现等，这些都是为了应对客户对于货物安全的要求和运达要求所提供的服务，也必须要进行深入细致的管理。

(4) 财务管理　企业运用运输信息管理系统建立的账务处理是立体化的财务管理模式，区别于手工处理下平面化的财务管理模式，对单据（数据产生的入口）、账本（对各种业务数据的过程维护）、报表（对业务数据的抽取和再加工之后的信息反馈）三者的管理进行了严格、有序的控制。即现代企业的立体化财务处理模式是基于单、账、表的结构，借助先进的电子信息管理，形成的立体化财务管理模式。

(5) 回执管理　在实际工作中回执是由三个步骤完成的：第一，收货方分公司将货物交付给收货人时，收货人在回执上签收；第二，到货方分公司将回执返回给发货方分公司；第三，发货方分公司将回执返回给客户。在运输信息管理中，回执管理的过程是整个企业既可以提前设置是否每票都需要回执，也可以在填写运单时，具体设置该运单是否需要回执。在填写运单后，自动将需要回执的单据进行集中管理。而在填写回执时，分别有三个不同的日期来描述回执的三个阶段：

① 签收日期。收货人收到货物的日期，其他信息还包括签收人姓名、签收人的身份证号、签收时的物品状态。

② 回执返回日期。到货方分公司将回执返回给发货方分公司的日期。

③ 回执反馈日期。发货方分公司将回执返回给客户的日期，附属信息还包括回执时客户的签收人姓名。

这三个日期虽然在同一张表格中，但在填写时可以分多次填写，也就是回执到达了哪个阶段填写哪个阶段相对应的回执信息，等到回执的整个过程结束后，统一提交，已经完成回执的就会自动消失在回执管理的界面中，表明回执过程已经结束。

(6) 岗位职责与权限管理　明确每个岗位的职责是应用运输信息管理的基本要求，也是主要管理内容。要对企业的部门和人员档案进行维护，首先，要使企业明确划分部门及部门下属人员，然后将相关信息录入。在维护好部门和人员档案后，就需要对岗位权限进行设置，即设置岗位能够操作的功能范围。在对岗位的操作权限进行了设置以后，就相当于规定了在业务运作中每个岗位的工作内容和所承担的责任。最后，只需要在岗位上安排相应的人员就可以了，表现为用户设置，把人员和相应的岗位对应起来，这样该人员就拥有了对应岗位的操作权限。整个过程完全按照企业管理中确定岗位、安排人员的方法进行，实现了责、权、利的三级管理，即对部门、岗位、人员的权限设置和管理。

二、运输信息管理技术

（一）智能运输信息系统 ITS

智能运输系统（intelligent transportation system，ITS）用各种高新技术，特别是电子信息技术来提高交通效率，增加交通安全性和改善环境保护的技术经济系统。因此，智能运输系统是在较完善的交通基础设施之上，将先进的信息技术、通信技术、控制技术、传感器技术和系统综合技术有效地集成，并应用于地面交通系统，通过加强车辆、道路和使用者之间的联系，从而建立起来的大范围内发挥作用的，实时、准确、高效的综合运输系统。

我国的 ITS 体系结构中，共分为八大服务领域，其中包含 34 项服务功能，又被细划为 137 个子服务功能。其中，八个服务领域如下：

① 交通管理与规划；
② 电子收费；
③ 出行者信息；
④ 车辆安全与辅助驾驶；
⑤ 紧急事件和安全；
⑥ 运营管理；
⑦ 综合运输；
⑧ 自动公路。

ITS 的研究对象是交通问题，但 ITS 研究开发所利用的工具不仅仅是传统的交通工程理论，还包括所有相关的高新技术，这些技术成为 ITS 中应用的关键技术。各相关专业共同构成了 ITS 的专业技术基础，因此 ITS 具有多学科交叉的特点，ITS 的研究开发需要各个相关专业人士的加盟，涉及的相关专业技术包括信息技术、计算机技术、通信技术、多媒体技术、自形控制技术等。如美国底特律的智能交通中心在系统中使用了 148 个电视监控镜头、54 幅可变交通信息板、2419 个检测线圈、2070 个不同类型的信号控制机及 9 座通信塔及 64 英里（1 英里＝1609.344 米）的高速光纤，可以实时监控高速公路的运行状况。事故管理支持系统可以提醒监控人员潜在的事故并能够提供一系列的处理方案。

（二）全球定位信息系统 GPS

1. 全球定位信息系统概述

全球定位信息系统的空间部分由 21 颗卫星组成，均匀分布在 6 个轨道面上，地面高度为 20000 余公里，轨道倾角为 55′，偏心率约为 0，周期约为 12 小时，卫星向地面发射两个波段的载波信号，卫星上安装了精度很高的原子钟，以确保频率的稳定性，在载波上调制有表示卫星位置的广播星历、用于测距的 C/A 码和 P 码以及其他系统信息，能在全球范围内，向任意多用户提供高精度的、全天候的、连续的、实时的三维测速、三维定位和授时。

知识链接

GPS 起源

GPS 起始于 1958 年美国军方的一个项目，1964 年投入使用。20 世纪 70 年代，美国陆海空三军联合研制了新一代卫星定位系统 GPS。主要目的是为陆海空三大领域提供实时、全天候和全球性的导航服务，并用于信息收集、核爆监测和应急通信等一些军事目的，经过 20 余年的研究实验，耗资 300 亿美元，到 1994 年，全球覆盖率高达 98% 的 24 颗 GPS 卫星星座已布设完成。最初的 GPS 计划在联合计划局的领导下诞生了，该方案将 24 颗卫星放置在互成 120 度的三个轨道上。每个轨道上有 8 颗卫星，地球上任何一点均能观测到 6～9 颗卫星。这样，粗码精度可达 100m，精码精度为 10m。由于预算压缩，GPS 计划不得不减少卫星发射数量，改为将 18 颗卫星分布在互成 60 度的 6 个轨道上，然而这一方案使得卫星可靠性得不到保障。1988 年又进行了最后一次修改：21 颗工作星和 3 颗备用星工作在互成 30°的 6 条轨道上。这也是现在 GPS 卫星所使用的工作方式。

2. 全球定位系统的特点

（1）全球、全天候工作　能为用户提供连续、实时的三维位置、三维速度、精确时间，不受天气的影响。

（2）定位精确高　单机定位精确优于 10 米，采用差分定位，精确可达厘米级和毫米级。

（3）功能多、应用广　随着人们对 GPS 认识的加深，GPS 不仅在测量、导航、测速、测时等方面得到更广泛的应用，而且应用领域还将不断扩大。如汽车自定位、跟踪调度、陆地救援、内河及远洋船对最佳航程和安全航线的实时调度等。

3. 全球定位系统的组成

GPS 系统包括三大部分：空间部分——GPS 卫星星座；地面控制部分——地面监控系统；用户设备部分——GPS 信号接收机。

（1）卫星及星座　由 21 颗工作卫星和 3 颗在轨备用卫星组成 GPS 卫星星座，记作（21＋3）GPS 星座。24 颗卫星均匀分布在 6 个轨道平面内。在用 GPS 信号导航定位时，为了测算测站的三维坐标，必须观测 4 颗 GPS 卫星，称为定位星座。

(2) 地面监控系统　对于导航定位来说，GPS 卫星是一动态已知点。卫星的位置是依据卫星发射的星历（描述卫星运动及其轨道的参数）算得的。每颗 GPS 卫星所播发的星历，是由地面监控系统提供的。卫星上的各种设备是否正常工作，以及卫星是否一直沿着预定轨道运行，都要由地面设备进行监测和控制。GPS 工作卫星的地面监控系统包括一个主控站、三个注入站和五个监测站。

(3) 用户设备　GPS 的用户部分由 GPS 接收机、数据处理软件及相应的用户设备组成。GPS 接收机是一种特制的无线电接收机，用来接收导航卫星发射的信号，并以此计算出定位数据。GPS 信息接收器能够捕获到一定卫星高度截止角所选择的待测卫星的信号，并跟踪这些卫星的运行，对所接收到的 GPS 信息进行变换、放大和处理，以便测出 GPS 信息号从卫星到接收机天线的传播时间，解译出 GPS 卫星所发送的导航电文，实时地计算出测站的三维位置，甚至三维速度和时间。GPS 接收机的结构分为天线单元和接收单元两大部分。接收机硬件和机内软件以及 GPS 数据的后处理软件包，构成完整的 GPS 用户设备。

4. 全球定位系统在车辆运行调度中的应用

从物流系统对运输功能的要求上来讲，要求建立一个高效的综合运输体系，合理进行各种运输方式的相互协作，充分发挥各种运输方式的优势。公路运输在综合运输体系中发挥着重要的集散运输的作用，物流配送的末端运输业务主要由公路运输来完成，运输成本是物流成本的主要部分，而公路运输成本在物流运输成本中占有很大比重。因此车辆的合理调度，提高车辆的运输效率，对提高物流系统的效率、降低物流成本、提高物流服务水平有着重要影响。GPS 定位技术给车辆、轮船等交通工具的导航定位提供了实时的定位能力，通过车载 GPS 接收机使驾驶员能够随时知道自己的具体位置。通过车载电台将 GPS 定位信息发送调度指挥中心，调度指挥中心便可及时掌握车辆的具体位置及运行动态，能实时地、动态地对车辆进行调度指挥。

车辆 GPS 定位管理系统主要是由车载 GPS 自主定位，结合无线通信系统及网络通信技术对车辆进行调度管理和跟踪。

(1) 监控中心部分的主要功能

① 跟踪功能。利用 GPS 和电子地图可以实时显示出车辆的实际位置、行驶速度、行驶方向及精确时间信息等，随着目标移动，实现多车辆、多屏幕同时跟踪。利用该功能可对重要车辆和货物进行跟踪运输。

② 模拟显示功能。可将已知的目标位置信息输入计算机，通过与地理信息系统相结合，可以将车辆位置信息直观反映在电子地图上，实现车辆导航及周围目标查询。

③ 信息查询功能。为用户提供主要物标，如旅游景点、宾馆、医院等数据库，用户能够在电子地图上根据需要进行查询。查询资料可以文字、语言及图像的形式显示，并在电子地图上显示其位置。同时，监测中心可以利用监测控制台对区域内的任意目标所在位置进行查询，车辆信息将以数字形式在控制中心的电子地图上显示出来。

④ 决策指挥功能。决策指挥命令以通信方式与移动车辆进行通信。通信方式可用文本、代码或语音等，实现调度指挥。

⑤ 紧急援助。通过 GPS 定位和监控管理系统可以对遇有险情或发生事故的车辆进行紧急援助。监控台的电子地图显示求助信息和报警目标，规划最优援助方案，通知应急处理。

（2）车载部分的主要功能

① 定位信息的发送功能。GPS 接收机实时定位并将定位信息通过电台发向监控中心。

② 数据显示功能。将自身车辆的实时位置在显示单元上显示出来。

③ 调度命令的接收功能。接收监控中心发来的调度指挥命令，在显示单元上显示或发出语音。

④ 出行路线规划和导航。包括自动线路规划和人工线路设计，自动线路规划是由驾驶者确定起点和目的地，由计算机软件按要求自动设计最佳行驶路线，包括最快的路线、最简单的路线、通过高速公路路段次数最少的路线等的计算。人工线路设计是由驾驶者根据自己的目的地设计起点、终点和途经点等，自动建立线路库。线路规划完毕后，显示器能够在电子地图上显示设计线路，并同时显示公路运行路径和运行方法。

⑤ 报警功能。一旦出现紧急情况，司机启动报警装置，监控中心立即显示出车辆情况、出事地点、车辆人员等信息。

5. 网络 GPS 的应用

随着计算机及网络通信技术在社会经济生活中的广泛应用，GPS 与互联网技术的结合为实现对物流运输过程实时动态的管理提供了技术支持，它同时融合了卫星定位技术、GSM 数字移动通信技术、计算机技术及国际互联网技术等多种信息通信技术。在公共 GPS 监控平台上，各物流运输企业可以充分运用自己的权限，进入网络 GPS 监控界面对车辆进行监控、调度、即时定位等多项操作，实现车辆实时动态信息的全程管理。网络 GPS 的优势主要体现在以下几个方面：

（1）实时监控　在任意时刻通过发出指令查询运输工具所在的地理位置（经度、纬度、速度等信息），并在电子地图上直观地显示出来。

（2）双向通信　网络 GPS 的用户可使用 GSM 的话音功能与驾驶人员进行通话，或使用本系统安装在运输工具上的移动设备的汉字液晶显示终端进行汉字消息收发对话。

驾驶人员通过按下相应的服务、动作键，将该信息反馈到网络 GPS。质量监督员可在网络 GPS 工作站的显示屏上确认其工作的正确性，了解并控制整个运输作业的准确性（发车时间、到货时间、卸货时间、返回时间等）。

（3）动态调度

① 调度员能在任意时刻通过调度中心发布调度指令，并得到确认信息。

② 可进行运输工具待命计划管理。操作人员通过在途信息的反馈，在运输工具未返回车队前即做好待命计划，提前下达运输任务，减少等待时间，加快运输工具周转速度。

③ 进行运行管理、网络 GPS 用户能将运输工具的运能信息、维修记录信息、运行状况登记、驾驶人员信息、运输工具的在途信息等多种信息提供给调度部门决策，以提高重车率，减少空驶距离，充分利用运输工具的运输能力。

（4）数据存储、分析功能

① 实现路线规划及路线优化。事先规划车辆的运行路线、运行区域，并将该信息记录在数据库中，以备以后查询、分析使用。

② 服务质量跟踪。在中心设立服务器，让有该权限的用户能异地方便地获取车辆的有关信息（运行状况、在途信息、运能信息、位置信息等用户关心的信息），同时还可给客户发送形象的地图位置信息。

③ 依据资料库储存的信息，可随时调阅每台运输工具以前的工作资料，并根据各管理部门的不同要求制作各种不同形式的报表，使各管理部门能更快速、更准确地作出判断和提出新的指示。

知识链接

中国北斗卫星导航系统

中国北斗卫星导航系统（BeiDou Navigation Satellite System，BDS）是中国自行研制的全球卫星导航系统。是继美国全球定位系统（GPS）、俄罗斯格洛纳斯卫星导航系统（GLONASS）之后第三个成熟的卫星导航系统。北斗卫星导航系统（BDS）和美国 GPS、俄罗斯 GLONASS、欧盟 GALILEO，是联合国卫星导航委员会已认定的供应商。

北斗卫星导航系统由空间段、地面段和用户段三部分组成，可在全球范围内全天候、全天时为各类用户提供高精度、高可靠定位、导航、授时服务，并具短报文通信能力，已经初步具备区域导航、定位和授时能力，定位精度 10 米，测速精度 0.2 米/秒，授时精度 10 纳秒。北斗卫星导航系统空间段由 5 颗静止轨道卫星和 30 颗非静止轨道卫星组成，中国计划 2012 年左右，"北斗"系统将覆盖亚太地区，2020 年左右覆盖全球。中国正在实施北斗卫星导航系统建设，已成功发射 16 颗北斗导航卫星。根据系统建设总体规划，2012 年左右，系统将首先具备覆盖亚太地区的定位、导航和授时以及短报文通信服务能力。2020 年左右，建成覆盖全球的北斗卫星导航系统。

（三）地理信息系统 GIS

地理信息系统（geographical information system，GIS）是多种学科交叉的产物，它以地理空间数据为基础，采用地理模型分析方法，适时地提供多种空间的和动态的地理信息，是一种地理研究和地理决策服务的计算机技术系统，用于获取、处理、分析、访问、表示和在不同用户、不同系统和不同地点之间传输数字化空间信息的系统。GIS 的基本特征是：以计算机为运行平台，空间数据参与运算，为各类应用目的服务。GIS 采用"分层"技术，即将地图中的不同要素，存储在不同的"层"中。将不同的"层"要素进行重叠，就形成不同主题的地图，如图 7-8 所示。

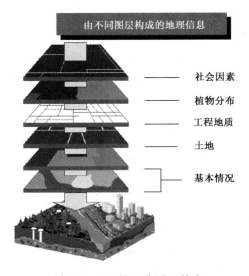

图 7-8　GIS 的"分层"技术

GIS 在物流运输中的应用如下：

① GIS 与 GPS 相结合，实现交通信息的查询和对运输工具的实时跟踪，从而提高物流运输的服务质量和效率，如图 7-9 所示。

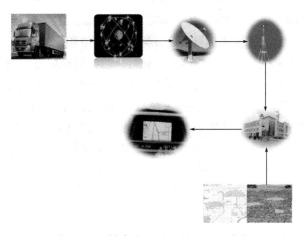

图 7-9　GIS 与 GPS 相结合实现对运输工具和货物的跟踪定位

② 车辆路线的规划，用于解决一个起始点、多个终点货物运输中如何降低物流作业费用，并保证服务质量，包括决定使用多少车辆及每辆车的行走路线等。

③ GIS 技术和其他技术相结合，可实现车辆和自动搬运车的无人驾驶。

随着社会的发展，交通线路不断增多、交通网络不断扩大，应用 GIS 这一先进空间管理方案，实现交通管理的可视化和精确化，在交通高速发展的今天就显得尤为迫切。

要实现有效的管理，企业往往需要将各种物流信息进行分析处理后，形成一个一体化视图。这些一体化视图可包括：客户所处的位置；客户有哪些特快专递或服务需求；需要调度哪些资产，而这些资产又处于什么位置，以及它们可以多快的速度送达……在这个"一览无余"视图的帮助下，一个公司能在最短的时间内为客户提供适当的产品或服务，使公司管理达到"事半功倍"的效果。

（四）企业运输管理系统 TMS

企业运输管理系统（transport management system，TMS）应用于物流企业、运输公司、各企业下面的运输队等，其主要功能和模块会因不同企业的需求不同而有所差异，它一般主要包括订单管理、配载作业、调度分配、行车管理、GPS 车辆定位系统、车辆管理、人员管理、数据报表、基本信息维护、系统管理等模块。该系统对车辆、驾驶员、线路等进行全面详细的统计考核，能大大提高运作效率，降低运输成本。

（1）订单管理　订单信息管理包括客户代码（其他关联信息将自动弹出）、产品类型、订单大小（根据产品信息自动计算订单重量及体积等信息）、订单类型、订单备注、路线规划日期、路线类型、路线批次、订单服务属性、周期性订单属性、订单优先级、订单销量、订单时间限制等等。并支持订单的批量导入导出以及按照特殊规则的分割及归类，以及紧急（临时）订单可以通过手工输入、并插入订单序列。

（2）车辆管理　可提供车型名称、车型代码、车型数量、车型级别、所需司机、所需拖车、区域限制、额定吨位、额定体积、小时成本、距离成本、发车固定成本、最大配备搬运工、最大分割区域数、特殊产品计量方式信息维护。同时针对车辆的车牌号码、追踪状态、GPS 设备编号、可调用状态、码表检测、车辆类型、固定司机编号、固定送货员编号、固定路线名称（如存在）、固定成本相关信息进行维护管理。

（3）线路规划　一般能提供自动区域划分、手动划分各区域边界，根据多种条件（车辆数量、车辆类型、平均配送量、工作时间、配送点数量、客户类型等）进行区域划分；能将优化后的区域显示在地图上。区域边界集均可进行保存并显示在地图上。

可提供自动线路规划、手动线路规划、车辆资源管理、大车使用限制、区域线路限制、服务时间计算、线路规划参数、线路规划规则、运输成本控制，能将优化后的线路显示在地图上，方便手工调整，并且相关信息能够实时更新。对优化前后的线路提供总体分析和概要；支持一天多次装车（可以从不同的仓库重新装车）；支持多车厢线路计算；能够把预先定义的周期性特殊订单/线路集合计算入动态线路；优化后的线路能够在不影响客户配送时间要求的情况下，以最优化的成本满足临时订单、紧急订单的安插；支持可视化。

（4）绩效管理　能提供绩效指标制订，系统能够按计划的线路，通过自定义公式计算出绩效考核所需的详细成本、人员工作时间、车辆行驶里程、客户需求送货时间满足率等重要指标，并能追踪配送的各指标实际值，并通过系统报表和灵活的自定义报表进行展示。

可提供绩效指标分析、绩效指标数值计算、绩效指标分析图，如通过定义人员/车辆的固定和可变成本，计算出运行成本，并以绩效图的形式显示。

（5）实时调度　提供系统实时获知某车辆的当前类型：如行驶、报警、登陆、任务车等，监控中心和司机之间可以通过语音和文字进行交流，监控中心可以给司机发送必要的路线信息或指令进行调度。

（6）车辆定位　通过 GPS 信号跟踪车辆，获取正确的经纬度，以进行准确的车辆定位，同时也通过 GPS 车辆定位得到精确的客户站点位置，消除位置误差，更好地改善路线计划方案。同时这些信息均可以直接在界面上修正，并自动导入计划模块。

（7）车辆跟踪　提供系统实时获知某车辆的当前类型：如行驶、报警、登陆、任务车等，可在电子地图上显示车辆行驶的轨迹情况、准确的位置和方向，并用时间速度曲线图来反映。

（8）配载优化　根据客户需求制订各种货物的混载规则、摆放规则、叠放规则、先进后出规则等，对车辆装载进行计算，达到车辆装载优化。并提供可视化的装载过程动态效果浏览。

（9）远程管理　提供远程查询功能，上级公司可通过电子地图实时查询所属子公司配送车辆运行状态；查询相关数据与报表。

实训项目七

一、训练目标

通过以下案例背景资料分析，结合网络信息资料，进一步了解企业运输信息系统（TMS）的含义、构成和作用。

构建 TMS 物流运输系统，提升国药控股产业链

1. 项目背景介绍

国药控股湖北有限公司在 "十二五" 期间发展的总体指导方针下，为实现企业的战略发展目标、实现物流的信息再造愿景、满足对供应链管理服务平台建设的迫切需求、

为公司战略发展提供重大技术支持，必须建设一体化的医药运输信息服务平台来支持国药控股湖北有限公司的高效运作。

2. 项目目标

（1）整合资源　通过 TMS 的建设，为国控物流搭建起物流网络，使得分公司、子公司可以在同一个网络运营，实现资源充分共享。

（2）统一标准　通过标准化产品实施，实现全网物流作业标准化，提升客户服务及满意度。

（3）提高效率　通过信息系统计算机辅助决策，提高订单调度以及运输执行的效率。

（4）降低成本　物流计划的优化通过需求计划，决定运输模式的优化、运输线路优化、运力资源的安排从而降低成本。

3. 项目实施与应用情况详细介绍

（1）TMS 系统的主要功能模块

① 系统管理功能设置。用户管理模块、权限角色管理模块、数据字典维护模块、日志管理模块。

② 基本信息设置。客户信息管理模块、车辆信息管理模块、人员信息管理模块。

③ 运输作业设置。订单处理模块、调度配载模块、运输跟踪模块。

④ 财务管理设置。统计报表管理模块、应收应付模块。

（2）运输管理系统的特点（图 7-10）

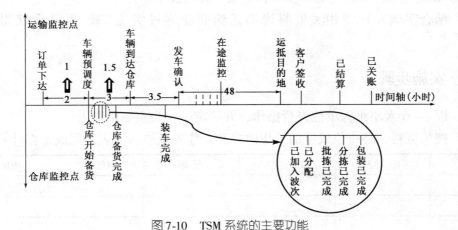

图 7-10　TSM 系统的主要功能

① TMS 是基于网络环境开发的支持多网点、多机构、多功能作业的立体网络运输软件。

② TMS 是在全面衡量、分析、规范运输作业流程的基础上，运用现代物流管理方法和计算机技术设计的先进的、标准的运输软件。

③ TMS 采用先进的软件技术实现计算机优化辅助作业，特别是对于快速发展中的运输企业，可以支持在网络机构庞大的运输体系中，协助管理人员进行资源分配、作业匹

配、货物跟踪等操作。

④ TMS 具有实用的报表统计功能，可以为企业决策提供实时更新的信息，大大简化了人员的工作量。

4. 效益分析

（1）TMS 系统使用后既满足公司目前的业务状况和公司总部与各二三级子公司的组织架构及运作模式，又满足多公司、多实体、多角色的使用需要，并能支持后续业务发展而带来的调整。

（2）满足了多层组织体系架构的各层的独立运作和各层之间分级调度、统筹协调的运作，资源的多级共享管理，在支持集中式和分布式管理的前提下既可以提供不同层级之间的协同，又可以提供与调度有关的时间效率问题的解决方案。

（3）在使用过程中 TMS 系统满足冷链运输的需求，包括对冷藏车辆、包装方案的选择建议，出库装车、运输、货物送达过程中对温度的记录和对温度要求（冷链装车要求）的提示，保证了对冷藏药品的生命周期。

二、训练内容

根据背景资料完成以下任务。

（1）结合案例并查阅相关资料（运输信息系统供应商官方网站介绍更详细）分析企业 TMS 系统一般包含哪些功能模块和集成了哪些技术；

（2）结合案例并查阅相关资料说明运输企业通过实施 TMS 系统会获得怎样的效益。

三、实施步骤

（1）以 4~6 人小组为单位进行操作，并确定组长为主要负责人；

（2）搜集资料，将每位成员的工作内容和工作要点填入下表，完成工作计划表；

序号	工作名称	工作内容	工作要点	责任人	完成日期

（3）组织展开讨论，确定所调查相关资料的准确性、合理性；

（4）整理资料，制作 PPT 并每组选派一名同学进行汇报。

四、检查评估

根据各小组实训项目完成质量情况，分别进行小组自评、小组互评和教师评价，并填入下表。

能　力		自评（10%）	小组互评（30%）	教师评价（60%）	合计
专业能力（60分）	1. 调查结果的准确性（10分）				
	2. TMS 系统分析的准确性（10分）				
	3. 企业实施 TMS 系统获得效益分析的合理性（20分）				
	4. PPT 制作与展示（20分）				
方法能力（40分）	1. 信息处理能力（10分）				
	2. 表达能力（10分）				
	3. 创新能力（10分）				
	4. 团体协作能力（10分）				
	综合评分				

思考与练习

1. 简述运输生产计划的组成。
2. 简述运输量计划及其编制依据。
3. 简述多班运输和四定运输。
4. 简述什么是 GPS 和 GIS 及其在物流运输中的作用。

项目八
物流运输决策

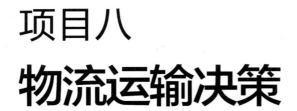

项目八 物流运输决策

知识目标

- 理解运输优化的含义和评价运输合理化的因素；
- 掌握运输优化的内容和合理化运输的措施；
- 理解运输工具选择时要考虑的因素和综合评价法；
- 掌握运输成本的核算方法；
- 掌握标号法、表上作业法、图上作业法和节约里程法的计算过程；
- 掌握运输绩效评价的内容；
- 熟悉承运商选择与运作评价的指标体系；
- 了解承运商监控内容与激励措施。

能力目标

- 能够运用所学知识进行简单的运输系统优化；
- 能运用标号法、表上作业法、图上作业法和节约里程法进行运输路线和调度优化；
- 能正确核算并控制运输成本；
- 能合理运用运输绩效评价指标对运输服务进行评价；
- 会构建承运商评价指标，并能对承运商选择和运作进行合理评价。

任务1　物流运输优化

一、运输优化的含义

运输优化是指在保证货物流向合理的前提下，在整个运输过程中，确保运输质量，以适宜、最少的运输环节，最佳的运输线路，最低的运输费用将货物运至目的地。

运输优化的过程必须贯彻"及时、准确、安全、经济"的原则。

及时，就是按照产、供、运、销情况，及时把货物从产地运到销地，尽量缩短货物在途时间，满足市场供应的需要。

准确，就是在货物整个运输过程中，切实防止各种差错事故，做到不错、不乱、不差、无误地完成货物运输任务。

安全，就是货物在运输过程中不发生霉变、残损、丢失、污染、爆炸和燃烧等事故，保证人身、货物、设备安全地运到目的地。

经济，就是选择最经济、最合理的运输线路，合理利用运输设备，节约人力、物力和财力，努力降低货物流通费用，做到充分利用运输能力，节省运输费用。

总之，"及时、准确、安全、经济"是组织货物运输优化的原则，这四个方面是辩证的统一体，只有按这个原则组织合理运输，才能取得最好的经济效益。

运输优化的重要意义在于：

（1）可以充分利用运输能力，提高运输效率，促进各种运输方式的合理分工，以最小的社会运输劳动耗费，及时满足国民经济的运输需要。

（2）可以使货物走最合理的路线，经最少的环节，以最快的时间，通过最短的里程到达目的地，从而加速货物流通，既可及时供应市场，又可降低物资的流通费用，加速资金周转，减少货损货差，取得较好的社会效益和经济效益。

（3）可以消除运输中的种种浪费现象，提高货物的运输质量，充分发挥运输效能，节约国家运力和社会劳动力，支援社会主义现代化建设。否则，因不合理运输造成大量人力、物力、财力浪费，都相应地转移和追加到产品中去，从而降低劳动生产率，提高产品价格，增加消费者负担。

二、不合理运输的表现形式

运输优化的过程就是避免不合理运输出现的过程，因为不合理运输是对运力的浪费，会造成运输费用不必要的增加，从而使运输费用和运输服务失衡。以下是不合理运输的表现形式，也是运输优化所要解决的问题。

1. 空驶运输

空车或无货载行驶，可以说是不合理运输的最严重形式。在实际运输组织中，有时候必须调运空车，从管理上不能将其看成不合理运输。但是，因调运不当、货源计划不周、不采用运输社会化而形成的空驶，则是不合理运输的表现。

2. 对流运输

对流运输又称相向运输、交错运输。凡属同一种货物或可以相互替代的货物，在同一条运输线路或相互平行的两条运输线路上，采取相对方向的运输，而与对方运程的全部或一部分发生重叠交错的现象，即称对流运输。对流运输有两种类型，一种是明显的对流运输，即在同一路线上的对流运输，如图8-1所示，从图中可以看出某种货物从甲地经过乙地运至丙地，同时又从丁地经过丙地运至乙地。这样，在乙地与丙地之间就产生了对流运输。另一种是隐蔽的对流运输，即同一种货物在违反近产近销的情况下，沿着两条平行的路线作相对方向的运输。它不易被发现，故称为隐蔽的对流运输，如图 8-2 所示。从图 8-2 可以看出，甲、丁为两个发货地，乙、丙为两个收货地。各地之间的距离分别是 40 公里、30 公里、20 公里、10 公里。从丁地发运货物 2 吨给丙地，从甲地发运同种货物 2 吨给乙地。这种运输路线是不合理的，会浪费 40 吨公里的运力。正确的运输路线应是丁地发给乙地，甲地发给丙地。

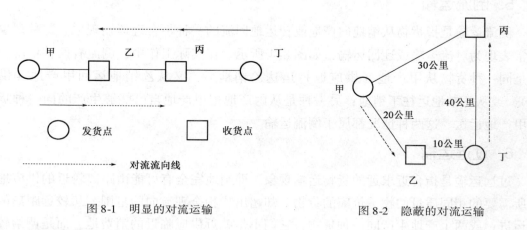

图 8-1　明显的对流运输　　　　图 8-2　隐蔽的对流运输

3. 迂回运输

迂回运输是指货物绕道而行的运输现象，本可以选取路程较短路线进行运输，却选择路程较长路线进行运输的一种不合理形式，如图 8-3 所示。迂回运输有一定的复杂性，不能简单处之，只有因计划不周、地理不熟、组织不当而发生的迂回才属于不合理运输。如果路程最短线路但交通阻塞、道路情况不好，或对噪声、排气等有特殊限制时所发生的迂回不能称为不合理运输。

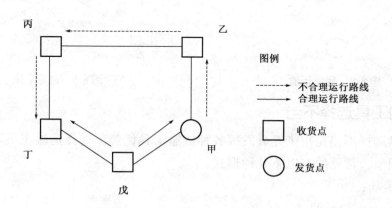

图 8-3　迂回运输

从图 8-3 可以看出，由甲地发运货物经过乙、丙地至丁地，在甲、乙、丙、丁各地之间便发生了迂回运输。正确的运输路线，应该从甲地经过戊地至丁地。

4. 重复运输

重复运输是指一种货物本可直达目的地，但由于某种原因而在中途停歇、重复装运的不合理运输现象。重复运输，一般虽未延长运输里程，但增加了中间装卸环节，延长了货物在途时间，增加了装卸搬运费用，而且会降低运输工具使用效率，影响其他货物运输。

5. 倒流运输

倒流运输是指货物从销地向产地或转运地回流的一种不合理运输现象。这种现象也常常表现为对流运输或迂回运输，如图8-4所示。在实际工作中，倒流有两种情况：一种是同一种货物从甲产地（供应地）运达乙销地后，又从乙销地运回甲产地（供应地），或从乙销地运往丁销地；另一种是从丙产地把甲产地自己能够生产的同一种货物向甲产地运送。这两种情况都属于倒流运输。

6. 过远运输

过远运输是指舍近求远的货物运输现象，即销地完全有可能由距离较近的供应地运进所需要的相同质量的物美价廉的货物，却超出货物合理流向的范围，从较远距离的地区运进；或两个产地生产同一种货物，它们不是就近供应临近的消费地，而是调给较远的其他消费地，如图8-5所示。过远运输消耗时间长、周转慢、物资占压资金时间长，且易出现货损，增加费用开支。

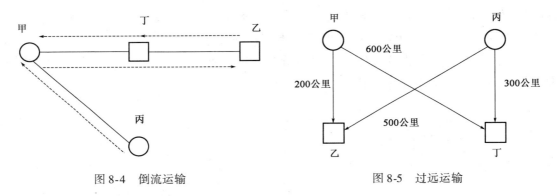

图8-4 倒流运输　　　　　图8-5 过远运输

7. 运输工具选择不当

运输工具选择不当是指未充分发挥各种运输工具优势，选择运输工具不正确造成的不合理运输现象，常见的有以下几种形式：

① 弃水走陆；
② 铁路、大型船舶的过近运输；
③ 承载能力选择不当。

8. 运输组织形式选择不当

运输组织形式选择不当是指对于货主而言，可以选择最好的运输组织形式而未选择，造成运力浪费及费用支出加大的一种不合理运输。例如，本应选择整车运输而未选择，反而采取零担运输；应当直达运输而选择了中转运输；应当中转运输而选择了直达运输等都属于这一类型的不合理运输。

上述几种不合理运输形式都是在特定条件下表现出来的，在进行判断时必须注意不合理的前提条件，否则就容易出现判断的失误。例如，如果同一种产品，商标不同，价格不同，所发生的对流，不能绝对看成不合理运输。因为其中存在着市场机制引导的竞争，优胜劣汰，如果强调因为表面的对流而不允许运输，就会保护落后、阻碍竞争甚至助长地区封锁。类似的例子，在各种不合理运输形式中都可以举出一些，然而，以上对不合理运输的描述主要就形式本身而言，是主要从微观观察得出的结论。在实践中，必须将其放在物流系统中进行综合判断，在不做系统分析和综合判断时，很可能出现"效益背反"现象。单从一种情况来看，避免了不合理，做到了合理，但它的合理却使其他合理出现不合理；只有从系统角度，综合进行判断才能有效避免"效益背反"现象。

三、评价运输合理化的因素

影响运输合理化的因素很多，起决定作用的有如下五个方面，称作合理运输的"五要素"。

1. 运输距离

运输过程中，运输时间、运输费用等若干技术经济指标都与运输距离有一定的比例关系，运输距离的长短是运输是否合理的一项最基本的因素。

2. 运输环节

每增加一个运输环节，势必要增加运输的附属活动，如装卸、包装等，各项技术经济指标也会因此发生变化。因此，减少运输环节将对合理运输具有一定的促进作用。

在生产资料和生活资料运输中，通过直达运输可以建立起稳定的产销关系和运输系统，也有利于提高运输计划水平，考虑用最有效的技术来实现这种稳定运输，从而大大提高运输效率。特别需要指出的是，如同其他合理化措施一样，直达运输的合理性也是在一定条件下才会有表现，不能绝对认为直达一定优于中转。这要根据用户的要求，从物流整体出发作出综合判断。如果从用户需要量来看，批量大到一定程度，直达是合理的，批量较小时中转是合理的。

3. 运输工具

各种运输工具都有自己的优势领域，对其进行优化选择，最大限度地发挥其特点和作用，是运输合理化的重要一环。

4. 运输时间

在全部物流时间中，运输时间占绝大部分，尤其是远程运输。因此，运输时间缩短对整个流通时间的缩短有决定性的作用。此外，运输时间缩短，还有利于增加周转，充分发挥运力效能，提高运输线路运行能力，不同程度地改善不合理运输。

5. 运输费用

运输费用在全部物流费用中占很大比例，运输费用高低在很大程度上决定整个物流系统的竞争能力。实际上，运输费用的相对高低，无论对货主还是对物流企业都是运输合理化的一项重要标志。运输费用的高低也是各种合理化措施是否行之有效的最终判断依据之一。

上述五个要素既相互联系，又相互影响，有时甚至是矛盾的，这就要求运输部门进行综合比较分析，选择最佳运输方案。在通常情况下，运输时间短、运输费用低是考虑合理化运输的两个主要因素，它集中体现了运输的经济效益。

四、组织合理化运输措施

为了避免不合理的运输现象，在物流运输管理过程中需要采取一些措施来组织合理的运输。组织合理运输的主要措施有以下几种：

1. 分区产销平衡合理运输

分区产销平衡合理运输就是在组织物流活动中，对某种货物，将其一定的生产区固定于一定的消费区，根据产销分布情况和交通运输条件，在产销平衡的基础上，按照近产近销的原则，使货物运输线路最短，实现合理运输。

分区产销平衡合理运输适用的范围主要是品种单一，规格简单，生产集中、消费分散或消费集中、生产分散，以及调运量大的物质产品，如煤炭、木材、水泥、粮食、建材等。实行这一办法，对于加强产、供、运、销一体化，消除过远运输、近回运输、对流运输等不合理运输，充分利用地方资源，促进生产力合理布局，降低物流费用，节约运力，都有十分重要的意义。

2. 尽量发展直达运输

直达运输是追求运输合理化的重要形式，其对合理化的追求要点是通过减少中转过载换载，从而提高运输速度，省却装卸费用，降低中转货损。直达的优势，尤其是在一次运输批量和用户一次要求量达到了一整车时表现最为突出。此外，在生产资料、生活资料运输中，通过直达，建立稳定的产销关系和运输系统，有利于提高运输的计划水平，考虑用最有效的技术来实现这种稳定运输，从而大大提高运输效率。

3. "四就"直拨运输

"四就"直拨运输就是就厂直拨、就车站、码头直拨、就库直拨、就车、船不过载直拨的简称。它是减少运输中转环节，力求以最少的转运次数完成运输任务的一种形式。一般批量到站或到港混的货物，首先要经过分配部门或批发部门的仓库，然后再程序分拨或销售给用户,这样一来,往往出现增加中转环节的作业,出现了不合理的运输,增加了运输作业成本。

"四就"直拨和直达运输是两种不同的合理运输形式,它们既有联系又有区别。

直达运输一般是货物运输里程较远,批量较大。而"四就"直拨运输一般是货物运输里程较近,批量较小,一般在大中城市批发站所在地办理直拨运输业务。在运输过程中将"四就"直拨运输与直达运输结合起来会收到更好的经济效果。

4. 合装整车运输

合装整车运输也称"零担拼整车中转分运",它主要适用于杂货运输。合装整车运输是指在组织货运时,由同一发货人将不同品种但发往同一车站、同一收货人的零担货物由物流企业自己组配在一个车内,以整车运输的方式托运到目的地;或把同一方向不同到站的零担货物集中组配在一个车内,运到一个适当的车站,然后再中转分运。由于采用合装整车的办法可以减少一部分运输费用,所以可以取得较好的经济效果,而且会提高车辆利用率。

5. 提高技术装载量

提高技术装载量是组织合理运输、提高运输效率的重要内容。提高技术装载量不仅可以最大限度地利用车船载重吨位,而且可以充分利用车船装载容积。具体做法有以下几种:

(1) 组织轻重装配　组织轻重装配是指把实重货物和轻泡货物组装在一起的一种装配方法,这种方法既可以充分利用运输工具装载容积,又能达到装载重量,从而提高综合利用率。

(2) 实行解体运输　实行解体运输是针对一些体积大且笨重、不易装卸又容易碰撞损毁的货物所采取的一种装载技术。例如,大型机电产品、科学仪器、自行车、缝纫机等可将其拆卸装车,分别包装,以缩小其所占用的空间位置,达到方便装卸搬运和提高运箱装载效率的目的。

(3) 堆码技术运用　应根据车船的货位情况及不同货物的包装状态、形状采取有效的堆码技术,如多层装载、紧密装载等技术,以达到提高运输效率的目的。与此同时,改进包装技术,逐步实现单元化、托盘化,对提高运输工具技术装载量也有重要意义。

任务2　物流运输方式选择

在各种运输工具中,如何选择适当的运输工具是物流运输决策的重要内容。一般来讲,应据物流系统要求的服务水平和允许的物流成本来决定,可以使用一种运输工具也可以使用联运方式。

一、运输工具选择时要考虑的因素

运输工具选择的判断标准主要包括如下要素：货物的性质、运输时间、交货时间的适应性、运输成本、批量的适应性、运输的机动性和便利性、运输的安全性和准确性等。对于货主来说，关注的重点要素有运输的安全性、运输的准确性、运输费用以及运输时间等。具体来说，在进行运输工具选择时，一般要考虑的基本要素包括品种、时间、距离、数量和费用。

1. 品种

在运输货物品种方面，物品的形状、单件重量容积、危险性、变质性等都成为运输工具决策的制约因素。在运量方面，一次运输的批量不同，选择的运输方式也不同，一般来说，原材料等大批量的货物运输适合铁路运输或水路运输。货物运输距离的长短直接影响到运输工具的选择，一般来说，中短距离的运输比较适合于公路运输。货物运输时间长短与交货时间有关，应该根据交货期来选择适合的运输工具。物品价格的高低关系到承担运费的能力，也成为选择运输方式的重要考虑因素。

2. 时间

运输期限必须与交货日期相联系，应保证运输时限。必须调查各种运输工具所需要的运输时间，根据运输时间来选择。运输时间的快慢顺序一般情况下依次为航空运输、汽车运输、铁路运输、船舶运输。可以按照运输工具速度编组来安排日程，加上运输工具两端及中转的作业时间，就可以计算出所需的运输时间。在货物流通中，要研究这些运输工具的现状，进行有计划的运输，实现准确的交货日期是基本的要求。

3. 距离

从运输距离看，一般情况下可以依照以下原则：300公里以内，用汽车运输；300～500公里的区间，用铁路运输；500公里以上，用铁路、水路（有条件的地方）运输。这样的选择是比较经济合理的。

4. 数量

再看一下运输批量的影响。因为大批量运输成本低，应尽可能使货物集中到最终消费者附近。选择合适运输批量进行运输是降低成本的良策。一般来说，15～20吨以下的货物用汽车运输；20吨以上的货物用铁路运输；数百吨以上的原材料之类的货物，应选择铁路、水路运输。

5. 费用

虽然货物运输费用的高低是选择运输工具时要重点考虑的因素，但在考虑运输费用时，不能仅从运输费用本身出发，必须从物流总成本的角度联系物流的其他费用综合考虑，除了运输费用外，还有包装费用、保管费用、库存费用、装卸费用以及保险费用等。在选择最适宜的运输工具时，应保证在相同的服务水平下或客户满意的服务水平下，实现总成本最低。当然，在具体选择运输工具的时候，往往要受到当时特定的运输环境制约，因而必须根据运输货物的各种条件，通过综合判断加以确定。

二、运输工具选择的方法

（一）运输成本比较法

运输成本比较法实际上是运输工具选择的量化分析。如果不单纯将运输服务作为竞争手段，那么能使该运输服务的成本与该运输服务水平导致的相关间接库存成本等之间达到平衡的运输服务方案就是最佳服务方案，即运输的速度和可靠性会影响托运人和买方的库存水平（订货库存和安全库存，以及它们之间的在途库存水平）。如果选择速度慢、可靠性差的运输服务，物流渠道中就需要有更多的库存。这样，就需考虑库存持有成本可能升高，以此来抵消运输服务成本降低的情况。因此各种备选方案中，最合理的应该是，既能满足客户需求，又使总成本最低的方案。

例8-1 某公司欲将产品从坐落位置 A 的工厂运往坐落位置 B 的公司自有仓库，年运量 D 为 700000 件，每件产品的价格 C 为 10 元，每年的存货成本率 I 为产品价格的 30%，各种运输服务的有关参数见表 8-1：

表 8-1　运输服务的有关参数

运输服务方式	运输费率 R/（元/件）	送达时间 T/天	存货量 Q/件
铁路	0.10	21	100000
驼背运输	0.15	14	50000
公路	0.20	5	50000
航空	1.40	2	25000

解： 在途运输的年存货成本为 $ICDT/365$，两端储存点的存货成本各为 $ICQ/2$，但其中的 C 值有差别，工厂储存点的 C 为产品的价格，购买者储存点的 C 为产品价格与单位运费之和。

其中，D：年运输量；C：产品单价；I：年存货成本率；T：运达时间，天；R：运输费率，元/件；Q：每个储存点存货量，件。

运输服务方案对比见表 8-2。

表 8-2　运输服务的方案计算表　　　　　　　　　　　　　　　　　　单位：元

成本类型	计算方法	运输方案	
		铁路	驼背运输
运输	RD	0.1×700000=70000	0.15×700000=105000
在途存货	$ICDT/365$	0.30×30×700000×21/365=362466	0.30×30×700000×14/365=241644
工厂存货	$ICQ/2$	0.30×30×100000/2=450000	0.30×30×50000×0.93/209250

续表

成本类型	计算方法	运输方案	
		铁路	驼背运输
仓库存货	ICQ/3	0.30×30.1×100000/2=451500	0.30×30.15×50000×0.92/2=210296
总成本		1963966	766790

成本类型	计算方法	运输方案	
		公路	航空
运输	RD	0.20×700000=1400000	1.4×700000=980000
在途存货	ICDT/365	0.30×30×700000×5/365=86301	0.30×30×700000×2/365=34521
工厂存货	ICQ/2	0.30×30×50000×0.84/2=189000	0.30×30×25000×0.80/2=90000
仓库存货	ICQ/3	0.30×30.2×500000×0.84/2=190260	0.30×31.4×25000×0.80/2=94200
总成本		605561	1198721

在表 8-2 中，四种运输服务方案中，公路运输的总成本最低，因此应选择公路运输。

（二）综合因素比较法

对于具有不同形状、价格、运输批量、交货日期、到达地点的货物，都有与之相对应的适当运输工具。然而，正如速度快的运输工具成本高一样，运输工具的及时性和准确性、安全性、经济性之间都有相互制约的关系。所以，在选择运输工具和考虑运输成本时，必须对运输工具所具有的特性进行综合评价，以便作出合理选择运输工具的决策，可以采取以下步骤：

1. 确定选择运输工具的影响因素

首先确定影响运输工具选择的因素如 $F1$（经济性）、$F2$（迅速性）、$F3$（安全性）、$F4$（便利性）。

2. 确定各个影响因素的评价值即影响因素的量化

目前，还没有一种绝对有效的量化方法，本书采用最简单的一种量化方法，如下所示：

（1）经济性的量化。运输工具的经济性是用包装费、运费、保险金、库存费等有关费用合理表示的。费用越高，运输工具的经济性越低，这是不利因素。

（2）迅速性的量化。运输工具的迅速性可以用从发货地到收货地所需时间（或天数）表示。所需时间越多则迅速性越低，是不利因素。

（3）安全性的量化。运输工具的安全性可以根据过去一段时间内货物安全送达的概率来表示，安全率越高，安全性越好。

（4）便利性的量化。以便利性量化评价尺度是困难的，可以用代办运输点的经办时间与货物到代办点的运输时间（或进货时间）之差来表示。例如，用在某一货运站托运手续办理时间与从客户仓库到该货运站的时间差来表示。时间差越大，便利性越好。

3. 确定各个影响因素的权重系数

对于各影响因素权重系数 γ_1、γ_2、γ_3、γ_4 的确定，没有固定的方法，可以采用层次分析法或模糊分析法等方法。但是不论采用什么方法，所有权重系数之和为 1。

4. 确定运输工具综合评价值

将各影响因素的评价值与相对应的权重系数相乘，然后求出总的评价值 $F = \gamma_1 F_1 + \gamma_2 F_2 + \gamma_3 F_3 + \gamma_4 F_4$。综合评价值最高的即为最优选择。

任务 3　物流运输路线与调度优化

一、标号法

（一）标号法的含义

所谓标号法，就是对图中的点赋予两个编号，第一个标号表示从起点到该点的最短路线长度，第二个标号表示在从起点到该点的最短路线上该点前面一个零点的下标，从而找到起点至终点的最短路线及距离。

（二）标号法的求解步骤

条件：每条弧的赋权数都大于等于 0。

思路：从始点出发，逐步顺序地向外探寻，每向外延伸一步都要求是最短的。

例：用标号法求图 8-6 从 v_1 到 v_6 的最短路径。

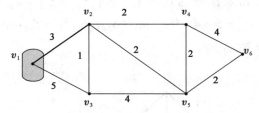

图 8-6　用标号法计算 v_1 到 v_6 的最短路径

求解思路：

（1）给起点 v_1 以标号 $(0, s)$，表示从 v_1 到 v_1 的距离为 0，v_1 为起点。

（2）找出与点 v_1 相邻点中最小的一个，若几个点同时达到最小就全部找出。设找出的点为 r。将 $L_{sr} = L_{ss} + d_{sr}$ 的值标注给 r，表明 r 已经标号，同时加粗边 sr。

（3）从已标号的点出发，找出这些点相邻的所有点。把每个已标号的点旁标注的数字和与之相邻的点到这个已标号点间的距离加起来。从所有这些和中选出一个最小的来，再找出最小和对应的未标号点，然后给这个点标号，同时加粗边。

（4）重复第（3）步，直到给终点标上号，而且相应的关联边加粗为止。

计算步骤：

（1）从 v_1 出发，首先给 v_1 标号 $L_{11}=0$，将 v_1 加粗；

（2）与 v_1 相邻未标号的点有 v_2、v_3，$S_{12}=L_{11}+d_{12}=0+3=3$；$S_{13}=L_{11}+d_{13}=0+5=5$；min（$S_{12}$，$S_{13}$）$=3$；给最小值对应的点 v_2 标号 $L_{12}=3$，将 v_1、v_2 加粗，如图 8-7 所示。

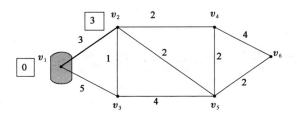

图 8-7 标号法的求解 v_1 至 v_2 的最短路径

（3）同 v_1、v_2 相邻未标号的点为 v_3、v_4、v_5；$S_{13}=L_{11}+d_{13}=0+5=5$；$S_{14}=L_{12}+d_{24}=3+2=5$；$S_{15}=L_{13}+d_{35}=5+4=9$；$S_{15}=L_{12}+d_{25}=3+2=5$；min（$S_{13}$，$S_{14}$，$S_{15}$）$=S_{13}=4$，$v_2$ 标号 $L_{13}=4$；v_3 加粗，如图 8-8 所示。

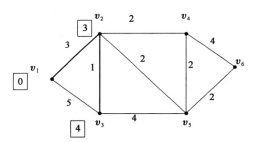

图 8-8 标号法的求解 v_1 至 v_3 的最短路径

（4）同 v_1、v_2、v_3 相邻未标号的点为 v_4、v_5；$S_{14}=L_{12}+d_{24}=3+2=5$；$S_{15}=L_{12}+d_{25}=3+2=5$；$S_{15}=L_{13}+d_{35}=5+4=9$；min（$S_{14}$，$S_{15}$）$=S_{14}=S_{15}=5$，$v_4$、$v_5$ 标号 $v_4=v_5=5$；并加粗，如图 8-9 所示。

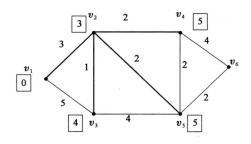

图 8-9 标号法的求解 v_1 至 v_4、v_5 的最短路径

（5）同 v_1、v_2、v_3、v_4、v_5 相邻未标号的点为 $S_{16}=L_{14}+d_{46}=5+4=9$；$S_{16}=L_{15}+d_{56}=5+2=7$；min（$S_{16}$）$=7$；$v_6$ 标号为 $L_6=7$，所以从 v_1 到 v_6 最短的距离为 v_1—v_2—

v_5—v_6,如图 8-10 所示。

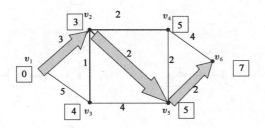

图 8-10 标号法求解 v_1 至 v_6 的最短路径

二、图上作业法

(一) 图上作业法的含义

图上作业法是在运输图上求解线性规划运输模型的方法,也是我国物资流通部门从实际工作中创造出来的一种物资运输规划方法。它在一张运输交通图上通过一定步骤的规划和计算来完成物资调运计划的编制工作,以便使物资运行的总吨公里数最小,可使物资运费降低,并缩短了运输时间,所以,在一定条件下称这样的方案为最优方案。其计算的基本原理就是消灭交通图上的对流运输和迂回运输。

(二) 图上作业法计算步骤

1. 编制交通图

(1) 交通图的符号 发点用"○"表示,并将发货量记在里面,收点用"×"或"□"表示,并将收货量记在里面。两点间交通线的长度记在交通线旁边。

(2) 调运物资的流向图 物资调运的方向(流向)用"→"表示,并把"→"按调运方向画在交通线的右边,把调运物资的数量记在"→"的右边并加上括号。

2. 图上作业法的步骤

(1) 交通图不含圈的图上作业法的步骤 不出现对流即是最优方案。方法:作一个没有对流的流向图,即由各端点开始,由外向里,逐步进行各收发点之间的收发平衡。

例:有某物资 17 万吨,由 A_1,A_2,A_3,A_4 发出,发量分别为 5,2,3,7 (单位:万吨),运往 B_1,B_2,B_3,B_4,收量分别为 8,1,3,5 (单位:万吨),收发量是平衡的,它的交通路线如图 8-11 所示,问应如何调运,才能使运输吨公里最小。

分析:图中各收点和发点的总量是平衡的,由各端点开始,由外向里,逐步进行调运,如图 8-12 所示。

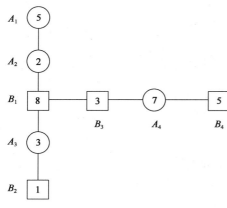

图 8-11 交通路线图（一）

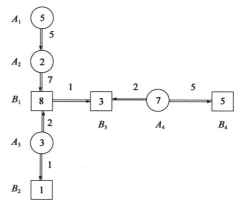

图 8-12 调运方案

（2）交通图含圈的图上作业法的步骤　交通图含圈时，由于表示调运方向的箭头要按调运方向画在交通线的右边，因此，在流向图中有些流向就在圈内，称为内圈流向，有些流向就在圈外，称为外圈流向。如果流向图中，内圈流向的总长或外圈流向的总长超过整个圈长的一半，就称为迂回运输。其计算步骤如下。

第一步："去线破圈"，作一个没有对流的流向图，形成初始方案。

第二步：检查初始方案是否最优（即有无迂回），内圈长和外圈长均小于全圈长的一半则为最优方案，否则进入下一步。

第三步：如有迂回，如果内圈长超过全圈长的一半，则在内圈各流量中减去内圈的最小流量，在外圈各流量中增加内圈的最小流量，同时在没有流量的线段上新添外圈的最小流量，如果外圈长超过全圈长的一半，则与内圈调整方式相反。

第四步：重复上述两步，直至得出最优方案。

例如：如图 8-13 所示，A，H，D，F 点为供应点，供应量（图 8-13 中用"＋"表示，下同）分别为 20 吨，60 吨，20 吨，100 吨；B，C，I，G，E 为需求点，需求量（图 8-13 中用"－"表示，下同）分别为 30 吨，50 吨，30 吨，70 吨，20 吨，图中各点的距离已标注在交通线旁边（单位：公里，下同）。

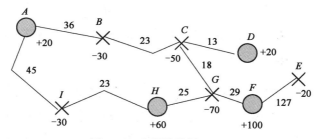

图 8-13 交通路线图（二）

① 分析图中存在交通图含圈 $ABCGHI$，所以首先去线破圈　先去掉 AB 段，形成一个初始的调运方案，如图 8-14 所示；

② 检验　全圈周长$/2 = (AB + BC + CG + HG + HI + AI)/2 = (36 + 23 + 18 + 25 + 23 + 45)/2 = 170/2 = 85$（公里）

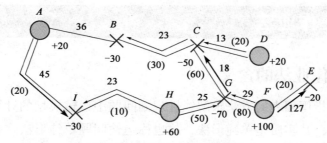

图 8-14 形成初始调运方案

括号内数字单位为吨，下同。

外圈长 = AI + HG + CG + BC = 45 + 25 + 18 + 23 = 111（公里）

内圈长 = HI = 23 米

外圈长大于全圈周长的一半，所以存在迂回运输，需进一步调整外圈。

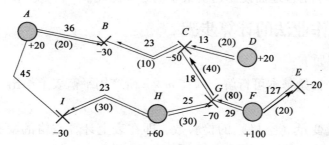

图 8-15 调整后新的调运方案

③ 调整　选取外圈流向线中最小流量 A—I 的"20"，在外圈的各段流向线上均减去"20"，同时在内圈的各段流向线及原来没有流向线的 AB 段分别加上"20"，这样就形成了一个新的调拨方案。在新的调运图 8-15 中：

全圈周长/2 =（AB + BC + CG + HG + HI + AI）/2 =（36 + 23 + 18 + 25 + 23 + 45）/ 2 = 170/2 = 85（公里）

外圈长 = HG + CG + BC = 25 + 18 + 23 = 66（公里）

内圈长 = AB + HI = 36 + 23 = 59（公里）

外圈长和内圈长均小于全圈周长的一半，所以当前方案为最优方案，见表 8-3。

表 8-3　最终调运方案　　　　　　　　　　　　　　　　　　　　　　　单位：吨

需求点＼供应点	A	H	D	F	需求量
B	20		10		30
C			10	40	50
I		30			30
G		30		40	70
E				20	20
供应量	20	60	20	100	

总吨公里数 $Q = 20 \times 36 + 10 \times 23 + 40 \times 18 + 30 \times 25 + 30 \times 23 + 20 \times 13 + 80 \times 29 + 20 \times 127 = 8230$（吨公里）

三、表上作业法

(一) 表上作业法的含义

表上作业法是指用列表的方法求解线性规划问题中运输模型的计算方法,是线性规划的一种求解方法,其实质是单纯形法,故也称运输问题单纯形法。当某些线性规划问题采用图上作业法难以进行直观求解时,就可以将各元素列成表格,作为初始方案,然后采用检验数来验证这个方案,否则就要采用闭合回路法、位势法等方法进行调整,直至得到满意的结果,这种列表求解方法就是表上作业法。

表上作业法是求解产销平衡的运输问题时的一种简化方法,是研究把某种商品从若干个产地运至若干个销售地而使总运费最小的一类问题。

(二) 表上作业法的计算步骤

具体操作步骤如下。

(1) 确定一个初始基本可行解:即在 $m \times n$ 阶产销平衡表上给出 $m+n-1$ 个数字格(基变量)。

(2) 求各非基变量(空格)的检验数,即在表上计算空格的检验数。判别是否达到最优解。如果是最优解,则停止计算,否则进入下一步。

(3) 确定调整量,形成新的可行解。

(4) 重复(2)、(3)直至得到最优解为止。

(三) 表上作业法计算演示

例:某公司经营某种产品,该公司下设 A、B、C 三个生产厂,有甲、乙、丙、丁四个销售点。公司每天把三个工厂生产的产品分别运往四个销售点,各工厂到各销售点的路程不同,单位产品的运费不同。各工厂每日的产量、各销售点每日的销量,以及从各工厂到各销售点单位产品的运价见表 8-4。问该公司如何调运产品,在满足各销售点需要的前提下,可使总运费最小。

表 8-4 运价表

生产厂	甲	乙	丙	丁	产量
A	3	11	3	10	7
B	1	9	2	8	4
C	7	4	10	5	9
销量	3	6	5	6	

1. 确定初始基本可行解

计算初始基本可行解(初始调运方案,一般为 $m+n-1$ 个数字格,其中 m 为行, n 为列),可以采用西北角法、最小元素法和伏格尔法,因西北角法计算的结果与最优方案相距较大,需调整迭代多次,所以使用范围较小,这里介绍最小元素法和伏格尔法。

(1) 最小元素法 就近供应,按运价最小的优先调运原则确定初始方案,即从单位运价表中选择运价最小的开始确定调运关系,然后次小。若某行(列)的产量(销量)已满足,则把该行(列)的其他格划去。如此进行下去,一直到给出初始基可行解为止见表 8-5。其中格与 A_1B_1 至格与 A_3B_4,左上角的数字是单位运价,右下角的数字是基变量(调运量)。

表 8-5 通过最小元素法确定的初始调运方案

产地\销地	B_1	B_2	B_3	B_4	产量
A_1	3	11	3 4	10 3	7
A_2	1 3	9	2 1	8	4
A_3	7	4 6	10	5 3	9
销量	3	6	5	6	

注:为保证基变量的个数有 $m+n-1$ 个。
1. 每次填完数,只能划去一行或一列,只有最后一个格子例外。
2. 用最小元素法时,可能会出现基变量个数还差两个以上但只剩下一行或一列的情况,此时不能将剩下的行或列按空格划掉,应在剩下的空格中标上 0。

(2) 伏格尔法 伏格尔法的基本思想:如果某一地的产品不能按最小运费就近供应,就考虑次小运费,两者间就有一个差额。差额越大,说明费用增量越大,因而对差额最大处,优先采用最小运费调运。

步骤:

①分别计算表中各行和各列中最小运费和次小运费的差额,并填入表中的最右列和最下行。

②从行和列的差额中选出最大者,选择其所在行或列中的最小元素,按类似于最小元素法优先供应,划去相应的行或列。

③对表中未划去的元素,重复①、②,直到所有的行和列都划完为止。

第一步:在表 8-6 中分别计算出各行和各列的最小运费和次小最小运费的差额,并填入表的最右列 (R_1) 和最下行 (C_1),见表 8-6。从行 (C_1) 或列 (R_1) 差额中选出最大者 (5),选择它所在列 (B_2) 中的最小元素 (4)。可确定 A_3 的产品先供应 B_2 的需要,即把 B_2 的销量 6 全分配给 $A_3B_2 = (4×6)$。同时将运价表中的 B_2 列数字划去。

表 8-6 通过伏格尔法确定的初始调运方案(一)

产地\销地	B_1	B_2	B_3	B_4	产量	R_1
A_1	3	11	3	10	7	0
A_2	1	9	2	8	4	1
A_3	7	4 × (6)	10	5	9	1
销量	3	6	5	6		
C_1	2	5	1	3		

第二步：在表 8-7 中分别计算出各行和各列的最小运费和次最小运费的差额，并填入该表的最右列（R_2）和最下行（C_2），其中最大者为 3，所在的列 B_4，而列 B_4 中 A_3 为最小元素，A_3 的总产量为 9，因上面已经给 B_2 分配了 6，所以 B_4 分配 3，即 $A_3B_4 = (5×3)$，把 A_3 行划去（注意：A_3 的产量是 9，B_2 只分配了 6，没分完，继续分给 B_4 的 3）。

表 8-7 通过伏格尔法确定的初始调运方案（二）

销地 产地	B_1	B_2	B_3	B_4	产量	R_1	R_2
A_1	3	11	3	10	7	0	0
A_2	1	9	2	8	4	1	1
A_3	7	4×(6)	10	5×(3)	9	1	2
销量	3	6	5	6			
C_1	2	5	1	3			
C_2	2	0	1	3			

第三步：按照以上方法，找出 R_3 和 C_3 中的最大值 2，可知 C_3 的 B_1 和 B_4 都等于 2，取 B_1 和 B_4 中最小的元素 $A_2B_1 = 1$，把 B_1 的销量 3 全部分配给 $A_2B_1 = (1×3)$，把 B_1 列划去。见表 8-8。

表 8-8 通过伏格尔法确定的初始调运方案（三）

销地 产地	B_1	B_2	B_3	B_4	产量	R_1	R_2	R_3
A_1	3	11	3	10	7	0	0	0
A_2	1×(3)	9	2	8	4	1	1	1
A_3	7	4×(6)	10	5×(3)	9	1	2	—
销量	3	6	5	6				
C_1	2	5	1	3				
C_2	2	—	1	3				
C_3	2	—	1	2				

第四步：按照以上方法，找出 R_4 和 C_4 中的最大值 7，取 B_3 和 B_4 中最小的元素 $A_1B_3 = 3$，把 B_3 的销量 5 全部分配给 $A_1B_3 = (3×5)$，把 B_3 列划去。见表 8-9。

表 8-9 通过伏格尔法确定的初始调运方案（四）

销地 产地	B_1	B_2	B_3	B_4	产量	R_1	R_2	R_3	R_4
A_1	3	11	3×(5)	10	7	0	0	0	7
A_2	1×(3)	9	2	8	4	1	1	1	6
A_3	7	4×(6)	10	5×(3)	9	1	2	—	
销量	3	6	5	6					
C_1	2	5	1	3					
C_2	2	—	1	3					
C_3	2	—	1	2					
C_4			1	2					

第五步：把 A_1 中剩余的分配给 A_1B_4 =（10×2），把 A_2 中剩余的分配给 A_2B_4（8×1），见表8-10。

表8-10 通过伏格尔法确定的初始调运方案（五）

销地 产地	B_1	B_2	B_3	B_4	产量	R_1	R_2	R_3	R_4
A_1	3	11	3×（5）	10×（2）	7	0	0	0	7
A_2	1×（3）	9	2	8×（1）	4	1	1	1	6
A_3	7	4×（6）	10	5×（3）	9	1	2	—	
销量	3	6	5	6					
C_1	2	5	1	3					
C_2	2	—	1	3					
C_3	2	—	1	2					
C_4			1	2					

第六步：把上面分配的值相加，得出最佳方案。即$(4×6)+(5×3)+(1×3)+(3×5)+(10×2)+(8×1)=85$。

由以上可见：伏格尔法同最小元素法除在确定供求关系的原则上不同外，其余步骤相同。伏格尔法给出的初始解比用最小元素法给出的初始解更接近最优解。

2. 最优性检验

检验数的意义：非基变量增加一个单位，使目标函数值增加的数量。运输问题中目标函数值要求最小化，因此，当所有的检验数都大于或等于0时该调运方案就是最优方案；否则不是。下面介绍两种计算检验数的方法。

（1）闭回路法　在已给出基本解的运输表上，从一个非基变量出发，沿水平或竖直方向前进，只有碰到基变量，才能向右或向左转90°（当然也可以不改变方向）继续前进。这样继续下去，总能回到出发的那个非基变量，由此路线形成的封闭曲线，叫闭回路。它具有下列性质：

① 每个顶点都是转角点；

② 闭回路是一条封闭折线，每一条边都是水平或垂直的；

③ 每一行（列）若有闭回路的顶点，则必有两个；

④ 闭回路的其余三个顶点均由数字的格子组成；

⑤ 在画闭回路时，要转90°必须要遇到数字（基变量），但遇到数字（基变量）不一定非要转90°。

⑥ 闭回路的常见形式如图8-16所示。

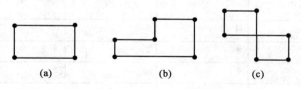

图8-16 闭回路的常见形式

⑦ 闭回路法求检验数 σ_{ij}：σ_{ij} = 闭回路上的奇数顶点运价之和 – 闭回路上的偶数顶点运价之和。

计算前面通过最小元素法得出的初始可行性解的检验数，以检验数 σ_{11} 和 σ_{31} 为例，见表 8-11。

表 8-11　闭回路法求 σ_{11} 和 σ_{31}

产地＼销地	B_1	B_2	B_3	B_4	产量
A_1	3　$\sigma_{11}=1$	11	3　　4	10　　3	7
A_2	1　　3	9	2　　1	8	4
A_3	7　$\sigma_{31}=10$	4　　6	10	5　　3	9
销量	3	6	5	6	

$\sigma_{11} = 3 - 1 + 2 - 3 = 1$；其表示的意义为非基变量也就是空格 A_1B_1 每增加 1 个单位的运量，则运费也增加 1 个单位。

$\sigma_{31} = 7 - 5 + 10 - 3 + 2 - 1 = 10$；类似其他空格的检验数见表 8-12。

表 8-12　闭回路法求其他空格检验数

产地＼销地	B_1	B_2	B_3	B_4	产量
A_1	$\sigma_{11}=1$	$\sigma_{12}=2$	4	3	7
A_2	3	$\sigma_{22}=1$	1	$\sigma_{24}=-1$	4
A_3	$\sigma_{31}=10$	6	$\sigma_{33}=12$	3	9
销量	3	6	5	6	

闭回路法的缺点：当变量个数较多时，寻找闭回路以及计算两方面都容易出错，这时可以借助位势法来计算检验数。

（2）位势法

位势法检验步骤：

① 设产地 A_i 对应的位势量为 u_i，销地 B_j 对应的位势量为 v_j；

② 由 $\sigma_{ij} = C_{ij} - (U_i + V_j)$，利用对基变量而言有 $\sigma_{ij}=0$，计算位势 U_i，V_j，即 $C_{ij} - (U_i + V_j) = 0$，令 $U_1 = 0$；

③ 再由 $\sigma_{ij} = C_{ij} - (U_i + V_j)$ 计算非基变量的检验数 σ_{ij}。

表 8-13　计算位势量（一）

产地＼销地	B_1	B_2	B_3	B_4	u_i
A_1	3	11	3　　4	10　　3	0
A_2	1　　3	9	2　　1	8	u_2
A_3	7	4　　6	10	5　　3	u_3
V_j	V_1	V_2	V_3	V_4	

首先令 $U_1 = 0$,因 $A_1B_4 = 3$ 为基变量,所以 $\sigma_{14} = C_{14} - (U_1 + V_4) = 0$ 即 $10 - (0 + V_4) = 0$,得出 $V_4 = 10$,同理得出其他位势量见表 8-13 和表 8-14。

表 8-14 计算位势量(二)

销地 产地	B_1		B_2		B_3		B_4		u_i
A_1	3		11		3	4	10	3	0
A_2	1	3	9		2	1	8		-1
A_3	7		4	6	10		5	3	-5
V_j	2		9		3		10		

据此计算非基变量也就是空格的检验数以 σ_{11},σ_{12} 为例:

$\sigma_{11} = C_{11} - (U_1 + V_1) = 3 - (0 + 2) = 1$;

$\sigma_{12} = C_{12} - (U_1 + V_2) = 11 - (0 + 9) = 2$;

同理得出其他空格的检验数见表 8-15。

表 8-15 位势法计算所有空格的检验数

销地 产地	B_1	B_2	B_3	B_4	产量
A_1	$\sigma_{11} = 1$	$\sigma_{12} = 2$	4	3	7
A_2	3	$\sigma_{22} = 1$	1	$\sigma_{24} = -1$	4
A_3	$\sigma_{31} = 10$	6	$\sigma_{33} = 12$	3	9
销量	3	6	5	6	

以上通过闭回路法和位势法计算出各空格(非基变量)的检验数,发现 σ_{24} 小于 0,所以当前方案不是最优方案,进入到下一步方案调整。

3. 方案调整

调整量的确定:在检验数为负数的闭回路上,选取偶数顶点上调运量最小的值,将其对应的运量作为调整量见表 8-16。

表 8-16 通过闭回路法进行调整

销地 产地	B_1	B_2	B_3	B_4	产量
A_1	3	11	3 +1 4	10 -1 3	7
A_2	最小偶点原则,确定调整量		2 -1 1	8 +1 (-1)	4
A_3	7 (10)	4 6	10 (12)	5 3	9
销量	3	6	5	6	

空格 A_2B_4 的检验数 σ_{24} 所在闭回路中,和其相邻的 2 个偶数顶点对应的运量分别为 1 和 3,所以调整量 $\theta = \min\{x_{23}, x_{14}\} = \min\{1, 3\} = 1$,调整方法为,闭回路中的奇数点对应的运量分别加上 θ,偶数点对应的运量分别减去 θ,形成新的调运方案见表 8-17。

表 8-17 闭合回路法调整后形成新的调运方案

产地＼销地	B_1	B_2	B_3	B_4	产量 a_i
A_1	3	11	3 5	10 2	7
A_2	1 3	9	2	8 1	4
A_3	7	4 6	10	5 3	9
销量 b_j	3	6	5	6	

经过调整，所有 $\sigma_{ij} \geq 0$，已得到最优解：$x_{13} = 5$，$x_{14} = 2$，$x_{21} = 3$，$x_{24} = 1$，$x_{32} = 6$，$x_{34} = 3$，其他为 0。最优值：$F^* = 3 \times 5 + 10 \times 2 + 1 \times 3 + 8 \times 1 + 4 \times 6 + 5 \times 3 = 85$。

四、节约里程法

1. 节约里程法的基本原理

节约里程法的基本原理是几何学中三角形一边之长必定小于另外两边之和。

节约里程法核心思想是依次将运输问题中的两个回路合并为一个回路，每次使合并后的总运输距离减小的幅度最大，直到达到一辆车的装载限制时，再进行下一辆车的优化。优化过程分为并行方式和串行方式两种。

假如一家配送中心 DC 向两个用户 A、B 运货，配送中心到两用户的最短距离分别是 L_a 和 L_b，A 和 B 间的最短距离为 L_{ab}，A、B 的货物需求量分别是 Q_a 和 Q_b，且 $Q_a + Q_b$ 小于运输装载量 Q，如图 8-17 所示，如果配送中心分别送货，那么需要两个车次，总路程为：$L_1 = 2(L_a + L_b)$。

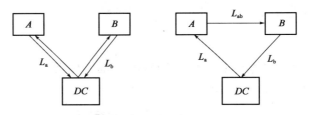

图 8-17 两种不同送货方式下的运输距离

如果改用一辆车对两客户进行巡回送货，则只需一个车次，行走的总路程为：

$$L_2 = L_a + L_b + L_{ab}$$

由三角形的性质我们知道：

$$L_{ab} < (L_a + L_b)$$

所以第二次的配送方案明显优于第一种，且行走总路程节约：

$$\Delta L = (L_a + L_b) - L_{ab}$$

如果配送中心的供货范围内还存在着：3, 4, 5, …, n 个用户，在运载车辆载重和体积都允许的情况下，可将它们按着节约路程的大小依次连入巡回线路，直至满载为止，余下的用户可用同样方法确定巡回路线，另外派车。

2. 节约里程法计算演示

例：某配送中心 P 将于 2016 年 4 月 30 日向沃尔玛（A）、大润发（B）、乐购超市（C）、家乐福（D）、百佳超市（E）、天同货仓（F）、信义超市（G）、华润万家（H）、麦德龙超市（I）9 家公司配送货物。图 8-18 中连线上的数字表示公路里程。靠近各公司的数字，表示各公司对货物的需求量（吨）。配送中心备有 4 吨和 6 吨载重量的汽车可供使用，且汽车（只按顺时针方向行驶）一次巡回里程不能超过 35km。设送到时间均符合用户要求，求：

（1）试用节约里程法制订最优的配送方案。

（2）配送中心在向客户配送货物过程中每小时平均支出成本为 220 元，假定卡车行驶的平均速度为 38.5 公里/时，试比较优化后的方案比往返向各客户分送可节约多少费用？

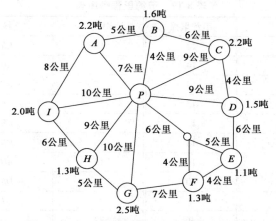

图 8-18　配送中心至个需求点的路线距离图

计算步骤如下：

第一步，计算配送中心 P 到客户和各客户间的最短距离，制出最短距离表 8-18 如下。

表 8-18　配送中心 P 到客户和各客户间的最短距离表　　　　　单位：公里

P	A	B	C	D	E	F	G	H	I
P	7	4	9	9	11	10	10	9	10
A		5	11	15	18	17	17	14	8
B			6	10	15	14	14	13	13
C				4	10	14	19	18	19
D					6	10	17	18	19
E						4	11	16	21
F							7	12	18
G								5	11
H									6
I									

第二步，根据最短距离表，利用节约法计算出用户间的节约里程，并由大到小排列，编制节约里程顺序表，见表 8-19。

$$\Delta L = (L_a + L_b) - L_{ab}$$

$$\Delta L_{AB} = (L_{PA} + L_{PB}) - L_{AB} = 7 + 4 - 5 = 6$$

$$\Delta L_{AC} = (L_{PA} + L_{PC}) - L_{AC} = 7 + 9 - 11 = 5$$

$$\Delta L_{AD} = (L_{PA} + L_{PD}) - L_{AD} = 7 + 9 - 15 = 1$$

$$\Delta L_{AE} = (L_{PA} + L_{PE}) - L_{AE} = 7 + 11 - 18 = 0$$

$$\Delta L_{AF} = (L_{PA} + L_{PF}) - L_{AF} = 7 + 10 - 17 = 0$$

$$\Delta L_{AG} = (L_{PA} + L_{PG}) - L_{AG} = 7 + 10 - 17 = 0$$

$$\Delta L_{AH} = (L_{PA} + L_{PH}) - L_{AH} = 7 + 9 - 14 = 2$$

$$\Delta L_{AI} = (L_{PA} + L_{PI}) - L_{AI} = 7 + 10 - 8 = 9$$

……

表 8-19 节约里程顺序表　　　　　　　　　　　　单位：公里

序号	连接点	节约里程	序号	连接点	节约里程
1	EF	17	13	FH	7
2	CD	14	14	AB	6
3	DE	14	15	AC	5
4	GH	14	16	CF	5
5	FG	13	17	EH	4
6	HI	13	18	BD	3
7	CE	10	19	AH	2
8	EG	10	20	DG	2
9	AI	9	21	FI	2
10	DF	9	22	AD	1
11	GI	9	23	BI	1
12	BC	7			

第三步，根据节约里程顺序表和配送中心的约束条件，绘制配送路线如图 8-19 所示，其具体步骤如下所述。

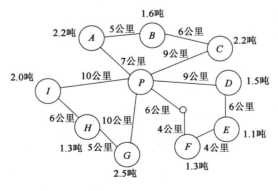

图 8-19　最终配送路线图

约束条件：

（1）配送中心备有 4 吨和 6 吨载重量的汽车；

（2）一次巡回里程不能超过 35 公里（且汽车只按顺时针方向行驶）。则

① 用 4 吨的车载 3.9 吨货物，配送路线为 P—D—E—F—P，里程为 29 公里；

② 用 6 吨的车载 6.0 吨货物，配送路线为 P—A—B—C—P，里程为 27 公里；

③ 用 6 吨的车载 5.8 吨货物，配送路线为 P—G—H—I—P，里程为 31 公里。

第四步，计算节省距离和节省费用。

原路程为：$(PA + PB + PC + PD + PE + PF + PG + PH + PI) \times 2 = 158$（公里）

总共节约里程为：$158 - 29 - 27 - 31 = 71$（公里）

节省的费用：$71/38.5 \times 220 = 405.71$（元）。

3. 节约里程法优缺点分析

（1）节约里程法优点　节约里程法是一种简便、易行的方法。一方面体现出优化运输过程，与一般方法相比缩短了运输路程；另一方面，它也体现了物流配送网络的优势，实现了企业物流活动的整合，而且思路简单清晰、便于执行。

（2）节约里程法缺点　第一，利用节约里程法选择配送路线过于强调节约路程，而没考虑行程中的时间因素，在许多情况下，时间更能决定物流配送的成本与服务质量。例如城市间配送时对高速公路的选择，城市内部上下班时间的道路拥挤程度，一个巡回配送过程中的时间长短，直接影响配送人员的精神状态，而人员的精神状态又与交通事故和配送错误等相关联，所以时间对配送路线的选择有时更重要。第二，利用节约里程法选择配送路线不能对客户的需求进行灵活多变的处理。由于现代消费者的需求倾向于个性化，所以企业的生产、销售和配送也愈来愈倾向于小批量、多品种、多批次。而节约法更适合需求稳定或是需求的时间不紧迫的情况，这显然不能满足现代多变的市场环境。

任务 4　物流运输成本核算与控制

一、运输成本

（一）运输成本的含义

运输成本是指运输经营者完成运输任务所消耗的全部物化劳动和活劳动的货币表现。可见，运输成本包括两部分：一是物化劳动，包括固定设施设备、能源、信息系统等消耗的燃料费、折旧费、维修费、养路费、通行费、信息费、事故损失费；二是活劳动，包括运输过程中投入的人力资源消耗，包括运输业务人员和运输管理人员的工资、福利、培训、管理等费用。

（二）研究运输成本的意义

企业经营的一个主要目标就是获得利润，而企业增加利润有扩大销售和降低成本两个最基本的方法。对于物流企业来讲，降低成本比扩大销售（物流量）更为有效。当前企业的经营管理者越来越重视成本这个影响企业利润的经济指标。研究运输成本对于企业来讲意义非常重大，可以从微观和宏观两个方面来看。

从微观方面讲，运输成本可以作为反映一定时期内运输企业生产经营管理水平高低的经济指标；可以作为考核运输企业经济效益的重要指标，计算运输企业的盈亏情况；可以为运输企业制定合理的运价提供依据。在运营过程中，运输企业所耗费的各种活劳动与物化劳动是否能够得到补偿，得到多少补偿，对其发展至关重要，这就需要运输企业对其生产过程中的成本有良好的掌握。而且有研究表明，在商品的销售中，运输成本往往占商品价格的4%～10%，我国有些产品甚至高达30%。降低运输成本能降低产品成本，提高产品的市场竞争力和企业的盈利能力。

从宏观方面来讲，众所周知，物流是第三利润源，而运输在整个物流中占有很重要的地位，降低运输成本对整个国民经济物流总成本的节约具有举足轻重的作用。不管是在物流业发达的美国，还是在物流业处于发展中的我国，运输成本在物流总成本中都占到了50%以上（表8-20）。只有企业提供准确的成本信息，国家才可以进行宏观经济分析，制定合理的经济政策，调整经济结构，进行合理的分配与再分配，提高物流效率与服务水平，降低物流行业的成本。

表8-20　2015年我国社会物流总费用统计

项目	2015年/万亿元	比上年增长/%	比重/%
社会物流总费用	10.9	2.8	100
运输费用	5.8	3.1	53.7
保管费用	3.7	1.6	34.2
管理费用	1.4	5.0	12.9

可见，研究运输成本不仅对于物流企业至关重要，而且对于国家物流行业的发展影响也非常大。因此，应不断分析物流系统中这个关键的功能——运输产生的成本并研究降低运输成本的方法。

二、运输成本的分类

（一）直接成本与间接成本

1. 直接成本

直接成本指可以直接计入运输工具的费用。就单台车辆来讲，燃料、轮胎及维修、润滑油、保养、驾驶员工资、车辆保险都是该车发生的直接成本。它包括除管理费和事故损失费用以外的所有费用。事故损失费本应属于直接成本，但是某运输工具发生的事故损失费直接由某运输工具自己负担时，因成本太高，致使成本上升过大，因此应在企业内各运输工具中进行分摊，即使没有发生事故的运输工具也要分摊此费用。

2. 间接成本

间接成本指运输企业的一般管理费和事故损失费。如上月的电话费用不能算到车队某台特定的车辆上，它是整个运输企业运营时发生的。间接成本应按一定的分摊方法，分摊到每一运输工具的总成本中。比较合理的分摊方法是按营运吨日的比例进行分摊。

（二）变动成本与固定成本

1. 变动成本

变动成本是指运输工具在运行过程中所发生的费用，此类费用随运距长短、停留次数多少与停留时间长短、货物种类及运送数量、劳动工资、燃料电力消耗、维修保养费用的变化而变化。变动成本与运输里程和运输量成正比，只有在运输工具未投入运营时才可能避免。变动成本中包括与承运人运输每一票货物有关的直接费用，这类费用通常按照每公里或每单位重量来衡量，主要包括劳动成本、燃料费用和维修保养费用等。一般来说，收取的运输费用必须能弥补变动成本，企业才有可能盈利，承运人一般不会按低于其变动成本的价格收取运费。

2. 固定成本

固定成本是指为维持运输工具的营运状态所支付的费用，该成本不因运行里程和停留时间的长短而不同，不因装载量的大小而异。在运输过程中，固定成本通常指不可变成本，无论车辆是否运行，甚至企业暂时停业（如休假或罢工）都一直存在，如车辆的折旧费。对于运输企业或配送中心来说，固定成本包括起点站、终点站、港站、运输设施、运输工具、信息系统的设立和购置成本等。在短期内，与固定资产有关的费用必须由每一票货物变动成本的降低来弥补，长期则可以通过固定资产的买卖来降低固定成本的负担。实际上，很多时候要出售运输工具或者运输技术是比较困难的。

知识链接

运输成本核算

王海峰的车是东风天龙牌一拖三挂车，核载 35 吨。该车全部贷款购买：总价 400000 元，五年折旧，每月需还贷 7200 元，利息总额为 32000 元。他常走的路线是湖南长沙至甘肃兰州，行程 2000 公里左右。运价单程约 300 元/吨，往返一趟平均 10 天，每月总收入约为 300 元/吨×35 吨×6（每月 3 个来回，6 个单程）=63000 元。每个单程加油 5000 元、过路费 3000 元。工资为每人每月3000元（每辆车配备2名司机），修理费每月2100元，货运信息费（货运中介收取）每月600元，车船使用税每月105元，交强险每月374元，商业险每月726元，不考虑营业税。请依据以上资料信息进行运输成本核算并填写下表8-21：

表8-21 运输成本核算表

成本项目			成本/元	备注
单程长途干线成本	车辆固定成本	车辆折旧费	1200	车辆固定成本按43.2万元计算，按5年折旧计算，每月3个来回，6个单程
		司机工资、福利等	1000	3000元/月计算，两个司机
		车辆保险	183.3	每月374+726元计算
		车辆使用税	17.5	按105元/月计算
		固定成本合计	2400.8	
	变动成本	燃油费	5000	每个单程加油5000元
		修理费	350	按每月2100元计算
		过桥过路费	3000	按每个单程3000元计算
		货运信息费	100	货运信息费每月600元
		变动成本合计	8450	
单程长途干线成本合计			10850.8	
折算为吨公里			0.155	按每个单程2000公里，标载35吨

三、运输成本的构成

按照运输方式不同，运输成本主要包括公路运输成本、铁路运输成本、水路运输成本与航空运输成本四种。虽然不同的运输方式所包含的运输成本有不同的构成类别和范围，但根据《企业会计准则》的规定，结合运输生产耗费的实际情况，运输成本项目可划分为直接人工、直接材料、其他直接费用、营运间接费用四个基本部分。

（一）直接人工

直接人工费用是指支付给营运车辆司机和助手的工资，包括司机和助手随车参加本人所驾车辆保养和修理作业期间的工资、工资性津贴、生产性奖金，以及按营运车辆司机和助手工资总额的一定比例计提的职工福利费。

（二）直接材料

物流运输过程的直接材料费用主要包括两类：一是燃料费用，指营运车辆运行过程中所耗用的各种燃料产生的费用，如营运过程耗用的汽油、柴油等燃料；二是轮胎费用，指营运车辆所耗用的外胎、内胎、垫带、轮胎翻新费和零星修补费用等。

（三）其他直接费用

其他直接费用主要包括保养修理费、折旧费、养路费及其他费用。

保养修理费是指营运车辆进行各级保养及各种修理所发生的料工费（包括大修理费用计提额）、修复旧件费用和行车耗用的机油、齿轮油费用等。

折旧费是指按规定计提的营运车辆折旧费，由于营运车辆的损耗与其在运营过程中的使用程度有着密切关系，因此，应将营运车辆因损耗而减少的价值在其有效的使用年限内进行分摊，计入各期的运营成本或费用中。

养路费是指按规定向公路管理部门缴纳的营运车辆养路费，用来弥补国家对基础设施建设等的投资。

其他费用是指不属于以上各项目的与营运车辆运行直接有关的费用，包括车管费（指按规定向运输管理部门缴纳的营运车辆管理费）、行车事故损失（指营运车辆在运行过程中，因行车事故发生的损失，但不包括非行车事故发生的货物损耗及由于不可抗力造成的损失）、车辆牌照和检验费、保险费、车船使用税、洗车费、过桥费、轮渡费、司机途中宿费、行车杂费等。

（四）营运间接费用

营运间接费用是指车队、车站、车场等基层营运单位为组织与管理营运过程所发生的，应由各类成本负担的管理费用和营业费用，包括工资、职工福利费、劳动保护费、取暖费、水电费、办公费、差旅费、修理费、保险费、设计制图费、试验检验费等。

案例分析：ABC物流企业某运输业务的运输成本分析

1. 业务条件

ABC物流企业和某客户签订了运输合同，为其开展广州—长沙的运输业务，往返里程1500公里，一个单程运输时间为15小时，每周跑3趟，一个月12趟，具体运输业务信息见表8-22。

表8-22 运输业务信息

路线	车型	业务量			往返里程/公里	单程运行/小时	配置司机/人
		每周运输（双程）/趟	工作周数（每月）/周	每月运输（双程）/趟			
广州—长沙	9.6M厢式（10吨车，3轴）	3	4	12	1500	15	2

2. 运输成本分析

ABC 物流企业对该运输业务中产生的运输成本进行了核算包括：油费、桥路费、轮胎损耗费、司机费用和车辆运营费用具体见表 8-23 ~ 表 8-27。

表 8-23 单次往返油费

油费	耗油量/(升/公里)	耗油量/升	每升油价/(元/升)	油费小计/(元/往返)
	0.3	450	7.52	3384.00

表 8-24 单次往路桥费

桥路费	过桥费/元	过路费（普路）/元	过路费（高速路）/元	桥路费小计/(元/往返)
	0.00	900.00	0.00	900.00

表 8-25 单次往轮胎损耗费

轮胎损耗	换轮胎里程/公里	轮胎单价/元	轮胎个数/个	轮胎费用/(元/公里)	轮胎费用/(元/往返)
	150000	1800.00	8	0.10	150.00

表 8-26 单次往返司机费用

司机费用	司机工资/(元/双程)	司机提成/(元/双程)	司机社保/(元/双程)	司机补贴 伙食费/(元/双程)	司机补贴 住宿费/(元/双程)	司机补贴 通讯费/(元/双程)	司机费用小计/(元/往返)
	666.67	0.00	70.00	200.00	200.00	33.33	1170.00

表 8-27 单次往返车辆运营费用

车辆运营费用	车辆购入价/(元/部)	车辆折旧 折旧年数/年	车辆折旧 折旧月数/月	车辆折旧 每月折旧费(30%残值计)/元	车辆折旧 每趟折旧费/(元/趟)	车辆保险费 年度保险费/(元/年)	车辆保险费 每趟保险费/(元/趟)	车辆年检费 年检费/(元/年)	车辆年检费 每趟年检费/(元/趟)	换机油&维修费 维修费/(元/月)	换机油&维修费 每趟维修费/(元/趟)	运营费 年票费用/(元/趟)	运营费 运营管理费/(元/趟)	运营费用小计/(元/往返)
	200000.00	3	36	3888.89	324.07	11660.00	80.97	6000.00	41.67	1500.00	10.42	20.00	5.00	482.13

3. 收支分析

ABC 物流企业向客户报价 7000 元/往返，税率为 8%，利润分析见表 8-28。

表 8-28 月利润分析表

成本合计/元	税金（8%）	含税成本/元	双程利润/元	最终报价含税/元	利润率/%	月营业额含税/元	月利润/元
6086.13	486.89	6573.02	426.98	7000.00	6.10%	84000.00	5123.76

四、运输成本的控制

(一) 影响运输成本的因素

一般来说,运输距离越远、运输量越大、运输的速率越高,单位运输量的成本就越低,其中,除了变动成本和运输距离成正比之外,固定成本随着运输距离的增加摊到单位货物的运输成本越来越低。除了这些因素外,运输成本还受货物的积载因素、装载能力、装卸搬运、事故损失以及运输供需的不平衡性等因素的影响。因此,企业在分析产生运输成本过高的原因时,必须对每一个因素都进行考虑。

1. 运送距离

运送距离直接对劳动、燃料和维修保养等变动成本产生作用,是影响运输成本的主要因素。当运输工具运距为零时,总成本为固定成本。通常情况下,随着运距的增加,运输总成本随之增加,单位运输成本随之减少,这种特征被称为距离经济,每单位运输的成本随着运输距离的增加而减少。运输距离越长,不但固定成本分到更多的公里数,而且货物装卸等所发生的有关费用也分摊至每单位距离的费用上,从而使得每公里的运输费用更低。

2. 载货量

与上面的距离经济类似,存在着规模经济,即随着运输工具装载规模的增长,每单位载货量运输成本下降。比如,相同距离的整车装运的每吨成本低于零担装运的每吨成本。之所以会存在这种现象主要是因为单位重量所分摊的固定费用和包括装卸费用在内的场站费用随着载货量的增加而递减。与货物运输相关的固定费用主要包括接受运输订单的行政管理费用、开票以及与设备有关的费用等。这些费用之所以称为固定费用,是因为它们不会随着载货量而变化。但是,这种关系受到运输工具的载重量或载货容积的限制。

3. 装载能力

运输工具的装载能力是指根据运输工具的载重量、装货容积等装载性能,确定某一运输任务所能承运货物的品种和数量。例如,水路或者铁路等运输能力较大的运输工具,虽然造价很高,但其单位重量的费用要低于汽车或飞机,主要原因是固定费用的分摊。某些物品由于尺寸、密度、形状等比较特殊,以及超重、超长等特性,使运输工具不能很好地积载,浪费了运输工具的空间,从而增大了运输成本。一般来说标准矩形要比形状怪异的货物更容易装载。装载能力因素也与装运规模有关,大批量装运往往能够相互嵌套,有利于积载;小批量装运相互嵌套的机会少,可能难以积载,浪费运输工具的装载能力。运输工具装载能力能否被充分利用,会影响运输成本的高低。

4. 积载因数

货物的积载因数是指每吨货物所占的体积。它与运输工具的载重量和载货容积有很大的关系。货物的积载因数之所以重要，是因为运输成本通常表示为每单位载重量所需花费的费用。单独的一辆运输卡车运输货物的多少，受载重量和载货容积的限制，但更多的是受到空间的限制。例如，某产品单位体积的重量很轻，如棉花，虽然运输工具已装满，但运输工具的载重量并没有得到充分利用。运输工具实际消耗的劳动成本和燃料成本基本与载重量关系不大，因此，货物的积载因数越小，运输工具所能装载的货物重量就越大，每吨货所分摊的固定成本就越低，运输成本就越低。在一般情况下，积载因数大的货物即轻泡货运输成本高。运输管理人员应尽量设法使运输工具能做到满载满仓，如轻货与重货混装，既能充分地利用运输工具的容积，又能使运输工具装载更多数量的货物，以利于降低单位运输成本。

5. 装卸搬运的效率

装卸搬运的效率直接影响单位时间内的货运量。装卸效率会直接影响运输工具的停留时间。停留时间越长，运输工具的周转就越慢，一定时间内所完成的货运量就越少。装卸搬运的效率受装卸搬运方式的直接影响，所使用装卸设备的种类及专业化程度等均会影响运输成本。此外，物品在运输和储存过程中通常可用刚性容器或承载工具采用成组方式，如用带子捆扎成组、装箱、装集装袋或装在托盘上，形成运输单元（集装单元），提高货物的搬运效率。刚性容器包括箱、包、盒或桶等，承载工具主要是指托盘。在联合运输中使用集装箱，可提高运输过程的装卸搬运效率，使货物的周转加速，单位货物的运输成本下降。

6. 运输事故损失

在运输的过程中，有可能发生货物丢失或变质，甚至发生事故，这些均会产生事故损失费，造成运输成本不必要的增加。运输事故发生的风险是客观存在的，购买保险是风险转移的最佳选择。承运人可以通过向保险公司投保来预防可能发生的索赔，否则需要承担货物可能损坏的赔偿责任。

7. 市场因素

市场因素是指运输起止点之间相向运输的货物是否平衡，如果不平衡，必然会有返空现象，从而造成运力的浪费。但完全平衡的情况很少，主要是由于生产布局上的不平衡或者由于生产和消费季节性方面的原因所致。运输的不平衡性主要表现为运输时间的不平衡性和运输方向的不平衡性，这将影响运输企业运力的配备和运输的经济性。尤其是运输方向的不平衡性会造成运输工具某方向空驶，运输成本变化不大，而完成的货运量最多只能达到双程满载的 50%。

（二）运输成本控制的观念

运输管理是一种管理思想，需要相关的观念来指导运输的管理过程，对于运输成本的控制也有相关的观念。

1. 系统观念

物流系统由运输、存储、包装、装卸、加工及信息处理等子系统中的一个或多个结合而成，而物流系统本身又处在更大的系统之中。物流系统的目的是以高速度、可靠、低费用的原则，实现以最少的费用提供最好的服务。物流系统追求的低成本是物流总成本最低，而不是运输成本、仓储成本或其他成本中的某一项最低。

运输成本控制不是追求某一个运输环节的成本最低，而是注重所有运输环节的总成本最低。将物品从一地运往另一地，除了要消除运输过程的不合理运输带来的一切浪费以外，还应计算运输环节在衔接过程中带来的货损货差损失费、装卸搬运费用以及为了保证货物运输不受损毁的特殊包装费等并未直接计算在运输成本中的其他费用。把运输过程也作为一个系统处理，而这个系统是物流系统的一个子系统，通过对整个物流过程的分析来实现物流系统的目的。

2. 合理化观念

运输合理化就是按照商品流通规律、交通运输条件、货物合理流向、市场供需情况，行驶最短里程，经最少的环节，以最合适的运力，花最低的费用，以最快的速度将货物从生产地运到消费地。即以最少的劳动消耗运输更多的货物，并且取得最佳的经济效益。要使运输成本最低，必须尽可能实现运输的合理化，避免不合理运输。空驶运输、对流运输、迂回运输、重复运输、倒流运输、过远运输等是不合理运输中的主要表现形式。

（三）运输成本控制的原则

在运输成本的管理过程中，为了有效地实施成本控制，强化对运输成本的管理，要遵循下面几项原则：

1. 全面性原则

运输是物流活动中的一项主要功能，与仓储、配送、流通加工、装卸搬运、信息处理等其他功能相互影响、相辅相成。运输不是独立的一项作业活动，它与其他作业活动一起构成物流系统。因此，运输成本既受到运输经营活动中众多复杂、相互制约的技术、经济、供求、环境等企业外部因素的影响，同时也受到运输企业内部管理工作诸多方面的影响，是一项综合性指标，必须树立统筹全局的全面性观点，才能使运输成本得到有效控制，实现整体物流经济效益最优的目标。坚持全面性原则要做好以下工作。

第一，处理好量、本、利之间的关系。在竞争激烈的市场中，切不可一味追求发展、扩大运营规模而忽视对成本的管理，也不可为降低运输成本而野蛮作业、野蛮装卸，造成企业效率和服务水平低下。要权衡企业的货运量、成本、利润三者之间的关系，找到合适的度，既保证低成本、高服务水平，又能给企业带来高利润，使企业能够长久发展。

第二，重视全过程的运输成本控制。企业不仅要对运输作业活动的成本进行监控，更应在企业融资、投资、路线设计、技术改造、设备更新、存货管理、作业规划、运输方式到售后服务的整个运输经营环节中，凡是与资金耗费有关的运输活动都实行严格的成本控制。

第三，全员参与运输成本的控制。要动员全体员工增强成本意识，参与成本控制，将成本控制工作渗透到全体员工的日常运输作业活动之中。因为企业的"一线员工"最熟悉、最清楚企业管理过程中所存在的问题，如他们参与到企业的管理过程中，会产生事半功倍的效果。

第四，控制影响运输成本的全部因素。要对影响运输成本变动的所有技术、经济、政治等因素实施综合管理，全面控制。

2. 效益性原则

运输成本控制不单纯是对运输过程中耗费的节约，而是通过投入的资源，转化为企业经济效益。所以，企业运输成本管理应当以单位耗费所获得的效益最大化为目标，实施运输成本控制。成本控制可分为事前、事中和事后控制。而运输成本控制的效益在很大程度上并不是体现在运输经营活动过程之中或运输经营活动之后，而是取决于运输经营活动过程之前，包括在运输业务的承揽、运载工具的选择、服务质量的确定、辅助业务的扩充、运输环节的协调、运输策略的优化、运输特色服务的培植等方面做好成本的预测、决策和控制。因此，企业应从成本事前控制中挖掘不断降低成本的潜力，获得更多的效益。

3. 责权结合原则

在运输成本的管理过程中，控制主体不仅需要拥有在其责任范围内采取管理措施、对责任范围内发生的资金耗费及相关运输经营活动实施控制的权力，而且也必须承担管理失误或不力而导致运输成本失控产生损失的责任。贯彻责权结合的原则，应明确划分不同层次的成本管理范围，理顺各层次之间的责权关系，坚持责任成本在不同范围内的不可转移性和同一范围责任成本在时间上的不可传递性。与此同时，要充分发挥激励机制的作用，来调动运输管理人员和作业人员工作的积极性，激励他们努力做好运输成本的控制工作。

4. 及时性原则

运输成本是在运输作业过程中形成的，由于运输业本身受经济因素变化的影响较大，所以，它总是动态变化的。为了应对环境对运输成本的影响，应增强对成本控制的时效性，必须运用科学的方法及时揭示实际耗费与标准（定额）成本之间的差异，分析产生成本差异的具体原因，寻找调节运输成本差异的管理措施，使运输成本失控产生的不利后果及影响降到最小，并在今后的运输经营过程中杜绝。

5. 例外管理原则

在运输成本控制措施实施中，常会发生一些事先不能预料的影响因素或事件，这些情况如不能及时处理将会导致不利或严重的后果。如运输过程中发生严重车祸造成车毁人亡、货物全部损坏等，对于企业来讲是非常严重的损失。例外管理原则要求运输管理人员重视导致实际耗费脱离标准（目标值）差异较大的"例外"事项，认真分析这些事项产生的原因和责任主体，对影响运输成本变化的不利因素进行归纳和统计分析，及时采取调整措施，避免这些不利因素再次出现。

任务 5　物流运输绩效评价

一、运输绩效管理含义

运输绩效管理是指对运输活动或运输过程的绩效管理，从而优化运输过程、提高经济效益。

知识链接

绩效的含义

绩效，从管理学的角度看，包括个人绩效和组织绩效两个方面。从字面意思分析，绩效是绩与效的组合。

绩就是业绩，体现企业的利润目标，又包括两部分：目标管理（MBO）和职责要求。企业要有企业的目标，个人要有个人的目标要求，目标管理能保证企业向着希望的方向前进，实现目标或者超额完成目标可以给予奖励，比如奖金、提成、效益工资等；职责要求就是对员工日常工作的要求，比如业务员除了完成销售目标外，还要做新客户开发、市场分析报告等工作，对这些职责工作也有要求，这个要求的体现形式就是工资。

效就是效率、效果、态度、品行、行为、方法、方式。效是一种行为，体现的是企业的管理成熟度目标。

效又包括纪律和品行两方面，纪律包括企业的规章制度、规范等，纪律严明的员工可以得到荣誉和肯定，比如表彰、奖状/奖杯等；品行指个人的行为，"小用看业绩，大用看品行"，只有业绩突出且品行优秀的人员才能够得到晋升和重用。

绩效管理所涵盖的内容很多，它所要解决的问题主要包括：如何确定有效的目标？如何使目标在管理者与员工之间达成共识？如何引导员工朝着正确的目标发展？如何对实现目标的过程进行监控？如何对实现的业绩进行评价和对目标业绩进行改进……

绩效管理中的绩效和很多人通常所理解的"绩效"不太一样。在绩效管理中，我们认为绩效首先是一种结果，即做了什么；其次是过程，即是用什么样的行为做的；第三是绩效本身的素质。因此绩效评价只是绩效管理的一个环节。

二、运输绩效评价

运输绩效评价是企业绩效管理的重要组成部分，做好运输绩效评价，可以有效地改善企业绩效管理，可以促进企业整体管理水平的提高。在实际运输绩效评价活动中，应不断完善运输绩效评价体系，坚持目的性、系统性、层次性和可操作性等基本的原则，正确选择运输绩效评价指标，以提高运输活动绩效以及企业整体绩效管理的水平。

1. 运输绩效评价的含义

所谓运输绩效评价，是指对运输活动或运输过程的绩效评价，它一般是按照统一的评价标准，采用一定的指标体系，按照一定的程序，运用定性和定量的方法，对一定时期内运输活动或过程的效益和效率作出的综合判断。运输绩效评价是运输企业及其他相关企业进行绩效管理的主要环节，是管理者了解运输活动效果的基本手段，也是加强企业管理的一种方法。其作用主要是对过去的运输活动或运输过程进行评估和检查，为以后的工作改进提供了基本的信息依据。

运输可以分为运输企业的运输和其他企业的运输。无论哪一种运输，其绩效都主要体现在一系列运输活动及其结果上，即运输绩效主要是通过对一系列运输活动或过程的绩效管理来实现的。从绩效评价指标方面来看，由于各种企业的情况差别较大，要设计一套适用于所有企业运输绩效评价的通用指标体系不太现实；如果按照运输活动或过程来设计指标体系，不同的运输企业或企业运输均可以根据实际情况，有选择地运用一些指标建立绩效评价指标体系。

2. 运输绩效评价体系的构成

运输绩效评价体系作为企业绩效管理系统的子系统，也是企业管理控制系统的一部分。为保证绩效评价的效果，应该建立科学合理的绩效评价体系。有效的运输绩效评价体系应包括以下相互联系、相互影响的内容。

（1）评价对象　它主要说明对谁进行绩效评价。运输绩效评价对象主要是指企业的运输活动或运输过程，一般包括集货、分配、搬运、中转、装卸、分散等作业活动。这些活动在实际中还会涉及运输活动计划、目标、相关组织、人员及车辆以及相关的环境条件等相关情况。

（2）评价组织　即负责领导、组织所有评价活动的机构，评价组织的构成情况及其能力大小将直接影响到绩效评价活动的顺利实施及效果。它一般由企业有关部门负责人组成，有时也邀请其他有关专家参与。

（3）评价目标　它被用来指导整个绩效评价工作，一般根据运输绩效管理目标、企业实际状况以及发展目标来确定。评价目标是否明确、具体和符合实际，关系到整个评价工作的方向是否正确。

（4）评价原则　就是实际评价工作中应坚持的一些基本原则，如客观公正、突出重点、建立完善的指标体系等等，它会影响到评价工作能否顺利开展及其效果。

（5）评价内容　它说明了应该从哪些方面对运输绩效进行评价，反映了评价工作的范围，一般包括运输成本、运输能力、服务质量、作业效率、客户满意度等。

（6）评价标准　这是用来考核评价对象绩效的基准，也是设立评价指标的依据。评价指标主要有三个来源：一是历史标准，就是以企业运输活动过去的绩效作为评价标准；二是标杆标准，就是将行业中优秀企业运输活动的绩效水平作为标准，以此来判断本企业的市场竞争力和自己在市场中的地位；三是客户标准，即按照客户的要求设立的绩效标准，以此来判断满足客户要求的程度以及与客户关系紧密程度。

（7）评价指标体系　就是评价运输活动的具体指标及其体系。运输绩效指标可以按照运输量、运输服务质量、运输效率以及运输成本与效益等方面来分别设立。

（8）评价方法　它是依据评价指标和评价标准以及评价目标、实施费用、评价效果等方面因素来判断运输绩效的具体手段。评价方法及其应用正确与否，将会影响评价结论是否正确。通常用的评价方法有专家评价法、层次分析法、模糊综合评价法等。

（9）评价报告　这是评价工作实施过程最后所形成的结论性文件以及相关材料，内容包括对评价对象绩效优劣的结论、存在问题及其原因分析等。

3. 运输绩效评价指标体系的构建原则

能否正确选择绩效评价指标，将直接影响到运输绩效评价结果，也关系到运输绩效管理以及企业管理的成效，所以选择和确定适当的评价指标是进行运输绩效评价的基础和前提，也是运输绩效管理的一种手段。在实际绩效评价工作中，应把握一定的基本原则来选择和确定具体的评价指标，并使之形成完整的和系统的指标体系，以取得良好的绩效评价效果。运输绩效评价指标选择的原则如下。

（1）目的性原则　绩效指标的选择应该以正确反映企业整体经济效益和运输活动绩

效为目的，也就是说，所选指标应科学合理地评价运输活动的作业过程以及投入、产出、成本费用等客观情况。

（2）系统性原则　运输活动由许多环节或过程组成，它会受到来自人、财、物、信息、服务水平等因素及其组合效果的影响，因此选择绩效评价指标必须系统地、全面地考虑所有影响运输绩效的因素，以保证评价的全面性和可信度。

（3）层次性原则　在选择评价指标时，应注意各项指标的层次性，这样有利于确定每层重点，并有效地进行关键指标分析、评价方法的运用以及绩效评价的具体操作。

（4）定性指标与定量指标相结合的原则　由于运输活动具有复杂性、动态性，所以绩效评价指标应该既包括易于定量表示的技术经济指标，又包括很难用量化表示的社会环境指标，如安全、快速、舒适、便利等方面的指标。实际的评价活动中，应该使定量指标与定性指标相结合，这样可以利用两者的优势，弥补双方的不足，以保证绩效评价的全面性、客观性。

（5）可操作性原则　就是使各项指标尽量含义清晰、简单规范、操作简便，同时，能够符合运输活动的实际情况，并与现有统计资料、财务报表兼容，以提高实际评价的可操作性和整个绩效评价的效率。

4. 运输绩效评价指标体系的构成

运输绩效评价指标体系可以根据货物运输量、运输质量、运输效率以及运输成本与效益来确定。运输绩效评价指标主要包括以下内容。

（1）货物运输量指标　它包括以实物量为计量单位的指标和以实物金额为计量单位的指标。其计算公式为：

$$货物运输量（千克）= \frac{商品件数 \times 每件货物毛重}{1000}$$

$$货物运输量（千克）= \frac{运输货物总金额}{该货物每千克平均金额}$$

货物周转量指标，是指在一定时期内，由各种运输工具实际完成运送过程的以重量和运送距离的复合单位（吨公里）计算的货物运输量。其计算公式为：

$$货物周转量 = 实际运送货物吨数 \times 货物运距$$

（2）运输效率指标　主要是车（船）利用效率指标，包括多个方面（如时间、速度、里程及载重量等）的指标，下面是其中主要的几种。

① 时间利用指标。包括车辆工作率与完好率指标。车辆工作率指一定时期内运营车辆总天数（时数）中工作天数（时数）所占的比重；完好率是指一定时期内运营车辆总天数中车辆技术状况完好天数所占的比重。其计算公式为：

$$车辆工作率 = \frac{计算期运营车辆工作总天数}{同期运营车辆总天数} \times 100\%$$

$$\text{车辆完好率} = \frac{\text{计算期运营车辆完好总天数}}{\text{同期运营车辆总天数}} \times 100\%$$

② 里程利用率。是指一定时期内车辆总行程中载重行程所占的比重，反映了车辆的实载和空载程度，可以用来评价运输组织管理的水平高低。

$$\text{里程利用率} = \frac{\text{载重行驶里程}}{\text{车辆总行驶里程}} \times 100\%$$

③ 载重量利用指标。是反映车辆载重能力利用程度的指标，包括吨位利用率和实载率。吨位利用率按照一定时期内全部营运车辆载重行程载重量的利用程度来计算，其中载重行程载重量亦称为重车吨位公里。

$$\text{吨位利用率} = \frac{\text{计算期完成货物周转量}}{\text{同期载重行程载重量}} \times 100\%$$

$$\text{实载率} = \frac{\text{计算期完成货物周转量}}{\text{同期总行程载重量}} \times 100\%$$

（3）运输质量指标　运输质量可以从安全性、可达性、可靠性、联运水平以及客户满意度等方面选择衡量指标。

① 安全性指标。包括运输损失率、货损货差率、事故频率和安全行驶间隔里程等指标。运输过程中的货物损失率有两种表示方式：一种是以货物损失总价值与所运输货物的总价值进行比较，这种方式主要适用于货主企业的运输损失绩效考核；另一种方式是用运输损失赔偿金额与运输业务收入金额的比率来反映，此方式更适用于运输企业或物流企业为货主企业提供运输服务时的货物安全性绩效考核。两者计算公式如下：

$$\text{运输损失率} = \frac{\text{损失货物总价值}}{\text{运输货物总价值}} \times 100\%$$

$$\text{运输损失率} = \frac{\text{损失赔偿金额}}{\text{运输业务收入总额}} \times 100\%$$

货损货差率指标是指在发运的货物总票数中货损货差的票数所占的比重，其计算公式为：

$$\text{货损货差率} = \frac{\text{货损货差票数}}{\text{办理发运货物总票数}} \times 100\%$$

事故频率指标是指单位行程内发生行车安全事故的次数，一般只计大事故和重大事故。该指标反映车辆运行过程中随时发生或遭遇行车安全事故的概率，其计算公式为：

$$\text{事故频率（次/万公里）} = \frac{\text{报告期事故次数}}{\text{报告期总运输里程（公里）}/10000} \times 100\%$$

安全间隔里程指标是指平均每两次行车事故之间车辆安全行驶的里程数，该指标是事故频率的倒数，其计算公式为：

$$\text{安全间隔里程} = \frac{\text{报告期总运输里程（公里）}/10000}{\text{报告期事故次数}} \times 100\%$$

② 可达性（方便性）指标。对于有些运输方式（如铁路、航空等）不能直接将货物运至最终目的地的情况，可以用直达性指标来评价企业提供多式联运服务的水平。直达性指标对于评价来往于机场、铁路端点站、港口之间的运输，特别是在评价外部运输与厂内运输的衔接上显得更有意义。其计算公式为：

$$货物直达率 = \frac{直达票号数}{同期票号数} \times 100\%$$

③ 可靠性指标。这是反映运输工作质量的指标，它可以促进企业采用先进的运输管理技术，做好运输调度管理，保证货物流转的及时性。相对来说，厂内运输对于运输的可靠性要求更高。正点运输率是评价运输可靠性的主要指标，其计算公式是：

$$正点运输率 = \frac{正点营运次数}{营运总次数} \times 100\%$$

④ 客户满意率指标。这是对运输服务质量的总体评价指标，它是用满意客户数与被调查客户数的比率来表示。所谓满意客户是指在对货主进行满意性调查中，凡在调查问卷上回答对运输服务感到满意及以上档次的客户。客户满意率指标计算公式为：

$$满意率 = \frac{满意客户数}{被调查客户数} \times 100\%$$

⑤ 意见处理率。该指标用已经处理的意见数与客户所提意见数的比率来表示，它反映了对客户信息的及时处理能力，也可反映客户对运输服务性好坏的基本评价及企业补救力度的大小。已处理意见是指在客户针对运输服务质量问题提出的意见中，企业予以及时查处并给予客户必要的物质或精神补偿而取得满意效果的意见。意见处理率和满意率均可按季度计，必要时也可按月计。意见处理率指标计算公式为：

$$意见处理率 = \frac{已处理意见数}{客户意见数} \times 100\%$$

（4）运输成本与效益指标

① 单位运输费用指标。该指标可用来评价运输作业效益高低以及综合管理水平，一般用运输费用总额与同期货物总周转量的比值来表示。运输费用主要包括燃料、各种配件、养路、工资、修理、折旧及其他费用支出。货物周转量是运输作业的工作量，它是车辆完成的各种货物的货运量与其相应运输距离乘积之和。

$$单位运输费用（元/吨公里） = \frac{运输费用总额（元）}{报告期货物总周转量（吨公里）} \times 100\%$$

② 燃料消耗指标。评价燃料消耗的指标主要有单位实际消耗、燃料消耗定额比，它反映了运输活动中燃料消耗的情况，可以促进企业加强对燃料消耗的管理。其计算公式为：

$$单位实际油耗（升/百吨公里） = \frac{报告期实际油耗}{报告期运输吨公里数\ 1/10} \times 100\%$$

③ 运输费用效益指标。该指标表示单位运输费用支出额所带来的盈利额，其计算公式为：

$$运输费用效益 = \frac{经营盈利额}{运输费用支出额} \times 100\%$$

④ 单车（船）经济收益指标。该指标表示单车（船）运营收入中扣除成本后的净收益。

$$单车船经济效益 = 单车船运营总收入 - 单车船成本合计$$

该公式计算结果为正值，说明车辆运营盈利；公式计算结果为负值，说明车辆运营亏损。

⑤ 社会效益指标。该指标主要反映运输活动对环境污染的程度以及对城市交通的影响程度等。可以用专业性的环境评价指标对运输活动进行社会效益评价，也可以用定性的指标进行评价。如对企业具体的运输活动评价，可以考察运输活动中采用清洁能源车辆情况、运输时间是否考虑避开城市交通高峰、运输活动对周围环境污染情况等。

在实际运输活动中，可综合考虑运输活动的目标与任务、运输货物特点、运输环境、运输能力、客户要求等方面的因素，具体确定各项评价指标及其主次顺序，形成完整的、相互衔接的指标体系，以获得良好的评价效果。

任务6　物流运输承运商选择与评价

一、合理选择承运商的意义

选择运输承运商的企业既可以是货主企业也可以是运输或物流企业，无论是货主企业还是运输或物流企业都希望选择一个可靠高效的运输承运商或二级承运商，不仅可以帮助企业安全高效地完成运输活动，而且运输或物流企业还可以充分利用二级承运商在运输和网络方面的资源，最大限度减少运输成本，通过高效优质的运输服务提高客户满意度，获得更高的效益。相反，如果选择的承运商或二级承运商服务质量差，诚信度低，则可能会导致运输成本升高、运输时间变长、货损率上升，甚至公司、客户机密泄露等事件的发生，损害公司利益的同时，还会降低公司的信誉和客户满意度。因此，当进行承运商选择时，要对承运商的具体情况进行详细了解，对其综合实力进行科学评价。

二、承运商选择的原则

1. 核心能力原则

核心能力原则即要求承运商必须具有并能为运输需求企业贡献自己的核心能力，而这一核心能力又正是运输需求企业所需要的。核心能力是承运商所有能力中最重要、最关键、最根本的能力，核心能力的强弱，决定了一个企业在市场竞争中的地位和命运。

核心能力是企业在经营过程中所形成的不易被竞争对手效仿的，并能给企业带来超额利润的独特的能力。它可以是核心技术能力、组织协调能力、对外影响能力、应变能力，也可以是承运商能提供的真正好于、优于竞争对手的不可替代的服务、文化等。

2. 总成本最小原则

运输需求企业总是关心运输服务的价格，价格在某种程度上是影响交易双方的主要因素。承运商往往根据竞争对手的价格确定自己的折扣或者优惠价，以有竞争力的价格提供运输服务能赢得更多的货主。较低的运价可使承运商具有较大的价格竞争优势。所以总成本最小原则就是希望所选的承运商总运输服务成本应不大于其他承运商完成运输的全部费用。

3. 敏捷性原则

选择承运商的一个主要目标就是快速准确地运输货物，以把握快速变化的市场机会。因此，要求各个承运商具有较高的敏捷性，对来自运输需求企业外部和内部的服务请求具有快速反应的能力。

4. 风险最小原则

承运商通常拥有不同的组织结构和技术标准、不同的企业文化和管理理念、不同的硬件环境等，这些因素大大增加了运输合作过程中的风险。因此在进行承运商选择时必须认真考虑风险问题，选择正确的伙伴，以最大程度回避或减少运输过程中的风险。

上述几个原则只是承运商选择的一般性原则或基本原则。由于具体问题的不同，以及企业在具体目标上的差异，在选择承运商时可能并不只是限于上述几条基本原则。例如，企业可能会着眼于承运商服务所覆盖的区域，承运商的商誉、品牌、企业价值观念等。

三、承运商选择与评价的基本步骤

在选择承运商之前必须明确企业自身特点，制订相应的战略目标，这样才能找到真正适合自己的承运商。企业选择承运商的基本步骤如图 8-20 所示。首先，对市场需求进行分析，从市场上承运商提供的运输服务入手初步确定候选承运商。这一步是非常必要的，而在过去企业却往往忽略这个环节。这是因为在运输物资时企业经常会购买回一些无用的运输功能，为产品不必要的运输支付额外代价，从而导致运输成本的提高。在选择确定合适的承运商后，在实施阶段还需继续对其服务进行评价和监控，通过一定的奖励机制和惩罚措施来激励承运商持续提供更优质的服务。

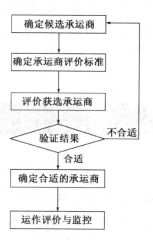

图 8-20 承运商选择与评价的步骤

（一）前期承运商选择阶段

1. 确定候选承运商

需要了解候选承运商的资质，如注册资金、注册日期、车辆资源、优势线路等。通过比较服务、价格等因素，选出首选、备用承运商。

2. 确定承运商评价标准

在确定候选承运商后，需确定承运商评价标准，建立承运商评价指标体系对候选承运商进行标价，如表8-29给出了比较全面的承运商评价指标体系。

表8-29 常用承运商评价指标体系

指标	子指标	描述
可靠性	接单率	用来衡量托运人有运输需求时，能够得到满足的比率，指下给某承运商的订单有百分之多少可以安排发运。 接单率 = 承运商执行的运单数/托运人向承运商下达的运单数
	准时交付率	指承运商按照托运人的要求，在规定时间内把货物交付给顾客的百分比。准时交货率 = 准时交货的次数/承担运输的次数
	送货准确率	承运商按照托运人的要求，把品种和数量都正确的货物交付给顾客的比率。送货准确率 = 准确送货的次数/承担运输的次数
服务	货物在线查询	托运人或者货主通过登陆承运商的信息系统，实时查询货物的动态，跟踪货物的运输情况。按照五个等级划分
	货损率	承运商在货物运输过程中，因承运过失而造成的货物损坏或货物丢失的金额数占承运商运输货物金额总数的比率。 货损率 = 货物运输途中损失/承运商运输货物总值
	运输时间	承运商承担的运输活动所耗费的时间。运输活动实际花费的时间
	客户投诉率	指某承运商的服务由于种种原因被客户投诉，所占其承运单数的百分比。客户投诉率 = 客户投诉次数/承运商承担运输业务的次数
能力	运输规模	运输规模是指承运商所能提供的最大运力。 运输规模 = 承运商所能提供的最大运力
	运输设备	主要是指承运商所拥有的运输车辆的车型、吨位等信息，以及针对不同运输货物的特殊运输设备的配备情况。按照五个等级划分
	柔性	指承运商对托运人突发运输需求的满足能力，以及对发货人及顾客特殊运输需求的满足能力。按照五个等级划分
运输成本	运输价格/(元/吨公里)	主要是指由运输距离、货物重量、体积等所决定的单位运输价格
	运输价格的柔性	指承运商的运输价格能否根据客户的需要作相应的调整。主要是指承运商考虑与托运人的长期关系，或者运输量比较大时，可以对运输价格进行一定的调整，给托运人一定的价格折扣。按照五个等级划分
信誉	公共声誉	指人们对运输市场上的承运商在运输服务质量、诚信等各方面的评价。按照五个等级划分
	财政稳定性	指承运商的财政状况是否稳定，现金流是否合理。按照五个等级划分
	经营业绩	对承运商近期所承担过的或者正在执行的运输项目的业绩作综合评价。按照五个等级划分
战略性	战略兼容性	指承运商的发展战略是否与本企业的发展战略相兼容，不能存在不同的、相抵触的价值观。按照五个等级划分
	风险分担	对运输过程中产生的风险及损失，承运商能否保证与托运人共同分担。按照五个等级划分
	与公司关系	在进行承运商选择时，优先考虑与公司有长期合作关系或者有合作经验的承运商。按照五个等级划分

分析具体需求情况，结合表8-29。一般运输能力、运输成本、信誉、战略性这些指标属于承运商前期选择需要考察和评价的。

能力指标主要是指承运商能提供运输服务的能力，主要包括运输规模、运输设备、柔性三个子指标。

运输成本指标主要衡量承运商提供运输服务的成本，是否能提高企业经济效益等，包括运输价格及运输价格的柔性两个子指标。

信誉指标主要是指承运人在运输市场上的名声，人们根据承运人的以往业绩和财政稳定性，对承运商提供运输服务质量好坏的一致认可及对承运商能够可靠提供运输服务的信任程度，主要包括公共声誉、财政稳定性、经营业绩三个子指标。

战略性目标主要是指在承运商的选择问题上，要与企业本身的发展战略思路相一致，主要包括战略兼容性、风险分担、与公司的关系三个子指标。

而可靠性、服务这两类指标则主要是考察承运商实际运作时使用的。

可靠性是指承运商响应运输需求的能力，对发货人及顾客运输指令的满足情况，以及持续提供准时、高效服务的能力等，主要包括接单率、准时交货率和送货准确率这三个子指标。

服务指标是用来衡量承运人满足托运人及顾客各方面服务需求的一系列指标，主要包括货物在线查询、货损率、运输时间以及客户投诉率这四个子指标。

在实际运作中，货损造成的客户投诉是一个很大的问题，因此这两方面的指标需要重视。而大部分客户都很重视回单，特别是一些品牌客户。这也是现行承运商KPI（关键绩效指标）指标中，有两个回单相关指标的原因，因此在建立新的指标体系时仍然要重视回单指标，建立合理的全面的承运商评价指标体系。

结合上面所述的情况，建立运输承运商评价指标体系见表8-30。

表8-30 运输承运商评价指标体系

指标		子指标	描述
前期选择	能力与成本	运输规模	运输规模是指承运商所能提供的最大运力。 运输规模＝承运商所能提供的最大运力
		运输设备	主要是指承运商所拥有的运输车辆的车型、吨位等信息，以及针对不同运输货物的特殊运输设备的配备情况。 按照五个等级划分
		柔性	指承运商对突发运输需求的满足能力，以及顾客特殊运输需求的满足能力。 按照五个等级划分
		运输价格/(元/吨公里)	主要是指由运输距离、货物重量、体积等所决定的单位运输价格
	信誉	公共声誉	指人们对运输市场上的承运商在运输服务质量、诚信等各方面的评价。 按照五个等级划分
		财政稳定性	指承运商的财政状况是否稳定，现金流是否合理。 按照五个等级划分
		经营业绩	对承运商近期所承担过的或者正在执行的运输项目的业绩做综合评价。按照五个等级划分
	战略性	战略兼容性	指承运商的发展战略是否与本企业的发展战略相兼容，不能存在不同的、相抵触的价值观。按照五个等级划分

续表

指标		子指标	描述
前期选择	战略性	风险分担	对运输过程中产生的风险及损失,承运商能否保证共同分担。按照五个等级划分
		与公司关系	在进行承运商选择时,优先考虑与公司有长期合作关系或者有合作经验的承运商。按照五个等级划分
实际运作	可靠性	接单率	用来衡量有运输需求时,能够得到满足的比率,指下给某承运商的订单有百分之多少可以安排发运。 接单率 = 承运商执行的运单数/向承运商下达的运单数
		接货及时率	在指定时间内到指定地点接货的次数与总接货次数的比率。 接货及时率 =（已发货票数 – 未即时到货票数）/订单总票数×100%
		准时交付率	指承运商按照要求,在规定时间内把货物交付给顾客的百分比。 准时交货率 = 准时交货的次数/承担运输的次数
		回单返回及时率	承运商按照要求,把签收完整的回单交回到物流的比率。 回单返回及时率 = 回单及时返回票数/已到货票数×100%
	服务	货损率	承运商在货物运输过程中,因承运商过失而造成的货物损坏或货物丢失的金额数占承运商运输货物金额总数的比率。 货损率 = 货物损失价值/承运商运输货物总值
		运输时间	承运商承担的运输活动所耗费的时间。 运输活动实际花费的时间
		客户投诉率	指某承运商的服务由于种种原因被客户投诉,所占其承运单数的百分比。客户投诉率 = 客户投诉次数/承运商承担运输业务的次数

3. 评价获选承运商

关于承运商的选择和评价方法有很多,常用的承运商选择和评价方法有招标法、协商选择法、经验判断法、线性权重法、层次分析法（AHP）、线性规划法（LP）等。承运商选择评价的方法越来越趋向于定量与定性相结合,既考虑到定性因素,又考虑到定量因素,而且,在方法的使用上倾向于使用多种方法、多个阶段的组合。

（二）实际运作阶段监控与评价

在选出承运商并开始实际运作后,企业要通过每月的承运商考核 KPI 对承运商进行评分。在承运商实际运作中一般需要收集的数据见表8-31。

表 8-31 运作数据

运作情况	订单总票数
	已发货票数
	已到货票数
	未及时发货票数
	未按时到货票数
	回单及时返回票数
	完美回单返回票数
	货损货差票数及价值
	客户投诉次数

根据承运商运作情况的数据,计算该承运商 KPI 指标达成率。一般现行承运商 KPI

指标见表 8-32。

表 8-32　运输承运商运作 KPI 指标

KPI 指标	
	发货完成率
	发货及时率
	准时交付率
	回单返回及时率
	完美回单率
	货损率
	投诉率

各数据、指标统计标准见表 8-33。

表 8-33　运输承运商运作 KPI 统计标准

KPI 统计标准	
	未及时发货票数：超过预约时间 1 小时外发出的订单票数
	未按时到货票数：未在 KPI 运输时间内签收的订单票数
	回单及时返回票数：在规定的 KPI 回单时间内返回到企业回单整理人员处的订单票数
	完美回单返回票数：及时返回且无差异的回单票数
	发货完成率：已发货票数/订单总票数×100%
	发货及时率：（已发货票数 − 未即时到货票数）/订单总票数×100%
	准时交付率：（已发货票数 − 未按时到货票数）/已发货票数×100%
	回单返回及时率：回单及时返回票数/已到货票数×100%
	完美回单率：完美回单返回票数/回单及时返回票数×100%
	货损率：货物损失价值/承运商运输货物总值×100%
	投诉率：客户投诉次数/总运输次数×100%

各项 KPI 指标评分标准如下：

发货完成率：承运商已发货票数与客户订单总票数的比率，完成率指标要求大于等于 99%，达到指标值得 10 分。达不到指标值，相差每个百分点扣 3 分。

发货及时率：承运商在接收到客户订单后规定时间内及时发货的次数与订单总票数的比率。发货及时率指标要求大于等于 99%，达到指标值得 10 分。达不到指标值，相差每个百分点扣 3 分。

准时交付率（即发货及时率）：按运价表中运输时间送达目的地并交付到客户手中的次数与总送货次数的比率。指标要求大于等于 98%，达到指标值得 20 分。达不到指标值，相差每个百分点扣 6 分。

回单返回及时率：在指定时间内按客户签收要求完整送回运输资料的次数与总运输次数的比率。指标要求大于等于 98.5%，达到指标值得 15 分。达不到指标值，相差每个百分点扣 6 分。

完美回单率：完整签单与运输总单的比率。指标要求大于等于 99%，达到指标值得 15 分。达不到指标值，相差每个百分点扣 3 分。

货损率：承运商运输过程中货物损失价值与承运商运输货物总值的比率，指标要求小于等于 0.3%，达到指标值得 15 分。达不到指标值，相差每个 0.1% 扣 5 分。

投诉率：客户投诉次数与总运输次数的比率。指标要求小于等于 0.05%，达到指标值得 15 分。达不到指标值，相差每个 0.01% 扣 5 分。

物流需求企业根据评分标准按月将承运商的各项分数算出并求和，60 分以上为及格，90 分以上为优秀。

当承运商当月分数为 60 分以下时，会要求运输承运商提出整改措施，并进行追踪考核。当连续三个月考核不达标时，则会考虑替换运输承运商或削减该承运商的业务。

在合计分数时，由于准时交付率会被天气等不可抗力影响，如果准时交付率低是承运商考核不及格的主因，则需要考察影响准时交付率的实际原因如气候环境、持续大雨或冰冻等现象，再进行评价。

四、承运商监控与激励

（一）运商监控的内容

承运商监控的内容主要包括客户服务质量监控和运输过程监控。

1. 客户服务质量监控

（1）客户服务质量监控的内容　对综合型、管理型的承运商来说，它们对企业各要素（运输、装卸搬运等）的协调负有基本责任，即应使物流运输系统有效地运作，达到以精确的时间、精确的地点将产品送达客户的目标。物流运输服务的目标是使客户满意，因此，客户服务监控系统需要测量两大类变量：产品交货过程中的客户满意度和内部统计数据。产品交货过程中的客户满意度是一个"软"数据的领域，即并非很精确且主观性较强的数据，然而这个变量是非常重要的。

内部统计数据是对客户满意度最具影响的变量。这些数据的内容随时间与行业不同而有区别，客户最常关心的是运输服务的准时率、完整率、信息和通信系统的反应速度等。这些方面的表现水平都是可以测量的。但必须注意，不同时间、不同行业对不同的指标可以有不同的重视程度。

为了确定客户对服务水平的满意度，进行客户服务监控是必要的。监控重点考虑的三个关键问题是以什么方式与客户联系、哪些客户服务要素需要监控以及需要监控多少客户。

（2）客户服务质量监控的步骤　客户服务质量监控是从了解客户需求开始的，任何一个承运商在进行客户服务质量监控时必须先了解客户已有的和潜在的需求，这样才能为企业内部进行服务水平的制订、目标客户的鉴定，以及交易信息的收集处理提供重要的依据。

① 进行客户调查。客户调查可以确定客户的需要，竞争对手的能力和表现水平以及由于当前服务水平的改变而引起的经济上的得失。

② 内部的审计。审计有助于确定当前的服务水平、取得当前服务水平的成本、需要改进的服务方面的问题及较好的（或较差的）服务对成本的影响。

③ 确定服务目标。每一个服务变量的目标都必须以客户需求、竞争对手的服务水平以及企业内部的能力和经济性为基础。

④ 设计监控系统以衡量每一个服务变量。常以实时方式进行，以交易行为过程系统中的统计数据积累为手段。在某些情况下，必须从分包协作者那里取得必要的信息，如公路运输企业的送货时间和公共仓库的订单处理时间等。

⑤ 设计报告系统。每一服务要素都应以定期的管理报告给出，通常报告按月制作并递交，而负责的部门应以天与周来检查详细的数据。

（3）客户服务质量监控的间隔　对顾客满意程度进行连续调查与监控是十分重要的，可以通过两种不同的方式来完成：

① 每隔一年或两年重复一次客户服务调查，精炼样本和调查问卷并保留一些关键性、长期性的调查因子，以获取连续的调查记录。

② 效仿一些公司的做法，每一季度以信函或电话的方式对100名顾客中的25个进行抽样调查。这样就为管理系统提供了一种每季度和内部统计测量数据相比较的方法。

2. 运输过程监控

从生产地到消费地之间的运输成本一般是很大的，发达国家典型的物流运输系统中运输成本平均占销售收入的4%。因此，尽量减少运输开支并提供与费用相对应的服务是很重要的。

（1）运输过程监控的层次　一般的物流运输监控系统对运输过程的监控至少包含以下两个层次。

① 整车或大批量的原材料供应给大客户，这些货物可以是包装或托盘化的，也可以是干散货或液体散货。运输方式可以是铁路、公路、水运或航空。

② 从物流运输系统中心向客户小批量的配送，可以采用公路运输方式。物流监控系统应记录所有发运的货物、客户服务水平、发生的成本等，监控是在两个相关但又分开的系统中进行的（货物流与资金流）。

第一，货物跟踪。现代的服务敏感性物流配送系统必须提供货物的实时信息，包括提供货物的位置与状态，这些信息提供给服务与销售人员和客户以确保有效率运作。现代货物跟踪系统较为昂贵，但由于服务的改进，其所提供的竞争优势是显著的。

第二，运费账单审计与以合同运价方式支付承运人的运费。运价考虑到了起始点的位置、货物类别、货物体积和重量、运输距离、包装形式和地域。运费账单必须审计后支付。运输账单处理系统通常接受审计、支付账单和提供控制系统的详细数据。

（2）运输过程监控的主体　系统可以用手工操作，也可以计算机化，现在发达的系统由条码和其他扫描系统及高级处理软件组成，发达国家典型的物流运输部门把这些服务分包给一个或多个第三方，由他们负责运作。

① 一个或多个网络运输企业，在运输中心提货和发送产品给收货人。承运人制作运费账单，并送到支付运费的服务企业。

② 由一个运输服务企业通过比较托运人的发货通知和商定的运价，审计运费账单。然后由服务企业代表托运人支付正确的账单，或把审计过的账单交给另一个应支付的企业。

③ 货物运输和交付的跟踪系统。以电子数据交换为特点的网络，可以由供应链中包括货主、收货人、承运人、运输中心运作者或外部网络提供者的任何一方来运作。

（二）承运商监控的方法

承运商的绩效在很大程度上影响着企业的运作效率，并不是所有承运商的绩效都令人满意，也不是所有承运商都十分合作。作为承运商的直接监管部门——运输部门，就要根据承运商的不同表现对其施以不同力度的监管。根据承运商的不同表现，可采用下列方法监控承运商：

（1）安排合适的人员常驻承运商企业，以监控承运商的运作调度等情况，并可在一定程度上作为企业的代表及时处理部分业务及相关事务；

（2）对承运商的关键工序进行重点关注，要求承运商提供相关设施、设备和服务水平参数；

（3）工商企业运输管理人员或其他相关人员定期或不定期到承运商企业进行监督检查；

（4）要求承运商对运输物资的包装等在变更前必须征得企业相关人士的许可；

（5）托运人与收货人一起对承运商进行审核与检查；

（6）由企业资深运输管理人员对承运商相关人员进行辅导，以提高承运商的运输服务能力。

有些诚信不佳的承运商工作人员在合作过程中会以种种借口或手段欺骗运输需求企业，企业的运输管理人员要根据所掌握的信息对这种情况作出分析判断，一旦识破其借口或欺骗手段，除了应予以严厉警告外，还需要找其主管或承运商企业负责人进行沟通，以防止类似情况重演。

（三）承运商"制裁"措施

如果承运商的高层管理者在合作过程中对多次发生的运输质量、交货时间等问题不以为然，或对企业的合理要求置之不理时，企业运输管理人员除了应报告相关负责人或企业高层管理者外，还要对承运商施加"制裁"措施，并及时采取补救措施，如及时开发新承运商等，否则就会发生物资不能被及时送达的风险。"制裁"措施主要有以下几种：

（1）减少订单量或暂停合作；

（2）根据签订的采购合同或品质合同进行罚款；

（3）暂时停止支付承运商的货款；
（4）用法律手段对承运商施压或挽回损失等。

（四）承运商的激励

现在企业与承运商的关系已从原来单一地提供服务和被服务的关系发生了转变，企业与承运商更倾向于建立合作伙伴关系。在这种合作关系中，对承运商的激励机制显得尤为重要。为了使与承运商的合作关系更趋密切，物流运输部门应通过一套激励机制，促进承运商提供更好、更高质量的服务，达成企业与承运商双赢的结果。激励机制是与承运商业绩的评估紧密联系在一起的，企业每年应对承运商实际运载情况进行统计、分析、总结，建立承运商绩效档案。通常，企业可以采取以下三种不同的方式对承运商进行激励。

（1）商誉激励　绩效优秀的承运商，将被授予"优秀承运商"称号。在每年的年底，企业可以按照一年里各承运商的绩效对其进行评估。得分最高的前三位，可以被授予"优秀承运商"称号，该称号与承运商评级机制并不重叠，不同等级的承运商在此项评比中是完全平等的。即在评选"优秀承运商"的过程中，一、二、三级承运商都是在同一起跑线上，评选的标准都是相同的，一级承运商并不比二、三级承运商具有优先权。但此项评比作为承运商考核的一个方面，对次年的评级有着一定的参考作用。"优秀承运商"称号有效期一年，在每年年底进行评选，评选完成后的一个月内，获得称号的承运商将获得相应的奖励。

（2）订单激励　订单激励是对于绩效优秀的承运商，给予优先承运和增加承运量的奖励。具体来说，此项激励就是对那些绩效优秀的承运商，企业应在条件允许的前提下，优先考虑为他们提供更多的承运机会，以达到激励的目的。

（3）淘汰激励　对于绩效差的承运商则减少其承运量，直至淘汰。企业应深信奖罚分明的激励机制才是真正完善的，所以在为绩效优秀的承运商提供奖励的同时，企业也会针对那些在服务上达不到要求的承运商制定一套惩罚制度。惩罚最主要的方式是减少其承运量，如果在减少承运量之后，承运商仍不注意提高自己的服务质量，则考虑停止与此类承运商继续签订服务合同。

五、承运商监控需注意的问题

现代企业管理中最主要的问题是由繁多的数据引起的，现代信息与通信设备（GPS、GIS、电子数据交换系统、无线电射频系统等）为搜集大量数据提供了捷径，而电子计算机则能快速准确地处理这些数据。然而，如果没有监控与管理系统把重要信息从大量的信息中提取出来，管理与监控人员就很难有效地进行管理。因此，物流运输系统监控的第一个问题就是要把重点放在重要数据上，而不要浪费时间整理那些琐碎无用的资料。监控的核心是集中，应把精力集中于那些能说明系统是如何工作的，以及问题源于何处的关键点。这样，有用的数据将有助于发现并纠正监控系统中尚未发现的问题。例如，在客户服务中，要衡量哪些是客户最易感受到的服务，比如订单完成量、客户实际的订单循环（周期）时间、完整订单完成率、电话不通的概率等。在运输中，企业最关心的问题是人员和运输工具的配备及效率等问题。承运商监控的第二个重要问题是确定适当的报告周期。理想的情况是把时间间隔或报告周期建立在可控活动的基础上，如果系统要监管的是花费在公用设施上的费用，适当的报告周期应为 30 天。因为如果周期更短，就难以核算出实际的费用支出。若要监控承运商的劳动力利用情况，就必须以小时和天为单位时间报告结果。如果按月度报告，就不能及时发现问题，从而严重影响整个系统效率的提高。

实训项目八

一、训练目标

调查某一运输或物流企业，通过运输优化的实训，进一步理解运输优化的含义以及内容，掌握运输优化的方法。

二、训练内容

调查某一运输或物流企业的运输作业过程，就某一方面如运输路线、运行调度、配装配载、运输成本等分析其存在的问题，并运用本项目所学习的相关知识提出合理可行的优化方案。

三、实施步骤

（1）以 4~6 人小组为单位进行操作，并确定组长为主要负责人，明确各成员的工作内容；

（2）搜集资料，将各个环节操作流程、内容和工作要点填入下表，完成工作计划表；

序号	工作名称	工作内容	工作要点	责任人	完成日期

（3）借助于实地调研的方式调查了解运输或物流企业的运输作业过程，并做好相关记录；

（4）组织展开讨论，分析运输或物流企业运输作业过程中存在的问题，并设计出合理可行的优化方案；

（5）整理资料，撰写报告并制作PPT进行汇报。

四、检查评估

根据各小组实训项目完成质量情况，分别进行小组自评、小组互评和教师评价，并填入下表。

能力		自评（10%）	小组互评（30%）	教师评价（60%）	合计
专业能力 (60分)	1. 调查结果的准确性（10分）				
	2. 问题分析的合理性（10分）				
	3. 运输优化的内容的合理性（10分）				
	4. 运输优化的方法的合理性与准确性（10分）				
	5. 报告撰写或PPT制作（20分）				
方法能力 (40分)	1. 信息处理能力（10分）				
	2. 表达能力（10分）				
	3. 创新能力（10分）				
	4. 团体协作能力（10分）				
	综合评分				

思考与练习

1. 简述不合理运输的表现形式。
2. 评价运输合理化的因素有哪些？
3. 简述运输成本的分类与构成。
4. 简述运输绩效评价含义及评价的内容。
5. 简述承运商监控的内容与激励措施。
6. 应用标号法找出从 A 点到 D 点的最短路线并指出其距离。

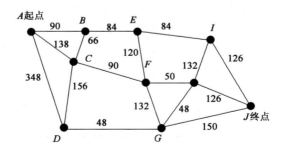

7. 某公司下属三个储存某种物资的料库 A_1、A_2、A_3，供应四个工地 B_1、B_2、B_3、B_4 的需要。三个料库的供应量和四个工地的需求量以及各料库到诸工地调运单位物资的运价（元/吨）由下表给出，试求运输费用最少的合理调运方案。

	B_1	B_2	B_3	B_4	供应量/吨
A_1	3	11	3	10	700
A_2	1	9	2	8	400
A_3	7	4	10	5	900
需求量/吨	300	600	500	600	

8. 如图 B、D、F、H 各有物资 80 吨、150 吨、170 吨、100 吨，A、C、E、G 各需物资 110 吨、130 吨、100 吨、160 吨，求车辆调度方案。

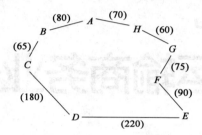

9. 已知配送中心 P_0 向 5 个用户 P_j 配送货物，其配送路线网络、配送中心与用户的距离以及用户之间的距离如下图所示：图中括号内的数字表示客户的需求量（单位：吨），线路上的数字表示两结点之间的距离，配送中心有 3 台 2 吨卡车和 2 台 4 吨两种车辆可供使用。

（1）试利用节约里程法制订最优的配送方案。

（2）设卡车行驶的速度平均为 40 公里/小时，试比较优化后的方案比单独向各用户分送可节约多少时间？

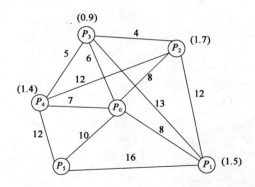

项目九
物流运输商务业务办理

知识目标

- 理解运输合同的概念；
- 掌握运输合同的主要条款；
- 掌握运输合同签订的程序；
- 掌握货物运输保险险别；
- 了解运输保险索赔时效；
- 了解运输纠纷的种类；
- 掌握解决运输纠纷的四种方法。

能力目标

- 能进行运输合同的审定；
- 会选择合适的险种并办理运输保险；
- 能识别运输纠纷的类型；
- 会处理运输过程中的纠纷。

任务 1　货物运输合同的订立、履行与编制

一、运输合同的概念及分类

（一）运输合同的含义

运输合同的制订应依据《中华人民共和国合同法》（简称《合同法》）、货物运输规则、货物运输质量标准及其他有关规定。我国《合同法》第二百八十条规定：运输合同是承运人将旅客或者货物从起运地点运输到约定地点，旅客、托运人或者收货人支付票款或者运输费用的合同。运输合同的客体是指承运人将一定的货物或旅客运到约定的地点的运输行为。运输合同大多是格式条款合同。

(二) 运输合同的分类

1. 按承运方式分类

按承运方式的不同，运输合同可分为道路运输合同、铁路运输合同、水路运输合同、航空运输合同、管道运输合同及多式联运合同。

2. 按运输的对象分类

按运输的对象不同，运输合同可分为客运合同和货运合同。

3. 货运合同的分类

货物运输合同是指承托双方签订的、明确双方权利义务关系、确保货物有效位移的、具有法律约束力的合同文件。

（1）货运合同按合同期限划分，可分为长期合同和短期合同。长期合同是指合同期限在一年以上的合同；短期合同是指合同期限在一年以下的合同，如年度、季度、月度合同。

（2）按货物数量划分，可分为批量合同和运次合同。批量合同，一般是一次托运货物数量较多的大宗货物运输合同；运次合同，一般是托运货物较少，一个运次即可完成的运输合同。所谓运次是指完成包括准备、装载、运输、卸载四个主要工作环节在内的一次运输过程。

（3）按合同形式划分，可分为书面合同和契约合同。书面合同是指签订正式书面协议书形式的合同；契约合同是指托运人按规定填写货物运输托运单或货单。这些单证具有契约性质，承运人要按托运单或货单要求承担义务，履行责任。

二、运输合同的基本特征

签订货运合同的承运方必须持有经营货运的营业执照，具有合法的经营资格。

（1）运输合同是有偿合同 有偿合同又称"有偿契约"，是指当事人双方任何一方在享受权利的同时负有以一定对等价值的给付义务的合同。

（2）运输合同是双务合同 双务合同指当事人双方互负对待给付义务的合同，买卖合同是双务合同的典型。

（3）运输合同是诺成合同 诺成合同又称为不要物合同，合同各方就合同主要条款意思表示一致即告成立的合同，是"实践合同"的对称，它不依赖物的交付。如：借贷合同、运输合同、仓储保管合同。

（4）运输合同一般为格式合同 格式合同，又称标准合同、定式合同，是指当事人一方预先拟定合同条款，对方只能表示全部同意或者不同意的合同。

（5）货物运输合同可以采取留置的方式担保 托运人或者收货人不支付运费、保管费以及其他运输费用的，承运人对相应的运输货物享有留置权，留置物折价或者拍卖、变卖后，其价款超过债权数额的部分归债务人所有，不足部分由债务人清偿。

三、运输合同的订立与履行

（一）运输合同订立的原则

货运合同的签订是指承托双方经过协商后用书面形式签订的有效合同。其签订的基本原则如下：

（1）合法规范的原则 所谓合法规范，是指签订运输合同的内容和程序必须符合法律的要求。只有合法规范的运输合同才能得到国家的承认，才具有法律效力，当事人的权益才能得到保护，达到签订运输合同的目的。

（2）平等互利的原则 不论企业大小，所有制性质是否相同，在签订运输合同中承托双方当事人的法律地位一律平等；在合同内容上，双方的权利义须对等。

（3）协商一致的原则 合同是双方的法建行为，双方意愿经过协商达到一致，彼此均不得把自己的意志强加于对方。任何其他单位和个人不得非法干预。

（4）等价有偿原则 合同当事人都享有同等的权利和义务，每一方从对方得到利益时，都要付给对方相应的代价，不能只享受权利而不承担义务。

（二）运输合同订立的程序

1. 要约

要约是希望和他人订立合同的意思表示，即合同当事人的一方提出签订合同的提议，提议的内容包括订立合同愿望、合同的内容和主要条款。要约一般由托运人提出。

2. 承诺

承诺是受要约人同意要约的意思表示，即承运人接受或受理托运人的提议，对托运人提出的全部内容和条款表示同意。受理的过程包括双方协商一致的过程。

（三）运输合同的内容

由于运输货物种类、方式的不同，运输合同的内容就会不同，但各种运输合同均有共同的基本条款，缺少这些基本条款，运输合同的效力或履行就会存在问题。运输合同的主要条款包括以下几个方面：

1. 货物的名称、性质、体积、数量及包装标准

托运人必须如实填写，货物名称不得谎报。需要说明货物规格、性质的，要在品名之后用括号加以注明。在运输合同中必须明确规定运输货物的实际数量，数量必须严格按照国家规定的度量衡制度确定标的物的计量单位。货物数量的计量办法，凡国家或有关主管部门有规定的，必须按规定执行；国家或主管部门没有规定的，由供需双方商

定。对某些产品，必要时应在合同中写明交货数量和合理确差、超欠幅度、在途自然减量等。

在运输合同中，当事人应根据货物的性质、重量、运输种类、运输距离、气候以及货车装载等条件，选择包装种类，如"木箱"、"麻袋"等。有国家包装标准或部包装标准（专业标准）的，按国家标准或部标准规定；无统一标准的，按当事人双方协商的暂行标准加以规定。

2. 货物起运和到达地点、运距、收发货人名称及详细地址

在运输合同中，托运人应完整准确地填写货物发运地和货物运送地的名称，其所属的省、市、自治区名也应清晰明确。收发货人的名称，是指发货单位或收货单的完整名称。收货人或发货人的地址，即收货人或发货人所在地的详细地址。发货人在发送货物时，应详细填写发货人和收货人的名称及地址。

3. 运输质量及安全要求

需要运输的货物，要根据其性质、运输距离、气候条件等选择适合的包装，以及符合标准的车辆，以保证运输质量、减少运输途中的损失。为了运输安全，对于需要特殊照料的货物须派人押运。需要特殊照料的货物，是指活动物、需要浇水运输的鲜活植物、需要生火加温运输的货物以及其他有特殊规定的货物。

4. 货物装卸责任和方法

由发货人组织装车的货物应按照有关规定的装载技术要求装载，并在约定的时间内装载完毕。发货人组织装货时，应认真检查货车的车门、车窗、盖、阀等是否完整良好、有无机修通知或通行限制；应认真检查车内是否清洁，是否有有毒物污染；并按合同规定的时间，完成装货任务。收货人组织卸货时，应清查货物在途中的损失量，并按有关技术规定在合同规定的时间和地点安全卸货。发货人对货物装车时造成的损失承担责任，收货人对在货物卸车时造成的损失承担责任。

5. 货物的交接手续

在货物装卸和运输过程中，合同双方当事人都应按合同规定办好货物交接手续，做到责任分明。托运人应凭约定的装货手续发货。装货时，双方当事人应在场点件交接，并查看包装及装载是否符合规定标准，承运人确认无误后，应在托运人发货单上签字。

货物运达指定地点后，收货人和承运人应在场点件交接，收货人确认无误后，在承运人所持的运费结算凭证上签字。如发现有差错，双方当事人应共同查明情况，分清责任，由收货人在运费凭证上批注清楚。

6. 批量货物运输起止日期

运送批量货物应详细地写明货物的起运日期和到达日期。在起运日期和到达日期填写的过程中，一定注意避免用"几天"这样的词语。例如，在合同中最好不要直接写

"五天内送达",应该写"从哪一天起五天内到达",或者直接用完整的年、月、日表示。

7. 年、季、月度合同的运输计划提送期限和运输计划的最大限量

托运人在交运货物时,应在合同商定的时间内,以文书、表式或电报等方式向承运人提送履行合同的年、季、月度的运输计划,注明提送期限和运输计划的最大限量作为运输合同的组成部分。

8. 运杂费计算标准及结算方式

通常运输合同的运杂费由合同当事人自行协商确定。结算方式主要有逐笔结算、定期结算、定额结算等,具体采用哪一种方式可以由双方协商确定。逐笔结算指的是每完成一次运输任务结算一次费用;定期结算指承托双方协商一个结算时间,然后在这一固定的时间内进行运费的结算;定额结算是指当运费累计到一定金额后再进行结算。

9. 双方商定的其他条款

除合同中规定的基本条款之外,订立合同的双方还可以在其他条款里加注一些双方协定之外的内容,如双方未尽事宜的处理可以依据什么标准、合同条款的解释归属权、出现纠纷的解决方法等。

四、货物运输合同的效力

(一) 托运人的主要权利和义务

1. 托运人的权利

(1) 请求承运人按照合同约定的地点和时间将货物运达目的地。
(2) 在承运人交付货物给收货人之前,托运人可以要求承运人中止运输、返还货物、变更到达地或者将货物交给其他收货人。

2. 托运人的义务

(1) 托运人应按合同的约定提供托运的货物。
(2) 托运人应提交相关的文件。
(3) 托运人应按照约定的方式包装货物。
(4) 托运人应按照合同的约定及时交付运输费和有关费用。
(5) 赔偿因变更、中止运输造成的承运人损失的义务。

(二) 承运人的主要权利和义务

1. 承运人的主要权利

(1) 承运人有权收取运输费用及其他有关费用。

（2）承运人有权要求托运人提供货物运输的必要情况。

（3）承运人有权留置运到目的地的货物。

（4）承运人有权处置无人认领的货物。

2. 承运人的主要义务

（1）按照合同约定的要求配发运输工具，接受托运人依约定托运的货物。

（2）按照合同约定的时间、地点将运输的货物安全地送达目的地。

（3）货物运达目的地后，应及时通知收货人。

（4）承运人对运输过程中货物的毁损、灭失承担损害赔偿责任。如果不是自身原因造成的，还负有举证责任加以证明。

（三）收货人的权利和义务

收货人的主要权利就是提取货物，收货人的主要义务如下：

（1）及时提货的义务。

（2）及时验收的义务。

（3）支付运费和保管费的义务。

五、货物运输合同的变更和解除

运输合同变更和解除是指在合同尚未履行或者没有完全履行的情况下，遇到特殊情况而使合同不能履行，或者需要变更时，经双方协商同意，并在合同规定的变更、解除期限办理变更或解除。任何一方不得单方擅自变更、解除双方签订的运输合同。

《合同法》规定："在承运人将货物交付收货人之前，托运人可以要求承运人中止运输、返还货物、变更到达地或者将货物交给其他收货人。"但是，如果因为单方变更或解除合同给承运人造成损失的，托运人或者提货凭证持有人"应当赔偿承运人因此受到的损失"，并且还要承担因变更或解除合同而产生的各种费用。

例：一票从广州运往汉堡的机器配件，在巴黎中转，货运单号888-33783662，共6件，每件25千克，当在巴黎中转时，由于临时出现问题，发货人向××航空公司提出停止运输，且返回广州。

（1）发货人的请求是否可以得到航空公司的许可？为什么？

（2）返回的机器配件的运费由谁来支付？

参考答案：（1）发货人的请求可以得到航空公司的许可，根据《关于统一国际航空运输某些规则的公约》托运人在履行运输合同所规定的一切义务的条件下，有权在始发地航空站或目的地航空站将货物退回，或在途中经停时中止运输，或在目的地或运输途中交给非航空货运单上所指定的收货人，或要求将货物退回始发地航空站，但不得因行使这种权利而使承运人或其他托运人遭受损失，并应偿付由此产生的一切费用。

（2）返回的机器配件的运费由托运人来支付。

随着运输行业法律法规的不断完善，运输市场日趋规范。以往，许多货主虽然与运输企业建立了承托关系，但是并没有纳入合同运输范畴，引出了许多经济纠纷，影响到整个运输业的形象和货运市场的秩序。因此应重视运输合同的管理，使运输业迈向法制化、正规化。但是，运输合同仅仅约束了双方的权责范围，对于出现异常事故的处理，还需要保险或者其他相关的解决方法。

货物运输合同范本如下。

货物运输合同范本

托运人：_____，地址：_____，电话：_____，联系人：_____
承运人：_____，地址：_____，电话：_____，联系人：_____
收货人：_____，电话：_____

根据国家有关运输规定，经过双方充分协商，特订立本合同，以便双方共同遵守。

第一条　货物名称：_____；规格：_____；数量：_____；单价：_____总额（元）：_____。

第二条　包装要求　托运方必须按照国家主管机关规定的标准包装；没有统一规定包装标准的，应根据保证货物运输安全的原则进行包装，否则承运方有权拒绝承运。

第三条　货物起运地点：_____；货物到达地点_____。

第四条　货物承运日期_____；货物运到期限_____。

第五条　运输质量及安全要求_____。

第六条　货物装卸责任和方法_____。

第七条　收货人领取货物及验收办法_____。

第八条　运输费用、结算方式_____。

第九条　各方的权利义务

一、托运方的权利义务

1. 托运方的权利：要求承运方按照合同规定的时间、地点，把货物运输到目的地。货物托运后，托运方需要变更到货地点或收货人，或者取消托运时，有权向承运方提出变更合同的内容或解除合同的要求，但必须在货物未运到目的地之前通知承运方，并应按有关规定付给承运方所需费用。

2. 托运方的义务：按约定向承运方交付运杂费。否则，承运方有权停止运输，并要求对方支付违约金。托运方对托运的货物，应按照规定的标准进行包装，遵守有关危险品运输的规定，按照合同中规定的时间和数量交付托运货物。

二、承运方的权利义务

1. 承运方的权利：向托运方、收货方收取运杂费用。如果收货方不交或不按时交纳规定的各种运杂费用，承运方对其货物有扣压权。查不到收货人或收货人拒绝提取货物，承运方应及时与托运方联系，在规定期限内负责保管并有权收取保管费用，对于超过规定期限仍无法交付的货物，承运方有权按有关规定予以处理。

2. 承运方的义务：在合同规定的期限内，将货物运到指定的地点，按时向收货人发出货物到达的通知。对托运的货物要负责安全，保证货物无短缺、无损坏、无人为的变质，如有上述问题，应承担赔偿义务。在货物到达以后，按规定的期限，负责保管。

三、收货人的权利义务

1. 收货人的权利：在货物运到指定地点后有以凭证领取货物的权利。必要时，收货人有权向到站或中途货物所在站提出变更到站或变更收货人的要求，并签订变更协议。

2. 收货人的义务：在接到提货通知后，按时提取货物，缴清应付费用。超过规定时间提货时，应向承运人交付保管费。

第十条　违约责任

一、托运方责任

1. 未按合同规定的时间和要求提供托运的货物，托运方应按其价值的_____%偿付给承运方违约金。

2. 由于在普通货物中夹带、匿报危险货物，错报笨重货物重量等而招致吊具断裂、货物摔损、吊机倾翻、爆炸、腐蚀等事故，托运方应承担赔偿责任。

3. 由于货物包装缺陷产生破损，致使其他货物或运输工具、机械设备被污染腐蚀、损坏，造成人身伤亡的，托运方应承担赔偿责任。

4. 在托运方专用线或在港、站公用线，专用铁道自装的货物，在到站卸货时，发现货物损坏、缺少，在车辆施封完好或无异状的情况下，托运方应赔偿收货人的损失。

5. 罐车发运货物，因未随车附带规格质量证明或化验报告，造成收货方无法卸货时，托运方应偿付承运方卸车等存费及违约金。

二、承运方责任

1. 不按合同规定的时间和要求配车（船）发运的，承运方应偿付托运方违约金_____元。

2. 承运方如将货物错运到货地点或接货人，应无偿运至合同规定的到货地点或接货人。如果货物逾期达到，承运方应偿付逾期交货的违约金。

3. 运输过程中货物灭失、短少、变质、污染、损坏，承运方应按货物的实际损失（包括包装费、运杂费）赔偿托运方。

4. 联运的货物发生灭失、短少、变质、污染、损坏，应由承运方承担赔偿责任的，由终点阶段的承运方向负有责任的其他承运方追偿。

5. 在符合法律和合同规定条件下的运输，由于下列原因造成货物灭失、短少、变质、污染、损坏的，承运方不承担违约责任：

（1）不可抗力；

（2）货物本身的自然属性；

（3）货物的合理损耗；

（4）托运方或收货方本身的过错。

第十一条　本合同正本一式二份，合同双方各执一份；合同副本一式＿＿＿＿＿＿份，送＿＿＿＿＿＿等单位各留一份。

托运方（盖章）：　　　　　　　　　　承运方（盖章）：
代表人（签字）：　　　　　　　　　　代表人（签字）：
地址：　　　　　　　　　　　　　　　地址：
电话：　　　　　　　　　　　　　　　电话：

任务2　货物运输保险业务认知与办理

货物运输保险是以运输过程中的货物作为保险标的，保险人承担因自然灾害或意外事故造成损失的一种保险，货物运输保险是随着海上贸易的发展而产生和发展起来的，并随着运输技术的不断提高和进步、国际贸易方式的变化，货物运输保险取得了全面的发展。根据运输方式和适用对象的不同，货物运输保险主要有以下几类险种：陆上运输货物保险（火车、汽车）、海洋运输保险、航空运输保险等。

一、我国陆上运输货物保险

陆上运输货物保险的承保对象是火车和汽车运输的货物。结合陆上运输的特点，我国陆上运输货物保险的险别分和陆运险、陆运一切险和陆上运输冷藏货物险以及陆上运输货物战争险等。

（一）陆运险

陆运险的保险责任与海上运输货物保险中"水渍险"的责任范围相似。保险人负责赔偿被保险货物在运输途中遭受暴风、雷电、洪水、地震等自然灾害或由于运输工具遭受碰撞、倾覆、出轨，或在使用驳船驳运过程中，因驳运工其遭受搁浅、触礁、沉没、碰撞或由于遭受隧道坍塌、崖崩或失火、爆炸等意外事故所造成的全部或部分损失，还负责赔偿被保险人对遭受承保责任内风险的货物采取抢救、防止或减少货损的措施而支付的合理费用，但这种赔偿以不超过该批被救货物的保险金额为限。

（二）陆运一切险

陆运一切险的保险责任与海上运输货物保险中"一切险"的责任范围相似。保险公司负责赔偿被保险货物在运输途中遭受暴风、雷电、洪水、地震等自然灾害，或由于运输工具遭受碰撞、倾覆、出轨，或在驳运过程中因驳运工具遭受搁浅、触礁、沉没、碰撞，或由于遭受隧道坍塌、崖崩或失火、爆炸等意外事故所造成的全部或部分损失外，还负责保险货物在运输途中由于外来原因所致的全部或部分损失。

（三）陆上运输冷藏货物保险

陆上运输冷藏货物保险是陆上运输货物保险中的一种专门保险。保险人除负责陆运险所列的自然灾害和意外事故所造成的全部损失和部分损失外，还负责赔偿由于冷藏机器或隔热设备在运输途中损坏所造成的被保险货物解冻溶化而腐烂的损失。

（四）陆上运输货物战争险

陆上运输货物战争险是陆上运输货物险的一种附加险。只有在投保了陆运险或陆运一切险的基础上，经过投保人与保险人协商后方可加保。对于陆上运输货物战争险，国外许多保险人是不予承保的，为了适应国际贸易业务的需要，我国的保险条款予以加保，但仅限于火车运输方式，并适当加收保险费。陆上运输货物战争险的保险责任主要是火车在运途中由于战争，或类似战争行为、敌对行为和武装冲突所导致的损失，以及由各种常规武器，包括地雷、炸弹所导致的损失。但由于敌对行为使用原子或热核武器所致的损失和费用，以及根据执政者、当权者或其他武装集团的扣押、拘留引起的承保运程的丧失和受阻而造成的损失，则属于除外责任。

二、海上运输保险

海上运输保险有基本险和附加险之分。基本险是可以独立承保的保险险别，分为平安险、水渍险和一切险三种；附加险是不能单独投保的险别，包括普通附加险和特殊附加险。

（一）基本险

1. 平安险

这是最常见的一种险别。其原意是"对单独海损不赔"，即对部分损失不负赔偿，只赔全部损失。但是，经过长期实践，平安险的责任范围已经进行了补充和修订。当前，平安险的责任范围已经超过了只赔全损的限制，它对下列损失和费用负责赔偿：

（1）被保险货物在运输途中由于恶劣气候、雷电、海啸、地震、洪水等自然灾害造成整批货物的全部损失或推定全损。

（2）由于运输工具遭受搁浅、触礁、沉没、互撞、流冰或其他物体碰撞以及失火、爆炸等意外事故造成货物的全部或部分损失。

（3）在运输工具已经发生搁浅、触礁、沉没、焚毁等意外事故的情况下，货物在此前后，又在海上遭受恶劣气候、雷电、海啸等自然灾害所造成的部分损失。

（4）在装卸或转运时由于一件或整件货物落海造成的全部或部分损失。

(5) 被保险人对遭受承保责任内危险的货物采取抢救、防止或减少货损的措施而支付的合理费用（以不超过该批货物的保险金额为限）。

(6) 运输工具遭遇海难后，在避难港由于卸货所引起的损失以及在中途港、避难港，由于卸货、存仓以及运送货物所产生的特别费用。

(7) 共同海损的牺牲、分摊和救助费用。

(8) 运输契约订有"船舶互撞责任条款"时，根据该条款规定应由货方偿还船方的损失。

2. 水渍险

水渍险又称"单独海损险"，是由自然灾害和意外事故，导致货物被水淹没，引起货物的损失。具体来说，分为是海水浸渍或是雨水浸渍。水渍险的责任范围除包括上列"平安险"的各项责任外，还包括被保险货物由于恶劣气候、雷电、海啸、地震、洪水等自然灾害所造成的部分损失。投保水渍险后，根据投保人的需要，还可以加保附加险别。

3. 一切险

一切险的责任范围除包括水渍险的责任范围外，还负责赔偿被保险货物在运输途中由于外来原因所致的全部或部分损失。外来原因指偷窃、提货不着、淡水雨淋、短量、混杂、玷污、渗漏、串味异味、受潮受热、包装破裂、钩损、碰损破碎、锈损等。注意，一切险是最高险，责任范围最广。它除了平安险和水渍险的责任外，还包括保险标的在运输途中由于外来原因所造成的全部或部分损失责任。所谓外来原因系指一般附加险所承保的责任。所以，一切险实际上是平安险、水渍险和一般附加险的总和。

（二）附加险

海上运输保险附加险是保险公司为了保证公司在特别情况下不受损失所征收的一种险，它主要包括两部分：

(1) 普通附加险　普通附加险是在平安险、水渍险之上的险别，是被保险人为了寻求对货物的更完善的保障，而在投保平安险和水渍险之后选择附加投保的非独立险别。普通附加险承保的风险都包括在一切险之内，所以投保了一切险之后，就不需投保普通附加险了。具体来说，普通附加险包括偷窃、提货不着险，淡水雨淋险，短量险，混杂险或玷污险，渗漏险，碰损险或破碎险，串味险，受热或受潮险，钩损险，包装破裂险和锈损险 11 个险别。

(2) 特别附加险　特别附加险主要承保由于社会原因、行政原因等特殊人为原因造成的损失，它也属于一种附加险，但不属于一切险的责任范围。它包括交货不到险、进口关税险、拒收险、黄曲素险、舱面险、出口货物香港或澳门存仓火险责任扩展条款、战争险、罢工险等。

三、航空运输保险

（一）责任范围

航空运输保险分为航空运输险和航空运输一切险两种，被保险货物遭受损失时，航空运输保险按保险单上订明承保险别的条款负赔偿责任。

1. 航空运输险

航空运输险的承保范围与海洋运输货物保险条款中的"水渍险"大致相同。具体来说包括以下两部分：

（1）被保险货物在运输途中遭受雷电、火灾、爆炸或由于飞机遭受恶劣气候或其他危难事故而被抛弃，或由于飞机遭受碰撞、倾覆、坠落或失踪等意外事故所造成的全部或部分损失。

（2）被保险人对遭受承保责任内危险的货物采取抢救，防止或减少货损的措施而支付的合理费用，但以不超过该批被救货物的保险金额为限。

2. 航空运输一切险

航空运输一切险主要包括三部分：

（1）被保险货物在运输途中遭受雷电、火灾、爆炸或由于飞机遭受恶劣气候或其他危难事故而被抛弃，或由于飞机遭受碰撞、倾覆、坠落或失踪等意外事故所造成的全部或部分损失。

（2）被保险人对遭受承保责任内危险的货物采取抢救，防止或减少货损的措施而支付的合理费用，但以不超过该批被救货物的保险金额为限。

（3）被保险货物由于被偷窃、短少等外来原因所造成的全部或部分损失。

（二）航空运输货物的除外责任

航空货物运输保险对下列损失，不负赔偿责任。
（1）被保险人的故意行为或过失所造成的损失。
（2）属于发货人责任所引起的损失的。
（3）保险责任开始前，被保险货物已存在品质不良或数量短差所造成的损失。
（4）被保险货物的自然损耗、本质缺陷、特性以及市价跌落、运输延迟所引起的损失或费用。
（5）航空运输货物战争险条款和货物运输罢工险条款规定的责任范围和除外责任。

四、责任起讫

货物运输合同保险一般是"仓至仓"责任，自被保险货物运离保险单所载明的起运地仓库或储存处所开始运输时生效，包括正常运输过程中的陆上和与其有关的水上驳运在内，直至该项货物运达保险单所载目的地收货人的最后仓库或储存处所或被保险人用作分配、分派的其他储存处所为止，如未运抵上述仓库或储存处所，则以被保险货物运抵最后卸载的车站满60天为止。航空运输货物险的两种基本险的保险责任起讫也采用"仓至仓"条款，但与海洋运输货物的"仓至仓"责任条款不同的是：如果货物运达保险单所载明目的地而未运抵保险单所载明的收货人仓库或储存处所，则以被保险货物在最后卸载地卸离飞机后满30天为止。如在上述30天内被保险货物需转送到非保险单所载明的目的地时，则以该项货物开始转运时终止。

五、运输过程中被保险人的义务

被保险人应按照以下规定的应尽义务办理有关事项，如因未履行规定的义务而造成的损失，保险公司对有关损失有权拒绝赔偿。

（1）当被保险货物运抵保险单所载目的地以后，被保险人应及时提货，当发现被保险货物遭受任何损失，应立即向保险单上所载明检验、理赔代理人申请检验，如发现保险货物整件短少或有明显残损痕迹，应立即向承运人、受托人或其他有关方面索取货损货差证明。如果货损货差是由于承运人、受托人或其他有关方面的责任造成的，应以书面形式向他们提出索赔，必要时还须取得延长时效的认证。

（2）对遭受承保责任内负险的货物，应迅速采取合理的抢救措施，防止或减少货物损失。

（3）在向保险人索赔时，必须提供各种单证。例如，在水路运输中需提供保险单正本、提单、发票、装箱单、码单、货损货差证明、检验报告及索赔清单，如涉及第三者责任还须提供向责任方追偿的有关函电及其他必要单证或文件等。

国内货物运输保险投保单式样

欢迎您到××保险股份有限公司投保！请您在投保前务必详细阅读相关保险条款，特别注意责任免除、投保人及被保险人义务、赔偿处理等内容，据实回答保险人就投保事项提出的相关询问，并用蓝色或黑色墨水笔如实填写投保单。投保后相关内容若发生变动，请及时通知保险人。

投保人及被保险人信息			
投保人名称		电话/传真	
投保人地址和邮编		组织机构代码	
被保险人名称		电话/传真	
被保险人地址和邮编		组织机构代码	

续表

保险标的信息				
保险货物名称				
运单或发票号码		件数/重量		
货物唛头		货物编号		
运输工具信息				
承运人名称				
运输方式	□铁路（车次号：_____车号：_____） □航空（航班号：_____） □公路（车辆类型：_____车牌号：_____） □水路（船舶名称：_____总吨位：_____船龄：_____年） □联运（以_____为主，其他运输方式_____）			
运输路线	自_____经（转载地点）_____到_____			
主要风险信息				
货场/码头名称	发货地货场/码头：		收货地货场/码头：	
包装方式	□裸装	□其他，请说明：_____		
运输距离	□≤500千米	□500~1000千米	□1000~1500千米	□≥1500千米
道路类型	□一级	□二级	□三级	□四级　□高速公路
航道类型	□国家	□地方	□专业	
装载方式	□整车	□集装箱	□零担	□整车/箱、零担混合
运输线路气候条件	□常规气候	□多雾、台风、冰雪季节及地区		
冷藏货物储藏方式	□冷冻	□保鲜	□恒温	
投保明细				
条款名称	保险金额（元）	费率（‰）	保险费（元）	免赔额（元）/率（%）
国内货物运输保险条款				
□震动、碰撞、挤压扩展条款				
□渗漏扩展条款				
□雨淋扩展条款				
□短量扩展条款				
□临时储存扩展条款				
□冷藏货物扩展条款				
□提货不着扩展条款				
□盗窃扩展条款				
总保险金额	（大写）		（小写）	
总保险费	（大写）		（小写）	
启运日期	约于___年___月___日___时启运，于___年___月___日___时抵达			

续表

保险合同争议解决方式选择	□提交＿＿＿＿＿＿＿＿＿＿仲裁委员会仲裁；□诉讼
备注	□有无货物清单 □其他需告知的事实，如有请说明：
特别约定	

投保人声明：本人所填写的投保单已附《国内货物运输保险（通用版）条款》，并且保险人已将保险条款的内容，尤其是免除保险人责任、投保人及被保险人义务、赔偿处理的条款的内容和法律后果，向本人进行了明确说明。本人对保险条款已认真阅读并充分理解。上述所填写的内容均属实，同意以此投保单作为订立保险合同的依据。

投保人（签章）
年　月　日

承保性质：□新保　□续保　　业务员/代理人代码：　　　业务员/代理人姓名：

任务3　货物运输纠纷及解决

运输纠纷属于民事争议的一种，是指在运输过程中由承运人因货损等各种原因造成货方的损失引起，也可能因货方的原因造成对承运人的损害引起。其解决的方式有多种，如双方协商、调解、仲裁、诉讼。各种解决方式各有利弊，关键是针对具体争议的特点采取相应的争议解决方式。

一、运输纠纷的类型

运输纠纷既可能由承运人因货损等各种原因造成货方的损失所引起，也可能因货方的原因造成对承运人的损害所引起，归纳为以下几种：

（1）货物灭失纠纷　造成货物灭失的原因很多，例如：因承运人的运输工具如船舶沉没、飞机失事、车辆发生交通事故、火灾等；因政府法令禁运和没收、战争行为、盗窃等；因承运人的过失如捆扎不牢导致货物跌落等；当然，也不排除承运人的故意、恶意毁坏等。

（2）货损、货差纠纷　货损包括货物破损、水湿、汗湿、污染、锈蚀、腐烂变质、混票等。货差即货物数量的短缺。货损、货差可能是由于托运人自身的过失造成，如货物本身标志不清、包装不良，货物自身的性质和货物在交付承运人之前的质量、数量与运输凭证不符等。

（3）货物延迟交付纠纷　因承运货物的交通工具发生事故，或因承运人在接受托运时未考虑到本班次的载货能力而必须延误到下一班期才能发运，或者在货物中转时因承运人的过失使货物在中转站滞留，或者因承运人为自身的利益绕道而导致货物晚到等。

（4）单证纠纷　承运人应托运人的要求倒签、预借提单，从而影响到收货人的利益，收货人在得知后向承运人提出索赔，继而承运人又与托运人之间发生纠纷，或者因承运人（或代理人）在单证签发时失误引起承托双方的纠纷；也有因货物托运过程中的某一方伪造单证引起的单证纠纷。

（5）运费、租金等纠纷　因承租人或货方的过失或故意，未能及时或全额交付运费或租金所发生的纠纷；或者因双方在履行合同过程中对其他费用如滞期、装卸费等意见没有达成一致而产生的纠纷。该种纠纷应该严格按照合同的条款来履行。

（6）运输工具损害纠纷　因托运人的过失，如没有把货物的具体情况说明而导致运输工具选择不当，或者是运输过程中操作不当，进而在运输过程中对承运人的运输工具产生了损害而引起的纠纷。

二、运输纠纷解决的方法

（一）解决货运纠纷的措施

（1）造成货损或货物灭失的，先向保险公司索赔，再由保险公司行使代位求偿权向责任人追偿。

（2）如所涉货物未投保、未足额投保，或货损在免赔额以内，或货物利益人认为货损远超过保险赔偿额，则可以依物流合同向物流经营人提出赔偿请求，再由物流经营人向责任人追偿。

（3）如果货方直接订立物流作业分合同的，而且也知道货损、货差发生的确切责任期间，则可依分合同向实际履行人追偿。

（4）以侵权为由向没有合同关系的责任人提出赔偿请求。

（二）运输纠纷的解决途径

我国解决运输纠纷一般有四种途径：当事人自行协商谈判、调解、仲裁和民事诉讼。

1. 协商谈判

在运输纠纷的解决过程中，协商属于典型的"私了"，是在遇到一般的运输纠纷时，通过协商谈判寻找双方都能接受的解决方案，通过协商谈判解决运输争议是有条件的，在条件不具备时，或者难于达成合意，或者由于所达成的合意没有约束力，那么协商会导致较大的风险和重复的成本。

（1）协商谈判的原则　谈判属于社会主体自主行使其处分权的活动，像任何法律行为一样必须遵守既定的原则。在现代法治条件下，谈判活动至少遵守的基本原则有：

① 合法原则。谈判的内容、范围、程序和方式都必须合法，即不违反强制性、禁止

性法律规范。一般地，对于协商谈判的内容，许多国家在公正或法院登记时都做一般性的审查，主要审查有无明显的违法内容和程序及形式上的禁止因素，对当事人的权利处分和自主约定则不作具体限制。"在法律的阴影下交易"是协商谈判的精髓。合法性作为一般原则制约谈判，保证谈判的公平性。

② 公平与自治的原则。谈判与协商在运作中必须注意公平与自治的协调。一方面允许当事人充分行使自主权与处分权，对实体权利和诉讼权利做出各种处分、让步与妥协；另一方面必须注意防止因当事人之间实力的显著不平等导致强迫、欺诈、显失公平和重大误解。一旦出现这种情况，必要时可以根据民事行为的公平原则，由法院做出和解协议无效或撤销的判决。

③ 诚信、自律原则。谈判与协商归根到底是当事人之间的个人行为，保证协议、约定公正达成和切实履行的真正条件除了当事人的理性之外，更重要的是必须依赖他们的诚实信用和自律。当事人的自利心理是合理和正常的，利益的权衡是达成和解的基本要素。然而，如果以欺诈和恶意作为谈判的出发点，没有最起码的诚实和信用，任何谈判都无法公平进行，也不可能达到公平的结果。因此，诚实和自律是谈判的最基本的道德准则和必要条件。

（2）协商谈判环节　协商谈判通常要经过以下几个环节：

① 计划与分析。对通过谈判解决争议的利弊进行分析估计，对自己在谈判中的主张和策略做出决策。在这个阶段需要考虑到的因素主要有：全面了解事实；确定通过谈判要达到的目标；确定自己的弱点；了解有关法律和惯例；分析采用其他解法方式的利弊；选择谈判策略；预测结果；决定向对方提交的信息等。

② 交换信息。当事人相互交换主张、理由和证据，并进行出价。这是一个在提出自己信息的同时，了解对方的机会，根据得到的信息，可以对谈判的条件做出基本判断。交换的过程最重要的是倾听对方的意见，从中最大限度地获取信息。出价是这一阶段的关键，决定着谈判的成败，因此必须格外谨慎。

③ 让步和承诺。在谈判中，双方当事人对第一次出价恰好不谋而合，马上达成协议的情况并不多见。通常当事实和理由都已经明确之后，双方要进行一番讨价还价，出价的一方或双方在原有的出价基础上作出一定让步，最终达成双方可以接受的方案，这是谈判的实质阶段。为了达成和解，让步和妥协一般都是必要的，关键在于掌握好作出让步的时机和限度。

④ 达成协议。当和解达成后，当事人必须根据协议的内容和履行方式，确定应采用的协议形式。达成协议阶段最重要的问题是保证协议的履行。约定协议的形式和履行方式等都是为了实现这一根本目的。一般而言，涉及较大标的额和需要分阶段履行的协议，最好采用要式契约形式，并以公证的方式加以确认，使其具有法律效力。

2. 调解

（1）调解的含义　在我国，通常把调解定义为：在第三方支持下，以国家法律、法规、规章和政策以及社会公德为依据，对争议双方进行斡旋、劝说，促使他们互相谅解、进行协商，自愿达成协议，消除纷争的活动。

（2）调解的种类　调解既可以是一种独立的解决争议的方法和程序，也可以被结合到其他解决争议的程序中去。当它被不同的组织运用，或与不同的程序结合时，就产生了不同种类的调解。

① 在第三人参与下进行调解，是指在法院、仲裁机构以外的第三人主持下进行调解。可以是组织也可以是个人，经调解双方当事人就争议达成协议的，应制调解协议书由双方当事人签字，对双方当事人都有约束。

② 在仲裁机构参与下进行调解，即调解与仲裁结合。世界上许多仲裁机构都受理调解，主要有以下几种：一种是把调解程序与仲裁程序分开，分别订有调解和仲裁规则；另一种做法是把调解归入仲裁程序，在仲裁程序开始前后，由仲裁庭主持调解，如调解成功，就撤销案件，如调解不成功则进行仲裁。

③ 法院参与下进行调解。是指当事人向法院起诉后，由法院召集有关当事人进行调解。如果双方在法院的主持下达成调解协议，法院制作调解书，一经送达双方当事人且有法律效力。如果未达成调解协议或是在调解送达后有一方反悔，法院继续进行审判程序。

（3）调解的作用　用调解方式解决争议，可以使双方当事人充分协商、不伤和气，友好地解决纠纷，而且程序灵活、费用低。但是，由于调解成功与否完全依赖于双方当事人的意愿，而且当争议涉及重大利益、双方分歧严重时，就很难达成一致。

3. 仲裁

（1）仲裁的含义　仲裁是指争议当事人在自愿基础上达成协议，将争议提交非司法机构的第三者审理，由第三者作出对争议各方均有约束力的裁决的一种解决争议的制度和方式。仲裁具有自愿性、专业性、灵活性、保密性、快捷性、经济性和独立性。其中自愿性是仲裁最突出的特性，仲裁的双方必须以自愿为前提。

（2）仲裁的机构　仲裁机构是指依法有权根据当事人达成的仲裁协议，受理一定范围内的民商、经济争议并作出强制性裁决的组织。一般情况下，仲裁机构具有以下特征：一般仲裁机构行使仲裁权的前提是双方当事人自愿达成的仲裁协议；仲裁机构仅能对法定范围内的争议进行仲裁；仲裁机构本身没有决定和采取强制性措施的权利；仲裁机构的裁决对当事人有强制性。

（3）仲裁程序　从当事人向仲裁委员会提出仲裁申请起，就进入仲裁程序。仲裁程序，是指由法律规定仲裁机构处理争议所需经过的步骤，一般包括申请、受理、组成仲裁庭、开庭和裁决等几个主要的必经环节。

① 申请和受理。当事人申请仲裁应当符合下列条件：有仲裁协议；有具体的仲裁请求和事实、理由；属于仲裁委员会的受理范围。当事人申请仲裁，应当向仲裁委员会递交仲裁协议、仲裁申请书及副本。仲裁申请书应当载明下列事项：当事人的姓名、性

别、年龄、职业、工作单位和住所，法人或者其他组织的名称、住所和法定代表人或者主要负责人的姓名、职务；仲裁请求和所根据的事实、理由；证据和证据来源、证人姓名和住所。仲裁委员会收到仲裁申请书之日起五日内，认为不符合受理条件的，应当书面通知当事人不予受理，并说明理由。

  凡是符合上述条件的仲裁申请，仲裁机构应予受理。受理是指仲裁委员会经过审查对符合法定条件的仲裁申请予以接受。受理表明仲裁机构已立案，打算处理该案件。根据《中华人民共和国仲裁法》（简称《仲裁法》）第二十四条规定，仲裁委员会收到仲裁申请书之日起五日内，经过审查，认为符合受理条件的，应当受理，并通知当事人；认为不符合受理条件的，应当书面通知当事人不予受理，并说明理由。需要指出的是，对于没有提交仲裁协议或者仲裁事项、事实不清的申请，仲裁机构在不受理的时候，可告诉当事人补交或者补正。

  仲裁委员会受理仲裁申请后，应当在仲裁规则规定的期限（五日）内将仲裁规则和仲裁员名册送达申请人，并将仲裁申请书副本和仲裁规则、仲裁员名册送达被申请人。被申请人收到仲裁申请书副本后，应当在仲裁规则规定的期限（十五日）内向仲裁委员会提交答辩书。仲裁委员会收到答辩书后，应当在仲裁规则规定的期限内将答辩书副本送达申请人。被申请人未提交答辩书的，不影响仲裁程序的进行。

  ② 仲裁庭的组成。仲裁庭可以由三名仲裁员或者一名仲裁员组成。由三名仲裁员组成的，设首席仲裁员。当事人约定由三名仲裁员组成仲裁庭的，应当各自选定或者各自委托仲裁委员会主任指定一名仲裁员，第三名仲裁员由当事人共同选定或者共同委托仲裁委员会主任指定。第三名仲裁员是首席仲裁员。当事人约定由一名仲裁员成立仲裁庭的，应当由当事人共同选定或者共同委托仲裁委员会主任指定仲裁员。当事人没有在仲裁规则规定的期限内约定仲裁庭的组成方式或者选定仲裁员的，由仲裁委员会主任指定。

  ③ 开庭和裁决。仲裁委员会组成仲裁庭后，就应依法开庭进行仲裁。开庭和裁决，是仲裁程序中主要的环节，《仲裁法》第四章第三节专门对开庭和裁决做了规定。

  a. 开庭。仲裁应当开庭进行。当事人协议不开庭的，仲裁庭可以根据仲裁申定，具体如下请书、答辩书以及其他材料作出裁决。仲裁不公开进行，当事人协议公开的，可以公开进行，但涉及国家秘密的除外。仲裁委员会应当在仲裁规则规定的期限内将开庭日期通知双方当事人。当事人有正当理由的，可以在仲裁规则规定的期限内请求延期开庭。

  b. 裁决。仲裁庭在作出裁决前，可以先行调解。当事人自愿的，仲裁庭应当调期开庭，是否延期由仲裁庭决定调解不成的，应当及时作出裁决：调解达成协议的，仲裁庭应当制作调解书或者根据协议的结果制作裁决书。调解书与裁决书具有同等法律效力。调解书应当写明仲裁请求和当事人协议的结果。调解书由仲裁员签名，加盖仲裁委员会印章，送达双方当事人。调解书经双方当事人签收后，即发生法律效力。

  (4) 申请撤销裁决　当事人提出证据证明裁决有下列情形之一的，可以向仲裁委员会所在地的中级人民法院申请撤销裁决：没有仲裁协议的；裁决的事项不属于仲裁协议的范围或者仲裁委员会无权仲裁的；仲裁庭的组成或者仲裁程序违反法定程序的；裁决所根据的证据是伪造的；对方当事人隐瞒了足以影响公共裁决的证据的；仲裁员在仲裁该案时有索贿受贿、徇私舞弊、枉法裁决行为的。

（5）执行　当事人应当履行裁决。一方当事人不履行裁决的，另一方当事人可以依照《中华人民共和国民事诉讼法》的有关规定向人民法院申请执行。

4. 民事诉讼

（1）民事诉讼含义　民事诉讼，是指人民法院在双方当事人和其他诉讼参与人参与下审理和解决民事案件的活动，以及由这些活动所发生的诉讼关系。民事诉讼就其本质而言，是国家强制解决民事纠纷的一种方式，是权利主体凭借国家力量维护其民事权益的司法程序。

（2）民事诉讼的程序　民事诉讼审判程序可以分为第一审普通程序、简易程序、第二审程序、特别程序等。这里介绍第一审普通程序和简易程序。

① 第一审普通程序。第一审普通程序是人民法院审理民事案件时通常适用的最基本的程序。它通常分为以下三个阶段：

a. 第一阶段，起诉和受理。起诉是指公民、法人或其他组织在其民事权益受到侵害或与他人发生争议时，向人民法院提起诉讼，请求人民法院通过审判予以司法保护的行为。受理是指人民法院通过对当事人的起诉进行审查，对符合法律规定条件的，决定立案审理的行为。

b. 第二阶段，审理前的准备。人民法院受理案件后进入开庭审理之前所进行的系列的诉讼活动就是审理前的准备。审理前的准备工作是按时、保质进行开庭审理的前提。审理前的准备工作主要有以下内容：在法定期间内及时送达诉讼文书；告知当事人有关的诉讼权利和义务以及合议庭的组成人员；合议庭组成人员确定后，应当在三日内告知当事人；审判人员认真审核诉讼材料，调查收集必要的证据。

c. 第三阶段，开庭审理。开庭审理，是指人民法院在当事人和所有诉讼参与人的参加下，全面审查认定案件事实，并依法作出裁判的活动。开庭审理主要包括以下几个阶段：庭审准备、宣布开庭、法庭调查和法庭辩论。法庭辩论总结后，依法作出判决前，审判长可以咨询当事人是否愿意调解，当事人同意调解的，可以依法进行调解，调解不成的，应当及时判决评议和宣判。合议庭评议实行少数服从多数的原则，评议的情况应如实记入笔录。评议完毕，由审判长宣布继续开庭，宣告判决结果。

② 简易程序的概念和特点。简易程序是指基层人民法院及其派出法庭审理简单民事案件和简单经济纠纷案件所适用的程序。只有基层人民法院及其派出法庭可以适用简易程序审理第一审案件。中级人民法院、高级人民法院、最高人民法院审理第一审民事、经济案件均不得适用简易程序。简易程序具有起诉方式简单，受理案件的程序简单，传唤或通知当事人、证人的方式简单，开庭审理的程序简单等特点。

案例分析：某运输公司将 A 公司的 1000 箱苹果通过公路运输从海南运往哈尔滨，在装车前各有关方对苹果进行了检查，完好无损。当苹果抵达哈尔滨时，发现所有苹果已经处于毁损状态。货方要求赔偿其损失，认为货损是由于承运人在积载时货箱之间间隔不充足，影响了冷藏集装箱内冷气的流通。承运方认为，苹果的积载并无不当，冷气系统也没有问题，货损原因是苹果在装车前过热，不适于较长时间的运输，这属于货物的固有缺陷，承运人可以免责。

请问：（1）如果货损是由于积载不当引起的，承运人是否应承担责任？为什么？

（2）如果货损是由于货物固有缺陷引起的，承运人是否应承担责任？为什么？

参考答案：

（1）如果货损是由于积载不当引起的，承运人应该承担责任。因为从货物交付运输到货物运抵目的地期间，承运方应对货物的灭失、缺少、变质、污染、损坏负责，由于承运人积载不当、管理疏忽造成了苹果损毁，所以承运人应该承担责任，赔偿托运人损失。

（2）如果货损是由于货物固有缺陷引起的，承运人可以免责。因为我国公路运输规定，只要承运人履行了自己的义务，由于不可抗力或货物本身性质的变化以及货物在运送途中的自然消耗而造成的货物灭失损坏，承运人不负责赔偿。

实训项目八

一、训练项目

通过背景案例的操作，使学生掌握运输合同签订过程中应该注意的问题、运输合同签订程序、运输合同的主要条款以及条款在具体货物运输合同中的写法。

大型设备——锻压机运输

2016 年 10 月 10 日长沙中湘贸易有限公司购买了一架型号为 Y-140 的锻压机，生产厂家为徐州精密设备制造有限公司，采购价格为 12 万元整。并将运输的任务委托给第三方物流公司徐州捷达速运物流有限公司，与捷达速运物流有限公司签订了货物运输合同。双方在 2016 年 10 月 30 日签订货物运输合同，合计运费为 1850 元（货物送达后由长沙中湘贸易有限公司在确认货物外包装完好后一次性支付）。合同约定徐州捷达速运物流有限公司需及时到徐州精密设备制造有限公司仓库提货并必须于 2016 年 11 月 2 日前将货物运至长沙中湘贸易有限公司，未按规定和要求送达货物承运方需承担货物价值 10% 的违约金，托运方未在签订合同次日提供托运货物的承担 500 元/日违约金。合同签订后，徐州捷达速运物流有限公司拟用一辆 7.2 吨的单轴高栏车投入运输，并规划了运输路线为生产厂家仓库到长沙中湘贸易有限公司成品库。

二、训练内容

针对背景资料所给出的信息，分析其运输特点，以小组为单位，分角色托运人、承运人和发货人，开展模拟谈判、运输条款磋商并草拟一份运输合同，通过最终协商后签订合同。

三、实施步骤

（1）以 4~6 人小组为单位进行操作，并确定组长为主要负责人；

（2）搜集资料，分配角色和工作内容，完成工作计划表；

序号	工作名称	工作内容	工作要点	责任人	完成日期

（3）组织开展模拟谈判、运输条款磋商并签订运输合同。

四、检查评估

根据各小组实训项目完成质量情况，分贝进行小组自评，小组互评和教师评价并填入下表。

能力		自评（10%）	小组互评（30%）	教师评价（60%）	合计
专业能力（60 分）	1. 场景模拟的逼真性（10 分）				
	2. 运输合同条款拟定准确性与合理性（20 分）				
	3. 运输合同条款的完整性（10 分）				
	4. 协商谈判技巧的运用（20 分）				
方法能力（40 分）	1. 信息处理能力（10 分）				
	2. 表达能力（10 分）				
	3. 创新能力（10 分）				
	4. 团体协作能力（10 分）				
	综合评分				

思考与练习

1. 运输合同的主要条款有哪些？
2. 货物运输保险的种类有哪些？解释其含义。
3. 运输纠纷的类型及纠纷的处理方式有哪些？
4. 简述仲裁的程序。
5. 张某于 2009 年 6 月 18 日在 T 市郊区某村了解到可收购大量豆角，遂欲购买一批到 Y 市销售。张某当晚来到 T 市汽车运输公司，要求次日雇用一台货车托运豆角。双方商定：从 Y 市到 T 市路程 720 公里，运费 1000 元，张某预付了运费。19 日晚 9：30 司机开车从 T 市驶往 Y 市，张某随车押运。途中司机休息 2 小时，修车 1 小时，于 20 日下午 5：00 左右到达 Y 市，运行 20 小时。卸车时张某发现部分豆角已霉变，张某随即扣押汽车，要求运输公司承担豆角变质的责任。汽车被扣时间长达 25 天，经司法部门干预张某才放走汽车。但张某随后向 Y 市××人民法院起诉，要求运输公司承担豆角损失 4722 元。原告张某认为，从货物交付运输到货物运抵目的地期间，承运方应对货物的灭失、缺少、变质、污染、损坏负责，运输过程中豆角发生变质，汽车运输公司理应赔偿损失。运输公司则辩称，豆角霉烂不是承运人延误所致，而是托运前受雨淋造成的。承运人不但不应赔这项损失，相反，原告张某应赔偿承运人车辆被扣闲置的损失。

请问：（1）如果豆角霉烂由于托运前受雨淋造成的，承运人是否应承担责任？为什么？

（2）如果豆角霉烂由于承运人延误所致，承运人是否应承担责任？为什么？

参 考 文 献

1. 万耀明,熊青. 物流运输组织与管理(第3版)[M]. 北京:机械工业出版社,2009.
2. 钟静,吴正心,胡元庆. 物流管理[M]. 长沙:湖南大学出版社,2015.
3. 王长琼. 物流运输组织与管理[M]. 武汉:华中科技大学出版社,2017.
4. 于桂芳. 物流运输组织管理与实务[M]. 北京:清华大学出版社,2007.
5. 陈立,黄立君. 物流运筹学[M]. 北京:北京理工大学出版社,2015.
6. 胡利利,王阳军,唐艳红. 国际货运代理操作[M]. 北京:化学工业出版社,2017.
7. 人社部教材办公室. 水路运输实务指南——物流行业岗位实务指南丛书[M]. 北京:中国劳动社会保障出版社,2016.
8. 高福军. 公路运输计划与调度实训教程[M]. 北京:北京大学出版社,2014.
9. 邓永贵,王静梅. 铁路货物运输[M]. 北京:化学工业出版社,2017.
10. 陈焰. 物流经济地理(第2版)[M]. 北京:清华大学出版社,2015.
11. 徐家骅. 物流运输管理实务[M]. 北京:北京交通大学出版社,2017.
12. 王益友. 航空国内货物运输[M]. 北京:化学工业出版社,2013.
13. 朱伟生. 物流成本管理(第3版)[M]. 北京:机械工业出版社,2016.
14. 刘艳霞,杨丽. 物流运输作业管理[M]. 大连:大连海事大学出版社,2018.
15. 中国物流与采购联合会网 http://www.chinawuliu.com.cn/.